인텔리전스 혁명

AI를 이용한 비즈니스 전환

버나드 마 저 임세헌 역

The Intelligence Revolution: Transforming your business with AI

도서출판 청람

THE INTELLIGENCE REVOLUTION: Transforming your business with AI

추천사

이 책 〈인텔리전스 혁명〉은 AI로 조직을 전환하려는 기업 리더들을 위한 완벽한 지침서이다. 이 책은 AI를 실행에 옮기기 위한 조직의 전사적 전략을 확인하고 실행할 수 있는 종합적인 틀을 제공한다.

데이비드 카모나(David Carmona), 마이크로소프트 AI 일반관리자

이 책은 AI가 무엇인지, 기업들이 AI를 어떻게 이용할 수 있는지에 대한 명확한 지침을 제공하고 있다. 인텔리전스 혁명은 미래에 AI를 이용해 기업을 발전시키고자 하는 모든 경영진에게 중요한 책이다.

게리 샤피로(Gary Shapiro)
소비자기술협회(Consumer Technology Association) 회장 겸 CEO

버나드 마(Bernard Marr)는 AI 혁명을 위한 기회와 도전에 대하여 반드시 읽어야 할 매뉴얼을 작성했다. 이 책은 모든 기업에 있어 가장 중요한 기술적 기회를 제공할 것이다. 이 책은 AI를 활용하는 비즈니스 구현을 위한 학습법을 제시한 최고의 책 중 하나로 미래 AI 비즈니스를 위한 청사진과 통찰력을 제공해 줄 것이다.

레슬리 스티븐스(Leslie Stevens), 오소테인(Ortho-Tain, Inc) 회장

버나드 마가 또 한 번 좋은 서적을 출판했다! 이 책은 변화무쌍한 비즈니스와 기술 트렌드를 포함하고 있는 AI에 관한 내용을 제시하는 책이다. 이 책 〈인텔리전스 혁명〉은 이해하기 쉽고 실제 사례와 실용적인 내용으로 가득 차 있다. 비즈니스 리더와 기술 리더들이 반드시 읽어야 할 책이다.

브루노 아지자(Bruno Aziza), 오라클 인공지능과
데이터 애널리틱스 클라우드 그룹(Oracle, AI and Data Analytics Cloud) 부사장

버나드 마는 광범위한 AI 역량과 기술을 소개하는 AI 전략 가이드북을 제시함으로써, 비즈니스 리더들이 인텔리전스 혁명을 추진하도록 도움을 제공하였다. 이 책은 AI에 대한 과대 광고를 피하고 대신 지능적인 대안, 풍부한 미래 지향적이며 실무적인 조언을 제공하였다. 그리고 이 책은 AI가 사람, 문화, 리더십, 목표, 우선순위, 전략, 거버넌스에 초점을 맞춘 오랜 시간에 걸쳐 검증된 비즈니스 원칙과 결합할 때 어떻게 비즈니스 성공을 이끌지 보여주고 있다. 모든 비즈니스가 펼쳐지는 곳에서 사람, 제품, 프로세스를 통해 파괴적이고 변혁적인 인텔리전스 혁명이 이루어지고 있다. 이 책은 당신의 비즈니스에서 AI를 활용하도록 방향을 제시할 것이다.

커크 보렌(Kirk Boren) 박사, 부즈알렌 해밀톤(Booz Allen Hamilton)의
수석 데이터 과학자 겸 데이터 과학 연구원

〈인텔리전스 혁명〉은 참치잡이에서부터 양치질에 이르기까지 위험을 감수하면서 모든 비즈니스에서 AI를 도입하고 있다. 이 책의 저자인 버나드 마는 4차 산업혁명 시대에 데이터와 인적 자원을

최대한 활용하기 위해 AI를 수용하고 통합하는 포괄적인 전략적 접근법을 제공한다.

앤디 루빈(Andy Rubin) 회장, 펜틀랜드 브랜드(Pentland Brands)

복잡한 개념을 단순하게 설명하는 것은 작가에게 가장 어려운 도전이다. 버나드 마는 이 책은 어떤 비즈니스 관리자라도 쉽게 AI를 이해할 수 있게 하고, AI가 기업에 제공하는 혜택을 설명하였다. 이 책은 가독성이 뛰어나고 실무 지향적이며, 모든 산업의 실제적인 사례를 설명하였다. 이 책은 미래 산업계 리더들을 위한 필독서이다.

파스칼 보넷(Pascal Bornet), 맥킨지 컨설팅 인공지능, 자동화, 디지털혁신 부서장
(McKinsey & Company AI, Automation and Digital Innovation)

만약 당신이 AI가 무엇을 의미하는지 궁금해하거나, AI의 영향에 대해 혼란스럽고 걱정해 본 적이 있다면, 버나드 마는 이 책에서 당신이 갖고 있는 의문점과 우려감을 명확히 해결해 줄 것이다. 당신은 AI가 무엇인지 이해하게 될 뿐만 아니라, 당신이 어떤 산업에 종사하고 있는지에 관계없이 AI를 어떻게 포용하고 이를 이용해 성과를 얻게 될 것인지를 알려줄 것이다.

코니 비엘링(Conny Björling), 스칸스카(Skanska) 그룹 엔터프라이즈 아키텍처 책임자

버나드 마는 전문작가이다. 그의 최근 저서 〈인텔리전스 혁명〉에서 그는 참치잡이 어업이 몇 년 동안 어떻게 발전하고 변화해 왔는지, 그리고 향후 20년 동안 그 산업이 어떻게 발전할 것인지에 대한 몇 가지 예측을 제공하였다. 이를 통해 독자들을 AI 비즈니스

에 매료되도록 하였다. 현재 모든 산업에서 AI를 활용하는 유사한 전환과정이 나타나고 있다. 다양한 규모와 다양한 유형의 회사들이 AI라는 새로운 기술을 채택하고 있다. 이 책은 독자들에게 AI를 활용하는 비즈니스 성공 가능성을 높여주고, 경영실적을 개선하며, AI 기술 채택과 관련한 문제점을 해결해 줄 것이다. 또한 미래를 대비한 기업 역량 구현 등에 필요한 사례와 도구, 지식을 제공할 것이다. 나는 AI의 영향을 이해하고, 인텔리전스 혁명에 전략적으로 대비하며, AI를 활용해 비즈니스 성공을 높이고자 하는 분들에게 이 책을 적극 추천한다.

케이트 스트라크니(Kate Strachney), 스토리 바이 데이터(Story by Data) 설립자

비즈니스 부문 전반에 걸쳐 잘 정비된 사례들은 성공적인 AI 전략을 구현하는 방법에 대한 실질적인 조언을 제공한다. 이 책은 비즈니스에 AI 전략을 활용하고자 하는 모든 비즈니스 리더를 위한 접근 가능하고 포괄적인 내용을 소개하는 서적이다.

니나 몽크톤(Nina Monckton), NHS 비즈니스 서비스 기관 최고 통찰력 책임자

버나드 마는 이 책에서 모든 산업의 기업을 대상으로 AI와 비즈니스 전략에 대한 통찰력 있는 방향을 소개했다. 그는 이해하기 쉽도록 AI 개념을 소개하였다. 당신이 디지털 혁신을 위한 아이디어를 실천하기 위한 시작점이 필요했다면, 바로 이 책에서 시작하면 될 것이다.

티나 로사리오(Tina Rosario), SAP의 최고 데이터 책임자

역자 서문

기술 발전에 따라 다양한 부분에서 산업 혁신이 나타났다. 1차 산업혁명은 18세기 중반부터 19세기 초반에 나타났다. 이 시기에는 근대적 산업이 발전했는데 제임스 와트가 개발한 증기기관을 통해 기계적 대량생산이 가능해지면서 산업이 발전하였다. 2차 산업혁명은 20세기 초반 전기에너지와 석유가 산업에 활용되면서 산업에서의 혁신이 발생하였다. 3차 산업혁명은 1950년대 이후 컴퓨터 및 디지털 통신기술의 발전에 따라 정보기술 혁명이 이루어지면서 비즈니스 혁신이 이루어졌다. 최근 AI(Artificial Intelligence), 빅데이터(Big Data), IoT(Internet of Things) 등 다양한 첨단기술을 이용해 물리적 세계와 디지털 세계에서 융합현상이 나타나기 시작하면서 산업에서의 혁신이 이루어졌는데, 이를 4차 산업혁명이라 한다. 4차 산업혁명 시대에는 과거에는 꿈꾸지 못했던 혁신이 다양한 비즈니스 분야에서 나타나고 있다.

이 책 〈*The Intelligence Revolution: Transforming your business with AI*〉는 인텔리전스 혁명(Intelligence Revolution)을 이끄는 다양한 기술 중 AI와 빅데이터에 중점을 둔 비즈니스 혁신을 위한 새로운 방향을 제시하는 책이다. 이 책은 4차 산업혁명과 관련된 기술을 소개하는 책이 아닌, 기술을 활용하는 비즈니스 전략을 수립하는 책이다. 그렇기 때문에 이 책은 인텔리전스 혁명,

즉 4차 산업혁명 관련 기술을 활용하는 비즈니스를 준비하는 기업의 관리자들에게 비즈니스 전략 측면에서 통찰력을 제공하고 있다. 이 책은 다음과 같은 내용을 포함하고 있다.

- 제1장은 4차 산업혁명 발전과정에 AI와 빅데이터가 기업의 비즈니스와 실생활 전반을 변화시키고 있는 현상황을 설명하고, 기업들이 인텔리전스 혁명에 대한 전략적 준비가 필요함을 설명하였다.
- 제2장은 인텔리전스 혁명 시대의 AI 기술이 비즈니스를 어떻게 발전시키고 있는지에 대한 내용을 소개하고 있다.
- 제3장은 AI 기술이 기존 기업의 제품 변화, 고객 중심의 사업화 강화, 고객 서비스 강화, 기업의 프로세스 자동화, 경쟁우위를 제공해 주는 과정을 설명하였다.
- 제4장은 기업들이 제품개발에 있어 AI 기술을 활용한 스마트 제품을 개발해 보다 고객만족을 강화할 수 있는 방안을 설명하였다.
- 제5장은 AI 기술을 활용해서 보다 서비스를 강화함으로써 고객만족도를 높일 수 있는 방안을 설명하였다.
- 제6장은 기업들이 AI 기술을 이용해 영업, 인사관리, 제조, 물류 등 기업의 다양한 비즈니스 프로세스를 자동화하고, 이를 통한 비용절감, 프로세스 효율성 개선, 성과개선 방향을 설명하였다.
- 제7장은 AI 기술을 활용해서 실제 기업의 현재 상황을 분석하고, 인공지능 기술 도입을 위한 우선순위 선정 방안과 새로운 인공지능 비즈니스 기회를 창출할 수 있는 방안을 설명하였다.

- 제8장은 인텔리전스 혁명 시대의 AI를 이용해 비즈니스를 추구하는 데 있어 조직문화를 강조하였는데, 테크니컬 스킬(technical skill)과 소프트 스킬(soft skill)의 중요성을 강조하였다. 특히 조직 구성원 개인의 창의성, 감성지능, 공감능력, 소통능력은 인텔리전스 혁명을 강화할 수 있는 요인임을 설명하였다.
- 제9장은 AI 기술을 활용한 비즈니스에 있어 모든 사람들에게 데이터와 AI 알고리즘에 대한 투명성을 제공해 신뢰를 구축해야 하는 필요성과 AI 기반 비즈니스 구현을 위한 윤리와 법적 가이드라인에 대하여 설명하였다.
- 제10장은 AI 시스템 구현을 위해서는 데이터를 확보하고, 이를 학습해야 하는데, 이 장에서는 기업들이 데이터를 확보하는 방안과 개인정보보호 방안에 대해 설명하였다.
- 제11장은 AI 기반 비즈니스 구현을 위한 데이터 수집, 데이터 스토리지, 데이터 처리 및 분석, 데이터 출력과 보고에 대해 설명하였다. 또한 보다 효과적으로 AI 기술을 도입하기 위한 새로운 추세인 AIaaS(AI as a Service)에 대해 설명하였다.
- 제12장에서는 인텔리전스 혁명을 위한 조직 리더십에 대해 설명하였다. 4차 산업혁명 시대의 리더는 전통적인 리더와 달리 리더십에 있어 겸손, 진정성, 감정지능과 같은 더 부드러운 인간적인 스킬이 강조됨을 설명하였다.
- 제13장에서는 인텔리전스 혁명 시대에 혁신적으로 발전하고 있는 AI 기술을 활용한 미래 비즈니스 방향에 대해 설명하였다.

본 역자는 이 책을 번역함에 있어 저자의 의도를 살리기 위해 노력하였고, 더불어 가독성을 높이기 위해 노력하였다. 이를 위해 외국어 표현에 대해서는 가급적 한글 표현과 영문 표현을 동시에 표기해서 정확한 이해를 제공하고자 하였다. 추가적인 설명이 필요한 인텔리전스 혁명과 관련된 전문용어에 대해서는 각주를 통해 부연설명을 하였다. 이러한 노력에도 불구하고 독자 여러분들이 본 역서를 읽는 데 이해하기 어렵거나 또는 매끄럽지 못한 문장이 있을 수 있다. 이는 본 역자의 부족함이며, 이에 대해 독자 여러분들께 양해를 구하고자 한다.

이 책을 번역하는 데 도움을 주신 여러분(은사님, 동료 교수님, 산업계 AI와 빅데이터 전문가님, 가족, 지인 등)에게 진심으로 감사의 말씀을 전한다. 또한 본 역서 출판에 도움을 주신 도서출판 청람의 이수영 사장님 이하 직원 여러분들께도 감사의 말씀을 드린다.

마지막으로 AI 기술을 활용해 제품, 서비스, 비즈니스 프로세스 혁신을 위한 전반적인 지식을 소개하고 있는 본 역서가 기업의 관리자분들뿐만 아니라 학생분들에게도 AI를 활용하는 미래 비즈니스에 대한 전문지식 습득에 도움이 되기를 진심으로 소망한다.

2021년 3월

임세헌 드림

(상지대학교 경영정보학과 교수, slimit@sangji.ac.kr)

차례

PART 01 | 인텔리전스 혁명의 현장

CHAPTER 01
인텔리전스 혁명의 변혁적 영향

CHAPTER 02
어떻게 우리가 인텔리전스 혁명을 이루었을까?

PART 02 | 비즈니스에서의 AI

CHAPTER 03

AI 비즈니스

CHAPTER 04

보다 지능적인 제품을 만들기 위한 AI의 이용

CHAPTER 05

보다 지능적인 서비스 제공을 위한 AI 이용

CHAPTER 06

비즈니스 운영과 프로세스 개선을 위한 AI의 이용

PART 03 | 인텔리전스 혁명을 위한 준비

CHAPTER 07

비즈니스에서 AI 활용 기회 찾기

CHAPTER 10

AI는 많은 데이터가 필요하다

CHAPTER 11

기술 혁신의 필요성

CHAPTER 12

인텔리전스 혁명의 리더십 과제

CHAPTER 13

미래 인텔리전스 혁명에 대한 조망

PART 01

인텔리전스 혁명의 현장

인텔리전스 혁명

AI를 이용한 비즈니스 전환

CHAPTER 01

인텔리전스 혁명의 변혁적 영향

참치잡이 분야는 AI를 적용하는 분야로 책을 집필하기에는 적합하지 않은 분야처럼 보일 수 있다. 그러나 현재 세계에서 가장 오래된 산업 중 하나인 상업적인 어업 분야에서 AI가 적용되고 있다. 우리가 살고 있는 현 세상에서 놀라운 변화가 이루어지고 있다. 어떤 분야에서 변화가 이루어질까? 이에 대한 정답은 모든 분야에서 변화가 이루어지고 있다는 것이다.

내가 생각할 때 참치잡이 분야에서의 인텔리전스 혁명은 모든 분야의 산업에서 AI가 비즈니스에 변화를 줄 수 있다는 완벽한 예시이다. 흔히 4차 산업혁명(1차 산업혁명은 증기와 수력, 2차 산업혁명은 전기 및 조립선, 3차 산업혁명은 컴퓨터)으로 알려진 인텔리전스 혁명은 내가 즐겨 이야기하는 빅데이터와 AI가 주도한다. 그리고 이전의 1차, 2차, 3차 산업혁명과 마찬가지로 인텔리전스 혁명은 우리가 알고 있는 대로 우리의 삶을 변화시킬 것이다.

나는 제1장의 뒷부분에서 AI가 우리 삶을 변화시키고 있는 것을 다시 설명할 것이다. 일단 참치잡이 분야에서의 AI 활용에 대해 설명한다.

참치잡이 방법의 진화

수 세기 전에 참치잡이는 단순한 일이었다. 어부들은 보통 참치가 살고 있는 해역으로 출항하였다. 그리고 어부들은 특정 해역에 도착해서 큰 그물을 내던지고 많은 물고기(참치)를 잡곤 했다.

이러한 참치잡이 방법은 그다지 과학적이지는 않았다. 그 당시에는 대부분 그런 방식으로 참치잡이를 했다. 어부들은 그들이 한 일의 정보에 기초하여 참치잡이를 했다. 결국 참치잡이는 과거부터 단순한 데이터에 의해 이루어진 것이다. 이러한 참치잡이 방법은 대대로 전해져 왔다. 어부들은 참치 어획량을 높일 수 있는 곳에서 어업을 영위하였다. 어부들은 어업을 영위하기 위해 별과 랜드마크(landmark)를 이용해 항해를 했다. 어부들은 바람과 날씨를 평가하고, 그들이 알고 있는 것을 토대로 어업에 대한 의사결정을 내릴 것이다.

이러한 어부들의 어업에 대한 경험은 수백 년 동안 완벽하게 잘 적용되어 왔다. 대부분의 사람들이 알고 있는 것처럼 천체 항법은 전반적으로 잘 운영되었지만, 날씨가 흐린 날 밤에는 적용이 어려웠다. 어부들의 항해에서 정확한 일기예보가 없다면 그들의 배는 폭풍에 의해 끔찍한 피해를 입을 수 있고, 심지어 인명 손실을 초래할 수도 있다. 그리고 때때로 물고기(참치)는 원래 있던 곳에 있지 않을 수도 있다.

보다 지능적인 어업

오늘의 어부들의 참치잡이 방법은 매우 다양하지는 않다. 어부들의 보트에는 GPS와 같은 현대식 항법 도구가 장착되어 있고, 어부들은 계속해서 정확한 기상상태와 파도 세기에 대한 정확한 정보를 업데이트를 받고 있다. 참치잡이 항해는 다양한 데이터를 활용하기에 매우 부드럽고 훨씬 더 안전하며, 참치잡이를 위한 코스는 계속해서 변화하는 날씨 조건, 물고기(참치)의 위치를 고려해 변경된다.

수년에 걸쳐 참치 어획량이 고갈됨에 따라 상업적인 어업은 실제로 물고기(참치)를 찾는 데 있어 새로운 개선책이 필요하게 되었다. 위성 추적을 통해 현대의 참치잡이 어선들은 참치가 어디에 있는지 정확히 알고 있다. 그리고 참치잡이 어부들은 작은 참치를 잡았을 때, 작은 추적기 칩을 참치의 지느러미에 부착한다. 참치는 대부분의 시간을 떼로 무리 지어 보낸다. 그래서 한 마리의 참치만 추적할 수 있는 능력이 있다면, 사실상 전체 참치를 추적할 수 있게 된다. 이런 기술을 이용하면 어느 때보다 쉽게 최고의 참치 어획 장소를 찾아낼 수 있다. 참치잡이 어선에도 수중 음파 탐지기가 탑재되어 수면 아래 물고기(참치)의 밀도를 측정할 수 있다. 어선이 최적의 위치에 있을 때 이상적인 물고기(참치) 밀도로 어부들은 마침내 그물이나 줄을 떨어뜨려 가능한 많은 물고기(참치)를 잡을 수 있도록 한다.

그리고 다시 참치잡이를 마치고 육지로 돌아가면, 참치를 가공하는 해산물 제조업자들 또한 매우 지능화되어 있다는 것을 알 수 있다. 예를 들면, 범블비 참치 브랜드(Bumble Bee tuna brand)의 소비자들은 물고기(참치)가 어디에서 왔는지, 얼마나 지속 가능한지, 그리고 얼마나 신선한지를 블록체인(blockchain) 기술 덕분에 정확히 알 수 있다. 이 블록체인 기술은 공급망의 모든 측면을 상세히 설명하는 투명한 장부를 만드는 데 이용될 것이다.

500년 전의 어부들은 참치산업이 오늘날과 같이 변화할 것을 거의 인식하지 못하였을 것이다. 오늘날 참치잡이는 AI에 의해 변화되었다. 이것이 인텔리전스 혁명이고, 이러한 변혁은 이제 막 시작되고 있을 뿐이다.

미래의 어업

미래의 어업은 물고기를 추적하고, 날씨와 바다 상황을 감시하고, 항해하고, 가능한 가장 큰 어획량을 획득하는 큰 능력을 가지고 보다 지능적이 될 것이다. 미래에는 선박에 드론이 연결되는 해양 기술과 결합될 것이다. 10년 또는 20년 후의 참치잡이는 오늘날과 매우 다를 것이다. 미래의 어선은 사람이 타지 않고 항해하고 물고기(참치)를 잡기 위해 로봇과 AI를 이용하여 완전히 자동화될 것이다. 어선은 보다 오랫동안 바다에 머무를 수 있고, 위험한 바다에서도 항해할 수 있을 것이다. 무인 드론이 장착된 어선들은 내 상상의 산물이 아니다. 롤스로이스는 이미 자율선박을 만들기 위해 자율주행 자동차의 선구자인 구글과 협력하고 있다. 그리고 이 회사는 올해 말에 첫 번째 완전 자율선박이 출항하는 것을 희망하고 있다.

그리고 자율선박 다음에 해야 할 일이 무엇인가? 미래에는 물고기가 실험실에서 재배될 수 있고, 개별 고객의 취향과 영양 요구에 따라 맞춤 생산될 수 있을 것이다. 아마도 우리 모두 집에서 참치회를 3D프린팅하는 것이 가능하게 될 것이다. 이미 과학자들은 실험실에서 고기를 생산할 수 있다고 생각하고 있고, 이러한 주장은 그렇게 억지스럽지 않고 실현 가능한 일이다.

수산업과 수산물 제조업체들이 미래를 위해 무엇을 준비하고 있는지 확실히 알 수 없지만, 한 가지는 확실하다. 미래 수산업은 보다 지능화된 기술을 활용하게 될 것이다.

인텔리전스 혁명의 시작

그런데 왜 제1장을 참치잡이 설명으로 시작했을까? 내가 참치회에 집착해서가 아니다. 오늘날의 초지능형, 데이터 중심 세계에서 모든 산업, 심지어 세계에서 가장 오래된 산업까지도 극적인 변화를 겪고 있기 때문이다. AI는 우리 세계를 변화시킬 새로운 인텔리전스 혁명에 기름을 붓고 있다. 그러므로 모든 기업들은 현대적인 참치잡이를 위한 그들만의 도구을 찾아야 할 것이다.

모든 산업에서 인텔리전스 혁명이 시작된다.

요컨대, 당신의 비즈니스는 보다 똑똑해져야 할 것이다. 이것은 기술이 발전하는 것과 마찬가지로 당신이 현대적인 산업 분야에서 비즈니스를 하든, 어업과 같이 전통적인 분야에서 비즈니스를 하든 마찬가지이다. 또한 당신이 글로벌 기업을 운영하든 소규모 스타트업을 운영하든 마찬가지이다.

예를 들면, 농업은 수확을 극대화하고 보다 효율적인 농장을 운영하기 위해 어떤 작물을 심을지, 언제, 어디서, 무엇을 심을지를 보다 지능적으로 계획하는 기술을 활용해야 한다. 농업도 앞서 소개한 어업과 마찬가지로 유사한 인텔리전스 혁명을 경험하고 있다. 전통적인 산업의 또 다른 예로, 제조업은 로봇, 자동화 그리고 다른 기술 진보에 의해 점점 더 인텔리전스 혁명이 추진되고 있다. 의료 분야에서 빅데이터와 AI 도구는 의료 제공업체가 환자의 건강을 모니터링하고 특정 조건을 예측하며 보다 높은 수준의 진료 서비스를 제공하는 데 도움을 주고 있다. 그리고 소매업에서 기업들은 AI를 이용해 그들의 고객들을 전례 없는 방식으로 이해하고 연결할 수 있게 되었다.

모든 산업이 어업 발전과 비슷한 여정을 겪고 있다.

혁신과 변화는 새로운 규범이다. 인텔리전스 혁명에 적응하지 못하는 기업들은 위험에 처하게 될 것이다. 수중 음파 탐지기, GPS 등이 완비된 현대 어선과 50년 전의 전통적인 어선을 이용한 어업을 생각해 보자. 당신은 어느 쪽이 보다 많은 물고기를 잡고, 보다 안전하고, 보다 능률적으로 운영하고, 앞으로 어떤 방향으로 변화할까에 대해 생각해 보았는가? 나는 미래 어업의 변화 방향을 확신할 수 있다.

지금은 우리가 비즈니스 방식을 재고해야 할 시간이다. 당신 회사는 제품을 만드는 방법, 제품을 판매하는 방법, 서비스를 제공하는 방법을 재고해야 하고 그리고 일상화된 비즈니스 프로세스를 재고해야 할 것이다. 만약 당신이 비즈니스에서 AI를 활용한다면, 이 책에서 설명한 것처럼 비즈니스 모델을 완전히 새롭게 구축해야 할 것이다.

상상할 수 없는 미래의 비즈니스 모델

많은 노동자들이 자동화된 기계로 대체되면서, 인텔리전스 혁명에 따라 노동자들은 일자리가 사라질 것을 우려하고 있다. 이것은 합리적인 우려사항이며, 이후에 이 책에서 좀 더 자세히 설명할 것이다. 그러나 AI와 인텔리전스 혁명은 새로운 일자리, 기업, 그리고 산업을 창출할 것은 의심할 여지가 없다. 10~15년 후에는 우리가 상상조차 할 수 없는 새로운 비즈니스와 일자리가 생길 것이다.

실제로 델(Dell)과 미래연구소(Institute for the Future)의 보고서는 2030년에 인간이 할 수 있는 일자리의 85%가 존재하지 않게 될 것이라고 예측하고 있다[01](만약 당신이 이러한 예측을 받아들이기 힘들다고 생각한다면, 시간을 거슬러서 2005년으로 올라가 보자. 그 당시 소셜 미디어 인플루언서, 자율주행차 엔지니어, 가상현실 설계자 개념이 나타났다. 하지만 그 당시 이러한 개념이 실현될 것을 생각하지는 못했을 것이다. 그러나 현재 이러한 개념은 모두 실현되었다. 이것은 우리의 예측이 미래에 실현될 것이라는 것을 알려준다.).

변화할 것은 비즈니스만이 아니다

이전의 세 차례의 산업혁명과 마찬가지로 최근의 인텔리전스 혁명(즉 4차 산업혁명)은 비즈니스의 세계뿐만 아니라 우리가 알고 있는 삶의 방식도 변화시킬 것이다. 우리의 비즈니스 세계와 우리가 살아가는 방식은 대부분의 사람들이 인식하는 것보다 더 큰 규모로 바뀔 것이다.

이렇듯 AI가 세계에 미치는 영향과 확장 가능성을 인식하는 기업들이 있다. 그러한 기업들에는 구글, 아마존, 마이크로소프트와 같은 빅테크 기업들이 있을 것이다(일례로 구글의 공동 창업자인 세르게이 브린(Sergey Brin)은 AI를 "내 생애 가장 중요한 컴퓨터 관련 기술"이라고 표현했다.).[02] 비즈니스를 넘어 오늘날의 정치 리더들 역시 AI가 가지고 있는 중요한 영향을 강조했다.

미국 도널드 트럼프(Donald Trump) 행정부는 출판 간행물에서 "우리는 사실상 우리 삶의 모든 측면을 개선할 수 있는 새로운 기술 혁명을 눈앞에 두고 있다"고 발표했다[03](버락 오바마 대통령 시절 백악관에서도 AI의 전략적 중요성에 대한 보고서를 출판했다.). 러시아의 블라디미르 푸틴(Vladmir Putin) 대통령은 AI를 "러시아뿐만 아니라 모든 인류를 위한 미래"라고 표현했다.[04] 누가 AI 영역에서 리더가 되든 세계의 지배자가 될 것이다. 한편 중국은 현재 2030년까지 세계 AI 리더가 되겠다는 야심 찬 계획을 가지고 있다.[05] 중국의 정치 리더들은 AI 분야에 상당한 예산을 집행하고 있다. 결국 AI는 이미 우리의 일상 속에 얽혀 있고, 우리도 모르게 이용하는 경우가 많다. 휴대전화에서 이메일이나 메시지를 보낼 때마다 빈 공간에 AI를 이용해서 하고 싶은 말을 채울 수 있는 기능이 있다.

가정에서 알렉사(Alexa)는 당신의 요구사항을 이해하고, AI 기술을 활용해 지능적으로 대응하고 있다. 당신이 비접촉식 직불카드로 결제할 때마다 은행은 당신의 거래를 스캔하여 잠재적인 부정행위를 찾아내고 있다. 이처럼 다양한 분야에서 AI 기술이 이용되고 있다.

앞으로 우리의 삶은 보다 스마트한 제품과 AI 주도 서비스로 채워질 것이다. 우리의 일상적인 업무와 활동은 다양한 방식으로 AI를 수반하게 될 것이다. 웨어러블 헬스케어 추적기는 우리의 활력 징후를 감시하고 잠재적인 건강상태를 파악할 것이다(구글은 앉아 있는 사람의 혈압을 측정할 수 있는 변기 시트까지 특허를 획득하였다.). 사람들이 사무실에서 힘든 하루를 보낸 후에 집으로 귀가했을 때 집은 나의 기분을 달래주는 조명과 음악을 제공할 것이다. 자동차는 우리가 거의 개입하지 않아도 A지역에서 B지역으로 우리를 이동시켜 줄 것이다. 식품은 실험실에서 우리를 위해 재배되고 우리의 요구사항에 맞도록 만들어질 것이다(사실 나는 우리들의 증손자 세대들이 과거 우리가 휴대전화 없이 살았다는 것에 놀라고 있는 것처럼, 우리가 식품을 얻기 위해 동물을 죽였다는 사실에 놀랄 것이라고 믿는다.).

그리고 이것들은 우리가 상상할 수 있는 것들이다. 우리가 아직 상상할 수 없는 훨씬 더 많은 것들이 우리에게 다가오고 있다. 이것이 바로 인텔리전스 혁명의 놀라운 힘이다.

AI는 무엇이며, 왜 변혁적인가?

제2장에서는 AI가 어떻게 작동하는지, 무엇을 할 수 있는지 그리고 그 밖의 기술 진보와 어떻게 관련이 있는지 등을 자세히 설명할 것이다.

AI에 대해 좀 더 자세히 알아보자.

간단히 말해서 AI는 최근까지 인간만이 할 수 있었던 방식으로 지능적으로 행동하고 생각할 수 있는 능력을 가지고 있다고 설명할 수 있다. AI는 기계(컴퓨터, 로봇 등)에게 보고, 듣고, 맛보고, 냄새를 맡고, 만지고, 말하고, 걷고, 심지어 비행할 수 있는 능력을 제공하고 있다. AI 덕분에 기계는 주변의 세계를 해석하고, 의사결정을 내리고, 배운 것을 바탕으로 행동을 취할 수 있다. 제2장에서 설명하겠지만 최근 몇 년간 AI의 엄청난 발전을 이끈 것은 데이터로부터 학습할 수 있는 능력이다.

AI가 드라마틱한 영향을 미치게 된 이유는 무엇일까? 부분적으로 그 이유는 오늘날 세계에서 이용 가능한 데이터가 매우 많이 생성되었기 때문이다. 데이터를 분석하고 저장할 수 있는 컴퓨팅 역량의 발전과 활용 가능한 방대한 데이터로 인해 AI는 놀라운 속도로 발전할 수 있었다. 제2장에서는 이에 대해 자세히 설명할 것이다.

AI는 고립된 상태에서 발전하는 독립형 기술이 아니다. 예를 들면, 이전의 각 산업혁명에서 이러한 변화는 전기라는 단 하나의 기술에 의해 추진되었다. 지금 우리는 한꺼번에 일어나는 많은 기술적 진보를 경험하고 있다. AI는 빅데이터, 로봇공학, 가상현실, 3D 프린팅, 클라우드 컴퓨팅, 양자 컴퓨팅 등과 같은 진보 기술을 대표하는 기술들의 한 부분이다(이러한 기술에 대해서는 제2장에서 자세히 설명할 것이다.). 4차 산업혁명, 즉 인텔리전스 혁명을 극적이고 심오하게 만드는 것은 바로 다양한 기술의 조합에 있다.

이 책에 대하여

거대 다국적 기업에서부터 지역의 소규모 기업에 이르기까지 기업들은 인텔리전스 혁명에 대비해야 한다. 이 책은 AI가 비즈니스에 미치는 영향을 설명하였고 AI를 활용하는 비즈니스 방법을 설명하였다.

비즈니스에서 AI를 이용하는 방법 찾기

AI는 고객과 지능적으로 연결하고, 보다 스마트한 제품과 보다 사려 깊은 서비스를 제공하며, 프로세스를 자동화하고 개선하며, 궁극적으로 보다 성공적인 비즈니스를 구축할 수 있는 새로운 가능성을 제공한다. 모든 종류의 산업에 걸쳐 모든 형태와 규모를 갖춘 기업들은 이미 AI를 이용하여 다음과 같은 일을 하고 있다.

- 고객에 대한 이해도 향상
- 고객이 원하는 제품 또는 서비스 예측
- 시장 동향 파악 및 예측
- 고객에게 보다 개인화된 경험 제공
- 보다 지능적인 제품과 서비스 개발
- 주요 비즈니스 프로세스 자동화
- 운영 효율성 향상

이 책은 비즈니스 성공을 가속화하고 성과를 개선하며, 보다 발전하는 회사를 만드는 데 필요한 지식과 도구를 제공할 것이다.

전략의 중요성

AI는 매우 빠르게 발전하고, 비즈니스에 큰 영향을 미치기 때문에, 비즈니스 리더가 어디서부터 AI를 이용해 비즈니스를 시작해야 할지 파악하기 어려울 수 있다. AI에 대한 과대광고, 혼란, 공포를 불러일으키는 것을 제거하고, AI를 비즈니스에 적합하게 이용하려면 어떻게 해야 할까? 이에 대한 대답은 강력한 AI 전략을 개발하는 데 있다.

핵심 비즈니스 요구사항을 충족하지 못하면서 기업들이 새로운 기술에 투자하는 이유는 무엇일까? 이것이 바로 AI 전략의 핵심이다. AI로 달성하고자 하는 것을 파악하고 이러한 목표를 달성하기 위한 계획을 세우는 것이다.

방대한 양의 데이터를 이용할 수 있고 항상 군침이 도는 새로운 기술이 개발되고 있는 현상황에서, AI 전략은 당신 회사가 기술 발전이 제공하는 막연한 기대에 빠지지 않고, 초점을 유지할 수 있게 해줄 것이다.

이 책은 모든 비즈니스 리더가 이해할 수 있는 방식으로 강력한 AI 전략의 핵심을 소개하고 있다. 이 책에는 다양한 산업 분야의 혁신적인 실제 사례를 포함하고 있다. 나는 당신이 AI를 이해하고 인텔리전스 혁명의 놀라운 잠재력을 인식하기를 희망한다.

이 책은 다음과 같이 세 부분으로 구성하였고 각 부의 내용은 다음과 같다.

- 제1부에서는 AI를 활성화하고 연계하는 핵심 기술을 포함한 인텔리전스 혁명의 전반적인 내용을 설명한다.
- 제2부에서는 지능적인 제품, 지능적인 서비스, 지능적인 비즈

니스 프로세스 3대 분야에 걸쳐 비즈니스에 AI를 적용하는 과정을 설명한다.

- 제3부에서는 AI 도입과 관련된 핵심 고려사항, 과제, 장벽을 해소해 보다 지능적인 비즈니스 추진 방법을 설명한다.

핵심사항

이 장에서는 다음의 내용을 설명하였다.

- 1차, 2차, 3차 산업혁명의 중심에는 증기, 전기, 컴퓨터가 있었다. 이제 우리는 4차 산업혁명의 한가운데 있다. 나는 4차 산업혁명을 인텔리전스 혁명이라고 부르는 것을 좋아한다. 이 인텔리전스 혁명은 AI, 빅데이터, 그리고 기타 관련 기술들이 주도하고 있다.
- 인텔리전스 혁명은 모든 산업에서 모든 비즈니스와 일상생활을 변화시킬 것이다. 모든 기업들은 인텔리전스 혁명에 대비해야 한다.
- 이 책을 통해 당신은 인텔리전스 혁명에 전략적으로 대비하고, AI를 이용하여 비즈니스 성공을 높일 수 있다.

다음 제2장에서는 AI를 보다 구체적으로 정의하고, AI가 어떻게 인텔리전스 혁명을 이끌었는가에 대해 설명한다.

참고 자료

01 Dell Technologies and Institute for the Future(nd) Realizing 2030: A Divided Vision of the Future, https://www.delltechnologies.com/content/dam/delltechnologies/assets/perspectives/2030/pdf/Realizing-2030-A-Divided-Vision-of-the-Future-Summary.pdf(archived at https://perma.cc/8668-NL4K)

02 Vincent, J.(2018) Google's Sergey Brin warns of the threat from AI in today's 'technology renaissance', *The Verge*, https://www.theverge.com/2018/4/28/17295064/google-ai-threatsergey-brin-founders-letter-technology-renaissance(archived at https://perma.cc/R8RCUXBH)

03 The White House(2018) Artificial Intelligence for the American People, https://www.whitehouse.gov/briefings-statements/artificial-intelligence-american-people/(archived at https://perma.cc/BM66-JYAH)

04 Russia Today(2017) 'Whoever leads in AI will rule the world': Putin to Russian children on Knowledge Day, https://www.rt.com/news/401731-ai-rule-world-putin/(archived at https://perma.cc/AA8N-CYLV)

05 State Council of China(2017) A Next Generation Artificial Intelligence Development Plan, *gov.cn*, http://www.gov.cn/zhengce/content/2017-07/20/content_5211996.htm(archived at https://perma.cc/9V6Z-HTPV)

CHAPTER 02

어떻게 우리가 인텔리전스 혁명을 이루었을까?

제1장에서 살펴본 것처럼 4차 산업혁명(또는 인텔리전스 혁명)으로 세계가 믿을 수 없는 속도로 변화하고 있다. 만약 10년 전에 한 기업의 이사회에서 한 이사가 AI를 언급했다면, 그는 웃음거리가 되었을 가능성이 크다. 이제 AI는 우리 삶의 많은 부분에서 중요한 역할을 한다. 예를 들면, 온라인 검색, 이메일 스팸 필터, 온라인 뱅킹을 위한 보안 검사, 도로 여행을 위한 경로 계획, 데이트 앱에서의 매칭, 알렉사(Alexa), 시리(Siri) 등 AI를 활용하는 분야는 다양하게 나타난다. 이제 모든 기업들이 AI에 대해 전략적으로 생각해야 할 위치에 와있다. 10년 내에 많은 변화가 이루어졌는데, 어떻게 이렇게 빠른 변화가 이루어진 것일까?

제2장에서는 지능형 기계가 오늘날 할 수 있는 놀라운 일들을 설명한다. 즉 지능형 기계는 본질적으로 인간처럼 생각하고 활동하는 것을 설명한다. 이 책에서 기계라는 용어는 컴퓨터, 알고리즘, 로봇, 기계와 장비, 자율주행 자동차 기술 등을 의미한다.

오늘날 스마트 기계의 기능(역량)에 대해 자세히 살펴보면, 당신이 이전에 다양한 AI 관련 유용한 입문서를 통해 이러한 전문용어를 들어본 적이 있겠지만, 아마도 기계학습이나 심층학습과 같은 용어에 대해 완벽하게 이해하지 못했을 것이다. 이 책은 기술 서적이 아니기 때문에 나는 이러한 기술 용어들을 최대한 일반인들이 이해하기 쉽게 설명할 것이다.

나는 현대적인 기계가 실생활에서 제공하는 의미를 알려주는 몇 가지 사례를 설명할 것이다. 그리고 보다 구체적으로 최근 몇 년간 첨단 AI가 어떻게 발전하였고, 왜 그렇게 급속도로 발전해 왔는지를 설명할 것이다.

먼저 AI의 정의와 작동 방식을 간략히 살펴보자.

AI 정의

AI라는 용어는 기계가 지능적으로 행동할 수 있는 능력을 설명하는 데 이용된다. 즉 기계가 사람이 무엇을 해야 하는지를 듣지 않고 독립적으로 학습하고 행동할 수 있다는 뜻이다. 가장 기본적인 형태에서 AI는 단순히 데이터에 알고리즘(문제해결규칙 또는 계산)을 적용하여 패턴을 파악하고, 다음에 무엇을 할지 결정하고, 미래의 결과까지 예측하는 것을 의미한다.

그 중심에는 '생각(thinking)'이 가능한 기계를 만드는 것이 AI이다. AI는 인간들이 생각하는 것처럼 그들 주위의 세상을 해석하고, 그 정보로부터 학습하고, 그들이 학습한 것에 기반한 효과적인 변화와 시간이 지남에 따라 학습을 통해 정보를 더 잘 해석할 수 있게 된다.

연구개발 관점에서 AI는 두 가지로 설명할 수 있다.

- 협의의 AI 또는 응용된 AI는 특정 업무를 수행하기 위해 인간의 사고과정을 시뮬레이션하는 원리를 응용한 것이다. 예를 들면, 환자의 스캔 이미지를 해석하는 법을 배우고 있는 컴퓨터나 사람들의 이전의 신용카드 지출 패턴을 바탕으로 사기성 신용카드 거래를 실시간으로 감지할 수 있는 금융 시스템이 있다. 협의의 AI 또는 응용된 AI는 이미 비즈니스 애플리케이션에서 다양한 용도로 활용되고 있기 때문에 이 책에서 중점적으로 다룰 것이다.
- 일반적인 AI는 인간의 뇌처럼 어떤 일이든 잘할 수 있는 지능형 기계를 개발하는 데 중점을 두고 있다. 이 영역은 응용된 AI보다 덜 발달했고, 아직 컴퓨터가 인간의 뇌를 완전히 시뮬레이션할 수 있는 단계에 있지 않다. 하지만 AI가 빠르게 발전하고 있기 때문에 머지않아 완벽한 시뮬레이션 단계에 도착할 것이다.

당신이 생각하는 것보다 더 인간적인 기계의 9가지 특성

나는 비즈니스 현장에서 일하는 사람으로서 AI로 무엇을 할 수 있을지를 생각하면 가슴이 두근거린다. AI가 전례 없는 속도로 진화하고 있기 때문에, 오늘날의 기계는 10년, 심지어 5년 전에 불가능하다고 생각했던 일들을 현재는 할 수 있다. 그리고 결정적으로

AI를 장착한 기계들은 책을 읽거나 예술 작품을 창조하는 것처럼 우리가 흔히 생각하는 독특한 인간이 하는 일을 수행할 수 있다. 우리는 AI를 장착한 기계가 할 수 있는 일을 이해해야 한다.

1. 기계는 읽을 수 있다

페이스북(Facebook)의 딥텍스트(DeepText) 도구는 이제 기계가 텍스트를 읽고 이해하는 가설을 제시한 하나의 사례일 뿐이다.[01] 이러한 능력은 이용자들이 주로 텍스트를 통해 서로 소통하는 페이스북과 같은 소셜 미디어 플랫폼에서 중요하다. 딥텍스트 엔진은 페이스북이 이용자가 무엇에 대해 이야기하고 있는지에 대한 통찰력을 얻기 위해 모든 텍스트를 채굴할 수 있도록 설계되었으며, 플랫폼이 많은 관심 콘텐츠를 제공하고, 페이스북의 규칙을 위반하는 스팸 콘텐츠나 기타 문제 콘텐츠를 걸러낼 수 있다. 페이스북은 자사의 도구가 초당 20개 이상의 언어로 된 수천 개의 게시물에서 나온 텍스트를 거의 인간에 가까운 정확도로 이해할 수 있다고 주장하고 있다. 또한 그 기술은 속어와 관용구까지지도 걸러낼 수 있다고 한다.

딥텍스트는 기계학습의 최첨단 형태인 딥러닝을 이용해 작동한다. 기계학습과 딥러닝 모두 AI의 하위 기술로, 우리 주변의 세계를 해석하고 정보를 분류하고, 분류하며, 성공과 실패로부터 학습하는 것을 본질로 기계가 작동하는 방식과 비슷하게 작동한다. 기계학습(machine learning)은 인간의 뇌를 구성하는 뉴런의 네트워크를 모방한 인공신경망(ANN)에 의존한다. 예를 들면, 우리가 인간으로서 걷거나 쓰는 법을 배울 때 우리 뇌의 뉴런은 시행착오를 통해 구체적인 순서에서 특정 근육에 신호를 보내는 것이 우리가 성공적인 단계를 밟거나 편지를 쓰는 결과를 가져올 것이라는 것을 배운다.

뇌에 있는 뉴런은 우리가 경험을 통해 학습할 때 시간이 지남에 따라 더 강한 연결을 형성한다. 이것이 바로 기계학습이 작동하는 방식이며, 컴퓨터 프로그램 데이터를 공급하여 인공신경망을 훈련시키는 방법이다. 딥러닝은 우리의 뇌처럼 정보를 걸러내기 위해 인공신경망의 여러 계층(layer)을 이용하는 최첨단 기계학습 접근법이다. 딥러닝은 학습이 필요한 광범위한 과제나 문제에 적용할 수 있다.

기계는 텍스트를 읽고 이해하는 것뿐만 아니라 텍스트의 요약을 생성할 수도 있다. 예를 들면, 마이크로소프트는 뉴스 기사를 요약할 수 있는 AI 프레임워크를 개발했다.[02] 이는 기계가 텍스트 조각을 평가하고 핵심을 파악하며 어떤 메시지가 전달되고 있는지 파악할 수 있는 자연어처리(NLP: Natural Language Processing) 기술 덕분에 가능하다.

2. 기계는 쓸 수 있다

자연어처리가 그다지 인상적이지 않았기에 우리는 이제 자연어 생성(NLG: Natural Language Generation)을 하게 되었는데, 이 기술은 기계가 텍스트를 만드는 과정이다. 즉 기계는 단순히 콘텐츠의 요약을 만들 수 있을 뿐 아니라 인간의 개입 없이 처음부터 콘텐츠를 작성할 수 있다.

〈뉴욕타임스(*New York Times*)〉, 〈포브스(*Forbes*)〉, 〈블룸버그

(*Bloomberg*)〉, 〈워싱턴포스트(*Washington Post*)〉와 같은 뉴스 제공 기관들은 이미 AI를 이용해 콘텐츠를 만들고 있다.[03] 언론협회는 AI를 이용해 월 3만 건의 지역 뉴스 기사를 만들고 있다.[04] AI 기계는 단지 짧은 형식의 콘텐츠를 만드는 데만 좋은 성과를 보여주는 것은 아니다. 학술출판사인 스프링거(Springer)는 AI 기계가 집필한 서적을 출판했다.[05] 물론 그것은 리튬이온 배터리(lithiumion batteries)와 같은 주제의 흥미로운 읽을거리처럼 보이지는 않지만, 현재 AI 기계가 할 수 있는 놀라운 기능을 보여준다.

3. 기계는 볼 수 있다

오이를 재배하는 것은 AI와 무관하다고 생각하는가? 다시 생각해 보자. 일본의 한 혁신적인 젊은 농부인 마코토 코이케(Makoto Koike)는 가족의 농장에서 오이를 분류하는 데 AI를 이용했다. 오이를 분류하는 것은 놀랄 만큼 복잡한 작업이다.[06] 오이는 크기, 두께, 모양, 질감, 색깔, 잡티 등에 따라 분류해야 한다. 그는 구글의 텐서플로우 딥러닝 기술을 이용해 이 소모적인 작업의 일부를 자동화하였다. 먼저 이 시스템은 오이의 사진을 찍고, 빠른 이미지 분석을 통해 오이의 사진임을 확인한다. 그러면 텐서플로우 신경망은 오이의 모양과 길이에 대한 보다 상세한 분류를 실시한다. 이 시스템은 개발 당시에 사진인식능력과 컴퓨터 역량 부족으로 오이의 색상, 질감, 긁힘 등을 제대로 인식할 수 없었지만, 농장의 가장 바쁜 시기에 오이를 분류하는 데 있어서 부담을 어느 정도 덜어주는 데 도움이 되었다.

이 오이 분류과정은 AI의 또 다른 하위 집합인 머신비전(machine

vision)에 의해 가능하다. 머신비전은 컴퓨터가 데이터를 '보고(see)' 분석한 다음 그들이 본 것에 근거해 의사결정을 내릴 수 있게 해준다. 인스타그램(Instagram) 사진, CCTV(closed-circuit television) 감시 이미지, 적외선 센서(infrared sensors) 등 오늘날 전 세계에 얼마나 많은 시각화할 수 있는 데이터가 있는지 생각해 보자. 이러한 이미지 데이터에 대한 개체 식별 정확도는 10년도 채 되지 않아 50%에서 99%로 높아졌다.[07] 이것은 머신비전 기술이 엄청나게 개선되었음을 알려준다. 이러한 머신비전 기술은 자율주행 차량, 안면인식 소프트웨어 등 다양한 용도로 활용되고 있고, 또한 사람의 CT 스캔 이미지를 분석하는 헬스케어 서비스에도 활용되고 있다. 이 장의 후반부에서 이에 대해 상세히 설명할 것이다.

중국은 안면인식 기술(facial recognition technology)의 세계적 선두주자가 되었다.[08] 항저우(Hangzhou)의 KFC의 한 지점은 현금이나 카드로 결제하는 대신 당신의 미소를 분석해 신원을 확인하고(알리페이 앱을 통해) 결제하는 시스템을 테스트하였다. 그리고 베이징 지하철은 표가 필요하지 않도록 하기 위해 안면인식 시스템을 이용할 계획이다. 또한 베이징(Beijing)의 경찰관들은 얼굴을 국가 데이터베이스와 교차 참조할 수 있는 증강현실(AR: Augmented Reality) 안경을 착용해 거리에서 실시간으로 범인을 찾아낸다. 증강현실은 가상현실과 밀접한 관련이 있다. 그러나 가상현실(VR: Virtual Reality)이 완전히 몰입적인 컴퓨터 생성 세계를 만들어내는 반면, 증강현실은 정보와 가상의 물체가 실생활의 물체에 실시간으로 '중첩되는(overlaid)' 등 현실세계에 확고히 뿌리내리고 있다. 예를 들면, AR 안경을 착용한 엔지니어는 자동차 엔진을 볼 수 있고 그가 보고 있는 엔진의 어떤 부분 위에 설명 이미지와 텍스트를 겹쳐 볼 수 있다.

4. 기계는 들을 수 있다

인간의 감각이라는 주제를 계속 다루면서 이제 기계는 보는 것뿐만 아니라 들을 수도 있다. 집에 아마존 에코(Amazon Echo)가 있다면 알렉사가 소리를 구분하고 음성명령을 인식하는 데 얼마나 인상적인지 알 수 있을 것이다. 또 다른 유사한 사례로는 보이시아 시스템(Voicea system)이 있다. 보이시아 시스템은 회의록을 작성하고 재검토하는 기능을 제공한다.

기계는 사람의 목소리뿐만 아니라 다양한 소리를 인식할 수 있다. 내가 가장 좋아하는 사례로는 도시의 소리의 퍼짐을 분석하고, 총성이 감지되면, 실시간 경보를 제공하는 숏스팟터(ShotSpotter) 시스템이 있다. 이 시스템은 음파를 감지하기 위해 도시 주변에 센서를 배치하고 있다. 총성과 일치하는 음파가 감지되면, 숏스팟터 시스템은 총성이 발생한 위치를 찾아 사법집행기관에 보고할 수 있다. 이 시스템은 이미 밀워키(Milwaukee)와 푸에르토리코(Puerto Rico) 등 다양한 장소에서 이용되고 있다.[09]

뉴런 사운드웨어(Neuron Soundware) 시스템은 또 다른 흥미로운 사례를 제공한다. 이 시스템은 기계 고장의 초기 징후를 감지하기 위해 기계의 소리를 이용한다. 만약 당신이 차를 운전하는 동안 우스꽝스러운 덜컹거리는 소리를 듣는다면, 자동차 자체 시스템에서 그 소리를 감지하고 문제를 진단하며, 자동차가 고장나기 전에 가장 가까운 곳으로 당신을 안내하기 위해 AI를 이용할 가능성이 있다(그리고 아마도 당신이 알지 못하는 동안 자동차 정비사는 차량의 문제를 해결하기 위해 AR 안경을 쓰고 문제를 해결할지도 모른다.).

5. 기계는 말할 수 있다

만약 당신이 알렉사의 말솜씨가 인상적이었다고 생각했다면, 당신은 아직까지 AI의 본질적 진면목을 보지 못했을 것이다. 구글 듀플렉스(Duplex)는 당신을 위해 이야기를 해주기 때문에, 당신은 미용사나 치과의사에게 반복적으로 전화할 필요가 없다. 구글 어시스턴트 디지털 가상 비서와 통합한 구글 듀플렉스는 내가 이 장 앞부분에서 언급한 자연어처리와 자연어생성 기술을 이용해 인간과 완전히 자연스러운 대화를 나눌 수 있다. 구글 듀플렉스는 전화상으로 저녁 예약을 하거나 약속을 잡거나 문의할 때 이용할 수 있다. 또한 나는 구글 듀플렉스를 이용해 당신이 비디오를 보거나 그것의 오디오 클립을 실제로 듣는 것을 추천한다.

구글 듀플렉스는 너무 현실적이어서 사람들이 기계와 대화하고 있다는 것을 전혀 모를 것이다. 심지어 구글 듀플렉스는 일반적으로 사람들이 말을 할 때 이용하는 모든 '음', '아'와 '으-흥'을 똑같이 복제한다. 구글 듀플렉스는 미국 내 다양한 안드로이드 기기와 iOS 기기에서 이용할 수 있었으며, 가까운 미래에 다른 나라에 출시할 계획이다.[10]

이것이 막연히 익숙하게 들릴 경우, 챗봇은 질문과 명령을 이해하고 고객과 상호 작용하며 지능적인 방법으로 질문에 답하기 위해 동일한 자연어처리와 자연어생성 기술을 이용한다는 점을 명심해야 한다. 최근에는 기업들은 어떤 비즈니스에서든 챗봇을 활용하고 있다. 그래서 사람들이 온라인이나 메시징 앱을 통해 어떤 회사의 고객센터와 접촉할 때 로봇인지 서비스 담당 직원인지를 파악할 수 없다. 가까운 미래에 사람들이 회사들과 이야기할 때도 마찬가지일 것이다. 사람들이 기계나 사람 중 누구에게 말할 것인가? 아마 사람들은 기계와 이야기하는지 사람과 이야기하는지 그 차이를 구별할 수 없을 것이다.

아마도 비현실적으로 기계들은 사람들의 목소리를 복제하기 위해 자연어처리와 자연어생성 기술을 이용할 수 있을 것이다. 중국의 빅테크 기업인 바이두(Baidu)는 자사의 딥보이스(Deep Voice) 소프트웨어가 3.7초짜리 짧은 오디오파일에서 누군가의 목소리를 복제할 수 있고, 말하는 사람의 억양, 톤 그리고 언어 리듬을 믿을 수 없을 정도로 정확하게 복제해서 새로운 음성을 만들 수 있다고 밝혔다. AI가 얼마나 빨리 발전하고 있는지 살펴보기 위해 2017년 딥보이스 도구는 음성을 복제하기 위해 30분 분량의 오디오파일이 필요했는데, 불과 1년 만에 기술이 발전에서 3.7초 분량의 오디오파일만 있으면 음성복제가 가능해졌다.[11]

6. 기계는 냄새를 맡을 수 있다

당신이 멈춰선 다음에 장미 향기를 맡거나 또는 불쾌한 냄새를 맡고 코를 찡그리는 것처럼, 기계도 사람과 마찬가지로 냄새를 감지할 수 있다는 것을 기억하라. 기계는 때때로 사람보다 훨씬 더 빠르고 정확하게 냄새를 맡을 것이다.

영국의 러프버러 대학교(Loughborough University)의 한 연구

팀은 인간의 호흡 속 화학적 합성물을 분석하고 잠재적 질병을 파악할 수 있는 AI 시스템을 개발하고 있다.[12]

이 시스템은 딥러닝 기술을 이용해 호흡 속의 악취가 남긴 흔적을 '읽고(read)' 암 치료를 받고 있는 사람들의 호흡 샘플을 학습하고, 이를 통해 호흡과정에서 인간으로부터 나온 특정 합성물을 점점 더 잘 파악하게 된다. 예를 들면, 이 시스템은 스트레스와 질병과 관련된 알네하이드(aldehydes)라는 화학적 합성물을 인식할 수 있고, 짧은 시간에 호흡 샘플을 분석해 화학적 합성물을 발견할 수 있다. 이것은 전문가가 몇 시간을 투자해야 하는 작업이다.

덴마크 해양청(Danish Marine Agency)은 현재 드론을 이용해 배출법을 어기고 있는 선박을 탐색하며 덴마크 해역을 순찰하고 있다. 드론은 지나가는 배들의 배기가스 냄새를 맡아 유황을 너무 많이 내뿜어 법을 어기는 오염원을 파악할 수 있다.[13]

향수와 방향제 분야에서도 AI가 활용되고 있다. IBM은 향수 생산업체인 심라이즈(Symrise)와 협력하여 향수 제조법을 학습시키고 과거의 성공 데이터를 선별하며, 향수산업 전반의 시장 동향을 분석하여 패턴을 식별하고 흥미로운 새로운 향수 조합 방법을 제안할 수 있는 AI 시스템 필리라(Philyra)를 개발했다. 심라이즈는 올해 AI가 디자인한 향수 2종을 출시할 예정이다.[14]

7. 기계는 움직일 수 있다

로봇공학은 최근 몇 년 동안 급속도로 발전했다. 로봇공학 전문기업인 보스턴 다이내믹스(Boston Dynamics)가 제작한 로봇을 살펴보면 로봇이 달리기, 점프하기, 물체 주위를 탐색하기, 물체들어 올리기와 같은 인간이 하는 움직임을 이전보다 잘 따라 하는 것을 알 수 있다. 아마도 당신은 인상적인 휴머노이드 로봇(humanoid robot)이나 강아지처럼 생긴 유명한 로봇인 스팟(Spot)의 영상을 이미 봤을 것이다.

로봇운동 역량의 발전은 성공적인 행동이 긍정적인 보상을 통해 강화되는 강화학습(reinforcement learning)에 기인한다.

걸음마를 배우는 유아들은 큰 걸음으로 걷다가 넘어지면 더 작은 걸음을 걷는 것과 같이 경험한 결과에 따라 행동을 조정한다. 유아들과 마찬가지로 기계와 소프트웨어 에이전트는 환경으로부터의 피드백에 근거하여 이상적인 행동을 결정하기 위해 강화학습 알고리즘을 이용한다. 강화학습은 기계학습의 또 다른 유형이다.

문제의 복잡성에 따라 장기적으로 보상을 극대화하기 위해 필요한 경우 시간이 지남에 따라 강화학습 알고리즘이 환경에 지속적으로 적응할 수 있다. 그래서 넘어질 듯이 불안정하게 서 있는 유아와 비슷하게, 강화학습으로 걷는 것을 배우는 로봇은 목표를 달성하기 위해 다양한 방법을 시도할 것이고, 그러한 방법이 얼마나 성공적인지에 대한 피드백을 받을 것이다. 그러고 나서 걷는 목표가 달성될 때까지 조정할 것이다. 큰 걸음은 로봇을 넘어지게 하기 때문에 로봇이 바로 서 있는 비결을 알아보기 위해 로봇의 발걸음을 작게 조절한다. 다양한 변형을 통해 학습을 계속하고, 로봇은 궁극적으로는 걸을 수 있게 된다. 이 사례에서 보상은 똑바로 서 있는 반면, 벌은 넘어지는 것이다. 로봇이 동작에 대해 받는 피드백을 바탕으로 성공적인 동작이 강화된다.

나는 최근에 로봇공학 분야의 또 다른 흥미진진한 개발이 이루어지고 있는 알터 3(Alter 3)를 만났다. 알터 3는 환경을 관찰하고, 그에 따라 움직임을 변화시킬 것이다. 이 살아있는 듯한 로봇은 도쿄의 새로운 국립극장(New National Theatre in Tokyo)에서 열린 오페라 공연에서 공개되었는데, 오페라에서 음악에 반응하고 공연할 수 있는 인상적인 자율능력을 보여주었다.[15]

우리가 새로운 로봇 생명체의 출현을 목격할 수 있을까? 10년 전만 해도 그것은 공상과학 영화의 억지 줄거리처럼 보였을지 모르지만 오늘날 이러한 것들이 실현된 것을 누가 알겠는가?

기계 움직임은 로봇 분야에만 있는 것은 아니다. 자율주행차와 트럭은 AI 기술 덕분에 안전하게 운행할 수 있게 되었다. 드론 또한 그렇다. 거대한 하키 퍽처럼 생긴 작고 귀여운 진공청소기 로봇들은 어떠한가? 진공청소기 로봇은 머신비전을 포함하는 AI를 이용해 바닥을 청소하면서 물체를 탐지하고 주변을 탐색한다.

8. 기계는 만들 수 있다

분명히 요즘 기계들은 인간이 수행하는 다양한 임무를 수행한다. 하지만 창의적인 영역은 아직까지 인간 고유의 영역이다. 과연 그럴까? 확실히 기계가 상상하고 창조하는 인간의 능력에 필적할 역량을 갖출 수 없을까? 유감스럽지만 기술 발전으로 세상이 바뀌어 이것이 가능해졌다. AI를 통한 이미지 생성이 이미 이루어지고 있다. 자연어생성이 자연어처리의 다음 단계였던 것처럼, 머신비전의 다음 단계는 기계가 이미지 해석능력을 확보하는 것이다. 기계는 먼저 이해하는 방법을 배웠고, 그리고 난 후 창조하는 방법을 배웠다.

오늘날 AI 덕분에 기계는 고양이부터 존재하지 않는 사람들의 얼굴까지 모든 것을 사실적인 이미지와 영상으로 만들 수 있게 되었다.[16] [17] 그리고 AI에 의해 탄생한 예술 작품은 2018년 크리스티 뉴욕(Christies New York) 경매에서 43만 2,000달러에 낙찰되었다. '에드먼드 드 벨라미(Edmond de Belamy)' 초상화라고 불리는 추상화는 경매장에서 팔린 최초의 AI 알고리즘을 생성한 그림이었다. 아마 이 그림 작품이 마지막은 아닐 것이다.

만약 당신이 자신만의 AI 예술 작품을 만들고 싶다면 당신은 다양한 아트 스타일을 기반으로 이미지를 업로드하고, 그 이미지에서 새로운 이미지를 만들 수 있는 딥드림 제너레이터(Deep Dream Generator)를 활용할 수 있다.[18]

AI는 미술뿐만 아니라, 향수, 레시피, 음식맛 조합 등 다양한 것들을 창조하는 데 이용되고 있다. 예를 들면, 양념 제조업체인 맥코믹 & 컴퍼니(McCormick & Company)는 IBM의 왓슨 AI 도구를 이용해 새로운 레시피와 향신료를 개발하고 있다.[19] 모든 맥코믹 & 컴퍼니의 개발자들은 AI 시스템과 협업해 2021년까지 AI를 활용한 식품과 향신료를 출시한다는 계획을 가지고 있다.

9. 기계는 감정을 이해할 수 있다

기계는 인간의 두뇌만이 할 수 있다고 생각했던 방식으로 다양한 것을 만들었다. 그러나 감정은 확실하고 완전하게 100% 인간의 영역일까? 그러나 이에 대한 해답은 더 이상 감정이 인간만의 영역이 아니라는 것이다.

감성 컴퓨팅은 AI와 컴퓨팅의 한 분야로 인간의 감정을 인식하고 해석하고 처리할 수 있는 시스템을 만드는 것을 포함한다. 그리고 오하이오 대학교(University of Ohio)의 연구팀이 발견한 것처럼 놀랍게도 컴퓨터는 인간보다 '행복하게 놀라고' '슬프게 역겨워'하는 미묘한 감정을 인식하는 데 더 나을 수 있다.[20] 궁극적으로 컴퓨터는 인간보다 패턴을 더 잘 인식한다. 많은 사람들이 동일한 감정을 표현하기 위해 동일하게 얼굴을 움직일 것이다. 이에 따라 컴퓨터는 사람의 감정을 보다 쉽게 인식할 것이다. 사람들의 거짓말 탐지에도 이와 같은 패턴인식 기술이 이용된다. 나는 누군가가 보험금 청구에 대해 거짓말을 하고 있는지를 파악하기 위한 전화 음성분석을 이용하는 실험을 보험회사와 일했던 적이 있다.

미래에 감성 컴퓨팅(affective computing)은 다양한 응용 프로그램에 활용될 것이다. 예를 들면, 이러닝(eLearning) 플랫폼은 학습자가 지루하거나 혼란스러울 때를 감지할 것이다. 더불어 의료서비스 제공자들은 잠재적으로 우울증이나 불안과 같은 정신건강 문제를 환자 상담을 통해서 보다 쉽게 발견할 것이다. 감성 컴퓨팅 기술은 당신이 화났을 때 당신에게 전화를 걸지 말라고 알려줄 것이다.

감성 컴퓨팅의 선도 기업인 어펙티바(Affectiva)는 이미 인간의 감정을 파악하고 반응할 수 있는 실용적인 AI 도구를 개발하였다. 어펙티바 오토모티브 AI(Affectiva Automotive AI) 솔루션은 도로에서 운전자의 안전을 높이기 위해 운전자의 감정상태를 모니터링한다.[21] 이 시스템은 운전자의 운전 이미지와 음성분석을 이용해 운전자의 기분상태와 차 안의 다른 사람들의 감정 반응을 파악해 운전자의 뒤에서 무슨 일이 일어나고 있는지 이해할 수 있다. 그리고 이 시스템은 잠재적으로 운전자가 안전하지 않을 상황을 발견했을 때 안전조치를 취한다. 예를 들면, 이 시스템은 운전자가 피곤하거나 주의가 산만한 것을 감지할 경우, 운전자에게 경고음을 알린다. 또한 이 시스템은 운전자가 화가 난 것을 감지할 경우 가상 보조 시스템이 운전자에게 심호흡을 하도록 안내하거나 감정 안정을 위한 음악 목록을 재생한다. 만약 운전자가 안전하게 운전할 수 없는 상태라면 이 시스템은 차를 잠재적으로 통제한다.

AI의 능력을 보여주는 두 가지 사례 연구

AI의 능력이 놀랍지 않은가? 요즘 AI를 내재한 기계들은 다양한 일을 수행한다. 이 단원에서는 AI가 일상생활에 미치는 영향을 설명하기 위해 두 가지 사례를 통해 AI의 기능에 대해 살펴볼 것이다.

헬스케어의 미래

인텔리전스 혁명은 단순히 기업들이 하는 일을 변화시키는 것이 아니라 의사, 간호사 및 기타 의료 전문가의 업무도 AI가 주도하는 변혁이 일어날 것이다. 실제로 의료 분야에서 일어나고 있는 가장 흥미로운 발전 현상 중 하나가 AI가 의료 서비스에 대한 결과물을 제공하고 있다는 것이다.

우선 헬스케어산업은 현재 피트니스 트래커(fitness tracker)나 스마트워치(smart watches)와 같은 웨어러블 디바이스에서 수집한 수많은 데이터로부터 혜택을 받기 시작하고 있다. 이러한 웨어러블 디바이스들(스마트폰이나 스마트 TV와 같은 다른 스마트 기기와 함께)은 사물인터넷(IoT: Internet of Things)을 구성한다. IoT는 우리가 휴대하거나 몸에 지니고 다니거나 우리 집 그리고 직장에서 이용하는 스마트하고 연결된 사물들의 집합체다.

이러한 IoT 디바이스 덕분에 상세한 건강 데이터를 수집하는 일이 쉬워졌다. 예를 들면, 여러분은 애플워치(Apple Watch)가 병원 장비와 같은 방식으로 심장 박동수와 리듬을 기록하면서 이미 심전도 검사를 할 수 있는 능력을 가지고 있다는 것을 알고 있었는가?[22] 또한 IoT 디바이스 착용자가 넘어졌을 때 애플은 사람들의 행동변화를 감지할 수 있다. 이와 같은 능력으로 최신 애플워치가 미국 식품의약국(FDA)으로부터 의료기기로 승인받은 것도 놀랄 일이 아니다.[23] 또 다른 사례로 연구원들은 혈당 수치를 추적할 수 있는 콘택트렌즈를 만들기 위해 경쟁하고 있다.[24]

이와 같이 웨어러블 기술이 일반화됨에 따라 환자들은 건강을 보다 잘 관리할 수 있게 되었고, 정보를 활용해 생활양식을 잘 선택할 수 있게 되었다. 또한 헬스케어 전문가들은 환자의 건강 데이터를 보다 세밀하게 통제하고, 치료를 잘할 수 있게 되었다.

분명히 의료 전문가들은 AI가 내재된 솔루션들이 하는 일에 놀라지만, 아무도 의사들이 로봇으로 대체되는 것을 원하지 않는다. 하지만 대부분의 사람들처럼 의사들도 피곤해지고, 가끔 쉬는 날을 보내기를 원하고 실수를 한다.

의사들이 수년 전 의과대학에서 배운 것을 기억하기 위해 노력하는 데 비해 기계는 고군분투하는 법이 없다. 따라서 의료 전문가의 작업을 지능적인 기계와 결합할 수 있다면, 수천 개의 스캔 이미지를 확인하는 것과 같이 일상적이고 시간이 많이 걸리는 작업을 자동화하거나 능률화할 수 있다. 이로 인해 의사와 간호사들은 소중한 시간을 환자 진료에 더 많이 쓸 수 있고, 최선의 치료 방향을 결정하는 일을 할 수 있다.

방사선과 의사의 일을 예로 들어보자. 방사선과 의사는 엑스레이, CT 등 사람의 스캔 이미지를 이해하기 위해 몇 년 동안 학습하고 훈련하며, 사람의 스캔 이미지에서 이상 징후를 파악해 사람들의 질병을 알아낸다. AI 기술은 환자 신체의 스캔 이미지를 통해 이상 징후를 찾아주며, 초기 단계에서 파악하기 어려운 질병 정보를 의료 전문가에게 제공한다. 이를 통해 의료 전문가의 과중한 업무 부하를 줄여준다. 사실 이러한 기술은 이미 의료기관에서 이용되고 있다. 인퍼비전(Infervision)의 이미지 인식 기술을 사례로 살펴보자. 딥러닝 기술을 이용하는 인퍼비전의 도구는 CT 스캔에서 폐암의 징후를 찾아주며, 이미 중국 전역의 의료기관에서 이용되고 있다.[25]

또 다른 사례로 영국의 가족 담당의사 GP(General Practitioner)의 AI 활용 사례가 있다. 이 사례는 AI 도움으로 의료 전문가의 업무가 어떻게 보완될 수 있는지를 보여준다. 영국에서 환자는 GP에게 평균적으로 진료받는 시간은 10분밖에 되지 않는다. GP는 10분이라는 짧은 시간 안에 노트를 숙지하고, 환자의 문제에 대한 설명을 듣고, 가족력을 파악하고, 환자를 검사하고 문제를 진단하고, 질병 치료 방향을 결정해야 한다. GP에게 10분은 진료를 위해 충분치 않은 시간이다. 그러나 AI에게 10분은 의료 상담을 효율적으로 할 수 있는 시간이다. 이러한 사실은 의료용 AI 로봇이 의사를 대체해야 한다는 것을 의미하는 것이 아니라, AI가 환자의 의료 기록과 가족력을 짧은 시간에 파악해서 GP의 진료를 도울 수 있는 통찰력을 제공할 수 있다는 것을 알려준다.

AI가 주도하는 사회

중국이 AI 분야에서 세계 리더가 되기 위한 노력의 일환으로 '중국 사회 신용 스코어 시스템(Chinese Social Credit score system)'을 개발하였다. 이 시스템은 금융 신용점수 시스템과 약간 유사한 특성이 있지만, 금융 신뢰도보다 훨씬 더 탁월하다.[26]

중국 정부는 금융 신용점수 아이디어를 취합하여 모든 생활 영역에 적용하여 시민이 얼마나 신뢰할 수 있는지(기본적으로 얼마나 잘 행동하는지)를 평가할 수 있는 정책 대안을 제시하였다. 이 시스템은 국가의 모든 개인 및 기업들이 청구서를 제때에 지불하는지, 자선단체에 기부하는지, 온라인 비디오 게임을 할 때 부정한 방법을 취하는지, 속도위반 딱지를 떼는지까지 다양한 것을 고려한 사회적 신용점수를 고려한다. 이 시스템은 모두 개인의 행동에 따라 변동하는 점수를 모두 합친 것이다.

이 시스템은 중국 정부와 민간기업이 금융 데이터, 소셜 미디어 활동, 건강 기록, 온라인 구매, 세금 납부 그리고 연관된 사람들에 대한 엄청난 양의 시민 데이터에 접근할 수 있기 때문에 가능하다.

법을 어기는 기업이나 개인을 중심으로 더 많은 투명성을 만들겠다는 발상은 좋지만, 이 제도는 일상생활에 광범위하게 밀접한 관련성을 맺고 있기에 우리에게 시사하는 바가 크다. 점수가 높은 사람들은 할인된 에너지 요금 혜택, 데이트 웹사이트에서 보다 좋은 가시성 혜택 또는 부동산을 임대할 때 보증금을 지불하지 않아도 되는 혜택 등의 이점을 누린다. 또한 병원을 이용하는 데 높은 사회적 신용점수를 가지고 있는 사람은 줄을 서서 돈을 지불할 필요 없이 의사에게 빠르게 진찰을 받을 수 있다. 한편 점수가 낮은 사람은 항공권 예매나 온라인 데이트 웹사이트 가입이 제한될 수 있으며, 또한 부동산을 임대하는 것이 어려울 수도 있다.

만약 이 모든 것이 먼 미래가 배경인 '블랙 미러(Black Mirror)'의 에피소드처럼 들린다면 당신은 현실을 직시할 필요성이 있을 것이다. 이러한 계획은 이미 중국의 일부 도시에서 진행되고 있으며 올해 완전히 실현될 것으로 예상된다. 앞으로 다른 나라에서도 비슷한 제도가 채택되는 것을 볼 수 있을까? 이는 오직 AI를 활용하려는 의지에 따라 빠르게 실현될 것이다.

AI 활용의 과거와 현재

AI는 새로운 것이 아니다. 사실 지능형 기계를 만든다는 생각은 이미 수십 년 전부터 존재해 왔다. 미국의 컴퓨터 과학자 존 매카시(John McCarthy)는 1955년 다트머스 대학(Dartmouth College)에서 여름 AI 워크숍을 제안하면서 'AI(Artificial Intelligence)'라는 용어를 만들었다. 그의 AI 워크숍 제안은 성공적이었다. 1년 후 세계 최초의 AI 콘퍼런스인 1956년 다트머스 콘퍼런스(Dartmouth Conference)가 소수 열성적인 수학자들과 컴퓨터 과학자들이 참석한 가운데 개최되었다.[27] 이후 그가 제안한 지능적인 기계에 대한 개념이 문학작품, TV, 영화에 나타나게 되었다.

AI의 탄생

최초의 인공신경망(ANN: Artificial Neural Network)은 AI의 주요 걸림돌을 해결하기 위해 1950년대에 개발되었다. 즉 컴퓨터가 복잡한 계산을 하거나 패턴을 발견하거나 정보를 빠르게 검색하는 측면에서는 인간보다 훨씬 뛰어날 수 있지만, 컴퓨터가 실제 세계를 해석하는 데는 인간의 뇌와 비교할 수 없었다. 또는 명확한 규칙에 기초하지 않은 작업을 완료하는 경우에 대한 사례로, 우리가 오랜 친구를 인지하는 과정을 살펴보자. 사람들이 몇 년 동안 보지 못한 사람의 얼굴을 재기록(재기억)하는 방법은 규칙으로 쉽게 설명될 수 있는 과정이 아니다. 사람들이 복잡하고 종종 임의적인 언어를 말하는 것은 사람들이 시행착오를 바탕으로 시간 경과에 따른 경험을 통해 학습한 것이다. 즉 이것은 단순한 알고리즘으로 쉽게 프로그램될 수 있는 것이 아니라는 것을 의미한다.

인공신경망은 이러한 인간의 사고과정을 시뮬레이션하는 데 큰 도약을 제공하였다. AI는 이론적으로 컴퓨터가 학습할 수 있도록 일련의 규칙으로 프로그래밍하는 대신에 단지 컴퓨터에서 학습할 수 있는 많은 데이터를 주고, 인간이 생각하는 것처럼 시행착오를 통해 스스로 규칙과 패턴을 알아내도록 한다. 그러나 이 과정은 수십 년이 걸릴 것이다.

AI의 태동에서 기계학습능력을 갖추고 AI가 우리 일상생활에 내재되기까지 왜 이렇게 오랜 시간이 걸렸을까? 그 이유는 데이터가 적었고 컴퓨팅 역량이 제한되어 있었기 때문이다.

데이터는 어디에나 존재한다

오늘날의 딥러닝 AI는 전적으로 데이터에 의존하고 있다. 제2외국어를 배운 사람이라면 누구나 알고 있듯이 새로운 언어에 빨리 노출될수록 더 빨리 언어를 습득하게 된다. 이는 기계의 학습능력과 같다. 즉 보다 많은 데이터에 접근할수록 보다 빨리 배울 수 있고 정보를 해석하는 데 보다 정확해진다. 이처럼 데이터는 AI를 움직이는 원료이다.

점점 디지털화가 가속화되는 덕분에 우리는 그 어느 때보다도 많은 데이터에 접근할 수 있게 되었고, 이것은 AI가 짧은 시간 내에 훨씬 스마트하고 빠르고 정확하게 성장할 수 있도록 지원해 주었다. 우리가 하는 모든 일은 온라인과 오프라인 세계에서 데이터를 생성한다. 사람들이 시골에서 산책하는 것조차 데이터를 생성한다. 사람들이 산책할 때 사진을 몇 장 찍는다고 가정해 보자. 여기에서 이미지 데이터가 생성된다. 각 사진에는 사진이 어디서 언제 촬영되었는지에 대한 메타데이터(metadata)가 포함되어 있다. 아니면 당신이 직불카드로 시골 술집에서 점심을 산다면 당신의 거래 은행들은 당신의 소비 습관을 그려보기 위해 거래 데이터를 활용할 것이다. 게다가 우리의 삶은 매일 매순간마다 끊임없이 데이터를 수집하고 전송하는 스마트 IoT 장치들(예, 스마트폰, 스마트워치, 스마트 TV, 스마트 스피커 등)로 채워지고 있다.

이러한 데이터의 확산현상이 빅데이터로 알려져 있다. 그리고 빅데이터 덕분에 AI가 급진적으로 발전하였다. 특히 최근 5년여 동안 급진적으로 발전하였다.

컴퓨팅 역량은 보다 많은 성과를 제공한다

빅데이터를 캡처, 저장, 분석하려면 높은 수준의 컴퓨팅 능력이 필요하다. 최근 컴퓨팅 능력의 엄청난 발전, 즉 데이터를 디바이스가 아닌 '클라우드(cloud)'에 저장할 수 있다는 의미의 클라우드 컴퓨팅(cloud computing)과 같은 발전은 AI가 지금까지 빠르게 발전한 두 번째 이유다. 게다가 컴퓨터 칩이 보다 작아지고 보다 강력해짐에 따라 AI 작업은 이제 스마트폰과 같은 작은 장치에서 수행될 수 있게 되었다. 데이터를 중앙 집중식 시스템에 업로드하여 처리할 필요가 없으며, 디바이스가 작업을 그때그때 처리할 수 있게 되었다. 단말기에서 데이터를 분석하는 IoT 장치의 기능을 엣지 컴퓨팅(edge computing)이라고 한다.

빅데이터와 컴퓨팅 역량의 발전은 AI의 영향을 주고받는 동시에 다른 기술 트렌드에 영향을 미쳤다. 이러한 기술 발전 경향에는 VR, AR, 블록체인(blockchains)(많은 컴퓨터에 데이터를 복제하여 비트코인 화폐(Bitcoin currency) 작동 방식과 동일한 방식으로 저장함으로써 데이터를 저장하는 초보안 방식), 양자 컴퓨팅(일반 컴퓨터가 필요로 하는 유형의 문제를 해결할 수 있는 매우 우수한 컴퓨터를 만드는 것을 목표로 하는 극도로 첨단적인 분야) 등이 있다. 인텔리전스 혁명은 기술이 발전하면서 강력하고 변혁적이며 기존에 불가능하였던 문제를 해결하게 해줄 것이다.

핵심사항

이 장에서는 다음의 내용을 설명하였다.

- AI는 학습과 의사결정에서 인간다운 사고가 가능한 기계를 만든다. 특히 기계의 데이터 학습능력, 시행착오를 통해 학습하는 능력이 AI의 핵심이다. 기계가 학습해야 할 데이터가 많을수록 스마트해진다.
- AI 덕분에 기계(컴퓨터, 알고리즘, 로봇 등)는 이제 광범위한 업무를 수행할 수 있게 되었다. 기계들은 읽고, 쓰고, 보고, 듣고, 말하고, 냄새를 맡고, 움직일 수 있다.
- 기계는 또한 창의적이고 감정을 이해할 수 있다. 이것은 우리가 항상 본질적으로 인간의 능력이라고 생각해 왔던 것들이다.
- AI는 새로운 것이 아니다. 지능적인 기계를 만드는 아이디어는 수십 년 동안 있어 왔다. 최근 몇 년간 AI가 급속도로 발전한 두 가지 이유가 있다. 그 두 가지는 빅데이터의 엄청난 성장과 컴퓨팅 성능의 놀라운 도약이다. 그리고 이 두 가지가 없었다면 우리는 많은 데이터를 처리하고 이해할 수 없었을 것이다.

이제 당신은 AI의 기본사항에 대해 잘 알았고 AI와 관련된 전문용어들을 잘 이해하였으며, 오늘날의 기계가 무엇을 할 수 있는지 이해하였다. 다음으로 AI가 비즈니스 세계에서 어떻게 적용되고 있는지 알아볼 것이다. 제2부에서는 기업들이 비즈니스 성공을 위해 AI를 이용하는 세 가지 방법을 알아볼 것이다.

참고 자료

01 Abdulkader, A, Lakshmiratan, A. and Zhang, J.(2016) Introducing DeepText: Facebook's text understanding engine, *Facebook*, https://engineering.fb.com/core-data/introducing-deeptext-facebook-s-text-understanding-engine/(archived at https://perma.cc/ZS3J-9RBZ)

03 Wiggers, K.(2018) Microsoft develops flexible AI system that can summarize the news, *venturebeat.com*(archived at https://perma.cc/F8UB-C6E5), https://venturebeat. com/2018/11/06/microsoft-researchers-develop-ai-system-that-can-generate-articles-summaries/(archived at https://perma.cc/6HKL-UNQC)

03 Martin, N.(2019) Did a robot write this? How AI is impacting journalism, *Forbes*, https://www.forbes.com/sites/nicolemartin1/2019/02/08/did-a-robot-write-this-how-ai-is-impacting-journalism/#441cc3537795(archived at https://perma.cc/3XWN-YYUT)

04 Marr, B.(nd) Press Association: Using artificial intelligence and NLG to automate local news, https://bernardmarr.com/default.asp?contentID=1273(archived at https://perma.cc/P972-PS5N)

05 Vincent, J.(2019) The first AI-generated textbook shows what robot writers are actually good at, *The Verge*, https://www.theverge.com/2019/4/10/18304558/ai-writing-academic-research-book-springer-nature-artificial-intelligence(archived at https://perma.cc/U3VE-2RPH)

06 Sato, K.(2016) How a Japanese cucumber farmer is using deep learning and TensorFlow, *Google Cloud*, https://cloud.google.com/blog/products/gcp/how-a-japanese-cucumber-farmer-is-using-deep-learning-and-tensorflow(archived at https://perma.cc/E4TQ-4WSP)

07 SAS(nd) Computer vision: what it is and why it matters, https://www.sas.com/en_us/insights/analytics/computer-vision.html(archived at https://

perma.cc/8E7U–VJGF)

08 Marr, B.(2018) The fascinating ways facial recognition AIs are used in China, *Forbes*, https://www.forbes.com/sites/bernardmarr/2018/12/17/the–amazing–ways–facial–recognition–ais–are–used–in–china/#3700d91f5fa5(archived at https://perma.cc/9GUK–2CRX)

09 Marr, B.(2016) Shotspotter: an amazing big data use case to tackle gun crime, *Forbes*, https://www.forbes.com/sites/bernardmarr/2016/05/23/shotspotter–an–amazing–big–data–use–case–to–tackle–gun–crime/#5caccadb17b8(archived at https://perma.cc/RR9J–7SLV)

10 Wilde, D.(2019) Google Duplex rolling out to non–Pixel, iOS devices in the US, *9to5Google*, https://9to5google.com/2019/04/03/google–duplex/(archived at https://perma.cc/W9LF–TMDT)

11 Cole, S.(2018) 'Deep Voice' software can clone anyone's voice with just 3.7 seconds of audio, *Vice*, https://www.vice.com/en_us/article/3k7mgn/baidu–deep–voice–software–can–clone–anyones–voice–with–just–37–seconds–of–audio(archived at https://perma.cc/P4JM–AZ76)

12 Soltoggio, A.(2018) AI is acquiring a sense of smell that can detect illnesses in human breath, *The Conversation*, https://theconversation.com/ai–is–acquiring–a–sense–of–smell–that–can–detect–illnesses–in–human–breath–97627(archived at https://perma.cc/7HVB– AMBA)

13 Maritime Executive(2019) Sulfur–sniffing drone to patrol Danish waters, https://www. maritime–executive.com/article/sulfur–sniffing–drone–to–patrol–danish–waters(archived at https://perma.cc/Y2NF–VRY4)

14 IBM(2018) Using AI to create new fragrances, https://www.ibm.com/blogs/research/2018/10/ai–fragrances/(archived at https://perma.cc/8GAH–5WRJ)

15 Billboard Japan(2019) New opera starring humanoid robot alter 3 in the works for Tokyo Theatre, https://www.billboard.com/articles/news/international/8503764/new–opera–humanoid–robot–alter–3–tokyo–japan(archived at https://perma.cc/G2YN–SJFC)

16 Simonini, T.(2018) How AI can learn to generate pictures of cats,

freeCodeCamp, https://www.freecodecamp.org/news/how-ai-can-learn-to-generate-pictures-of-cats-ba692cb6eae4/(archived at https://perma.cc/27GX-NU5Q)

17 Metz, C. and Collins, K.(2018) How an AI 'Cat and Mouse' game generates believable fake photos, *New York Times*, https://www.nytimes.com/interactive/2018/01/02/technology/ai-generated-photos.html(archived at https://perma.cc/EQH4-4CKP)

18 Deep Dream Generator, https://deepdreamgenerator.com/(archived at https://perma.cc/GFL3-HKGT)

19 Robitzski, D.(2019) AI trained on decades of food research is making brand-new foods, *Futurism*, https://futurism.com/ai-food-research-better-recipes(archived at https://perma.cc/77HG-3UDC)

20 Koebler, J.(2014) Computers can read emotions better than you can, *Vice*, https://www.vice.com/en_us/article/gvyqw3/computers-can-read-emotions-better-than-you-can(archived at https://perma.cc/AM8B-3GHD)

21 Affectiva Automative AI, https://www.affectiva.com/product/affectiva-automotive-ai/(archived at https://perma.cc/DWB3-DDCW)

22 Apple Support(nd) Taking an ECG with the ECG app on Apple Watch Series 4, https://support.apple.com/en-us/HT208955(archived at https://perma.cc/EZ9P-94Z8)

23 Su, J.(2018) Apple Watch 4 is now an FDA Class 2 medical device, *Forbes*, https://www. forbes.com/sites/jeanbaptiste/2018/09/14/apple-watch-4-is-now-an-fda-class-2-medical-device-detects-falls-irregular-heart-rhythm/#30ff9a2d2071(archived at https://perma.cc/TEW7-AZ69)

24 Kraft, D.(2019) 12 innovations that will revolutionize the future of medicine, *National Geographic*, https://www.nationalgeographic.com/magazine/2019/01/12-innovations-technology-revolutionize-future-medicine/(archived at https://perma.cc/NA4C-YCX8)

25 Marr, B.(nd) Infervision: Using AI and deep learning to diagnose cancer,

https://www.bernardmarr.com/default.asp?contentID=1269(archived at https://perma.cc/92U7-QHKK)

26 Marr, B.(2019) Chinese social credit score: utopian big data bliss or Black Mirror on steroids?, *Forbes*, https://www.forbes.com/sites/bernardmarr/2019/01/21/chinese-social-credit-score-utopian-big-data-bliss-or-black-mirror-on-steroids/#33decefd48b8(archived at https://perma.cc/E7FN-JM4M)

27 Childs, M.(2011) John McCarthy: Computer scientist known as the father of AI, *Independent*, https://www.independent.co.uk/news/obituaries/john-mccarthy-computer-scientist-known-as-the-father-of-ai-6255307.html(archived at https://perma.cc/HU3B-ADHN)

PART 02

비즈니스에서의 AI

인텔리전스 혁명

AI를 이용한 비즈니스 전환

CHAPTER 03

AI 비즈니스

다음 중 AI에 대해 당신의 관점과 가장 가까운 것은 어느 것인가?

- AI는 지구상의 가장 중요한 문제를 해결하는 지능형 기계로 인류를 위한 새로운 방향을 제공해 줄 것이다.
- AI는 테러와의 전쟁과 질병 치료에서부터 기후 변화의 영향, 전쟁에 이르기까지 세상을 보다 나은 곳으로 만들 것이다.

AI는 인류에게 종말의 시작을 알려주었다. 초지능형 기계는 우리가 알고 있는 생명체를 파괴할 수 있는 잠재력을 가지고 있으며, 인간을 지구상의 지배적인 생명체로부터 밀어내고 있다.

아마 당신도 나처럼 AI에 대해 중도적 의견을 가지고 있을 것이다. 즉 당신은 AI가 성취할 수 있는 놀라운 것에 매료되어 경각심을 느끼는 동시에, AI의 부정적인 잠재적 영향에 대해 우려를 할 것이다. 궁극적으로 당신이 어느 쪽으로 생각하든 상관없다. 당신이 AI에 대한 낙관주의자들의 편에 서 있든, 아니면 긍정과 부정에 대해 균형을 잡든 간에 AI를 이용한 인텔리전스 혁명은 이미 이루어진 진보를 되돌릴 수 없으며 발전하고 있다. 기술은 한 방향, 더

욱더 지능적으로 발전하고 있다.

특히 비즈니스 리더에게 중요한 사항 중 한 가지는 AI를 무시하면 안 된다는 것이다. 가장 협소한 지역 기업에서부터 가장 글로벌한 기업에 이르기까지 모든 기업들이 인텔리전스 혁명을 수용하고, AI가 비즈니스에 큰 변화를 줄 방법과 적용할 영역을 파악할 필요가 있다. 이를 통해 기업들은 비즈니스를 위한 강력한 AI 전략을 개발해야 한다. 즉 기업들은 AI를 도입해서 큰 가치를 창출하고 큰 성공을 거둘 수 있는 중요한 비즈니스 우선순위 분야를 파악해야 한다.

기업들은 이미 AI를 이용하여 다음 세 가지 영역에서 성공을 거두었다.

- 보다 지능적인 제품
- 보다 지능적인 서비스
- 보다 지능적인 비즈니스 프로세스

제3장에서는 AI의 세 가지 용도의 개요에 대해 설명할 것이다. 제4장에서는 지능적인 제품, 제5장에서는 지능적인 서비스, 제6장에서는 지능적인 비즈니스 프로세스에 대한 자세한 내용을 설명할 것이다.

어떤 영역을 먼저 살펴보아야 할까?

비즈니스는 다양한 유형이 있으며, AI 우선순위는 가장 가까운 경쟁기업의 것과 유사하지 않을 것이다. AI가 비즈니스에 진정으로 가치를 추가하려면 회사의 핵심 전략 목표와 일치해야 한다. 따라서 AI 전략을 개발한다는 것은 비즈니스에서 가장 먼저 달성하려는 목표가 무엇인지 확인하고, AI가 어떻게 목표를 달성하는 데 도움이 되는지를 명확히 해야 한다.

내부 및 외부 관점에서 비즈니스 보기

제품, 서비스, 프로세스 측면에서 세 가지 주요 AI 활용 방법이 있지만, 실제로 AI 이용은 외부 관점과 내부 관점으로 분류된다.

첫 번째 관점은 AI 이용의 외부 관점이다. 즉 AI가 강화된 제품과 서비스를 개발하는 것은 고객이나 시장의 관점에서 비즈니스를 바라보고 성공하기 위해 고객에게 무엇을 제공해야 하는지 파악하는 것이다. 제품 기반 비즈니스와 서비스 기반 비즈니스 모두에서 오늘날 가장 성공한 기업들은 고객가치에 집착하며, 이는 고객들의 삶을 더 쉽게 만들고, 고객의 요구사항을 이해하고 예측하며, 고객의 문제를 해결하는 데 AI가 도울 수 있는 모든 것을 한다는 것을 의미한다. 이 책에서 나는 제품과 서비스를 두 개 장으로 구분했는데, 두 개 장 모두 AI를 이용할 수 있는 기회가 다르기 때문이다. 하지만 궁극적으로 이 두 관점은 동일하게 당신 회사 고객들에게 지능적인 솔루션으로 성과를 창출할 것이다.

두 번째 관점은 AI 이용의 내부 관점이다. 즉 비즈니스 프로세스를 보다 지능적으로 만드는 것은 내부에서 비즈니스를 살펴보고, 운영의 모든 측면을 평가하여 비즈니스를 더 효율적으로 만든다. 다시 말해서 보다 성공적인 비즈니스를 만드는 방법을 알아보는 것이다. 이것은 제조업에서 공급망, 직원들에 이르기까지 모든 것을 포괄할 것이다(결국 오늘날 가장 성공적인 비즈니스는 단순히 고객 중심적인 것이 아니라 직원 중심적이며, 최고의 인재를 찾고 끌어모을 수 있는 보다 현명한 방법을 개발하고, 그들을 행복하게 하고 참여하게 한다. 제6장에서 설명하겠지만 HR은 AI가 특히 강력하게 적용할 수 있는 분야로 입증되어 운영되고 있다.).

내부 관점(즉 프로세스)과 외부 관점(즉 상품과 서비스)에서 AI 이용과 관련된 기술들(빅데이터, 사물인터넷, 엣지컴퓨팅, 가상현실)은 당신이 원하는 목표를 실현하는 데 도움을 줄 것이다. AI와 관련된 주요 용어와 기술에 대한 정의는 제2장을 다시 살펴보기 바란다.

제품, 서비스, 프로세스 영역을 모두 고려해야 하는 이유

당신의 비즈니스가 서비스 중심이라면 당신은 이 책의 제품 단원을 건너뛰고 싶을 것이다. 마찬가지로 당신의 비즈니스가 제품 중심이라면 당신은 서비스 단원을 무시하고 싶은 충동을 느낄 것이다.

내가 당신에게 하고 싶은 조언은 이 책을 읽을 때 세 가지 용도(지능형 제품, 지능형 서비스, 지능형 프로세스) 중 어느 것도 건너뛰지 말라는 것이다. 제품을 만들거나 판매하지 않더라도 제품 중심 영역을 읽어보길 제안한다(제3장과 제4장 참조). 독자적으로 제품 소매업자인 경우에도 서비스에 대한 콘텐츠(제3장과 제5장 참조)를 읽어보길 제안한다. 현단계에서는 사물의 운영 측면이 비즈니스에 비해 너무 진전될 것이라고 생각하더라도 AI가 비즈니스 프로세스를 최적화하는 방법(제3장과 제6장 참조)을 살펴봐야 한다. 이 책을 최대한 활용하려면 실제로 비즈니스에서 AI 우선순위를 결정할 때 세 가지 영역을 모두 고려해야 한다.

그 이유는 무엇일까? 우선 당신의 AI 전략이 제품에서 서비스로 당신을 이끌 수도 있고 그 반대의 경우도 있다. 오늘날 존재하는 기업들에 대해 가장 성공적이고 가장 많이 언급된 기업을 생각해 보자. 애플은 아이패드와 같은 상징적인 제품을 만들고 판매하는 데 명성을 쌓았다. 요즘 애플 서비스(애플뮤직, 애플TV 등)가 아이패드 판매보다 더 많은 수익을 낸다는 사실을 알면 놀랄지도 모른다.[01] 이 회사는 자사의 상징적인 제품이 지능적인 서비스를 지원하면서 순수 제품 회사에서 서비스 제공업체로 전환하고 있다.

한편 아마존은 서비스 회사로 시작했지만, 현재 아마존 킨들 태블릿과 아마존 에코 스마트 스피커를 포함한 그들의 전반적인 AI와 비즈니스 전략을 지원하는 많은 제품들을 제공하고 있다.

또 다른 사례는 넷플릭스(Netflix)이다. 이 회사는 서비스 회사로 시작했지만 고객이 보고 싶은 것에 대한 회사의 심층적인 지식을 바탕으로 몇 년 전부터 독자적인 오리지널 콘텐츠를 제작해 오고 있다. 오늘날 '기묘한 이야기(Stranger Things)' 시리즈와 같은 넷플릭스의 히트작은 많은 이용자들을 넷플릭스 서비스로 몰입하게 만들어 많은 이용자 데이터를 생성함으로써 넷플릭스가 시청자의 습관에 대한 보다 큰 통찰력을 갖게 하였다. 이 모든 것들은 넷플릭스가 보다 독창적인 콘텐츠를 만드는 데 기여하였고, 이러한 해피 사이클은 계속되고 있다.

이러한 방식으로 AI는 비즈니스 모델에 놀라운 추가 기능을 제공하거나 심지어 이전에는 전혀 고려하지 않았던 완전히 새로운 비즈니스 모델로 당신을 이끌 수 있다. 그래서 제품과 서비스 전반에 걸쳐 AI 기회를 살펴보는 것을 추천한다.

그리고 내부 비즈니스 프로세스에 관한 한 모든 기업이 보다 지능적인 운영을 위한 잠재력을 조사해야 한다. 내부 프로세스를 최적화하면 어떤 비즈니스가 혜택을 받지 못할까?

요컨대, 지구상에서 가장 성공한 회사들이 세 가지 영역 모두에서 AI를 이용하고 있다. AI와 데이터는 이 회사들의 구조에 스며들어 있으며 DNA의 일부이다. 예를 들면, 페이스북은 오큘러스(Oculus) 브랜드를 통해 VR 제품을 판매하고, 페이스북, 왓츠앱 등 AI 지원 서비스를 제공하며, AI를 활용해 공격 콘텐츠의 식별 및 제거 등 내부 프로세스를 최적화한다.

기술이 비즈니스의 핵심이 아니다

사실 이 장에서 지금까지 내가 설명한 사례들은 빅테크 기반 비즈니스에서 나온 것이지만, 세계 최대의 비기술 브랜드(non-tech brands)들 중 대다수가 이와 같은 종류의 일을 하고 있다. 이 장의 나머지 부분에서 AI 이용 사례를 설명할 것이다. 예로 운동화 제작과정은 곧 AI에 의한 작업 프로세스로 변신할 것이다. 나이키, 언더아머, 아디다스와 같은 회사들은 이미 AI를 이용하여 보다 스마트한 제품을 제공하고 새로운 서비스를 개발하며, 그들의 내부 제조공정을 최적화하고 있다. 당신은 앞으로 일어날 일에 대해 더 많은 것을 알게 될 것이다.

다른 사례로 병원 스캔 장비를 제조하는 회사의 운영과정을 보

자. 그것은 확실한 상품 비즈니스이다. 그러나 머신비전(machine vision)과 같은 AI 기술 덕분에 이제 컴퓨터가 환자 스캔 이미지를 분석하고, 잠재적인 문제를 추가 조사할 수 있게 되어 의료전문가의 부담이 줄어들었다. 그러므로 당신은 CT 상품과 함께 이미지 분석 서비스를 도입할 것이다. 제품을 보다 스마트하게 만들면 스캔 장비가 어떻게 이용되는지에 대한 풍부한 데이터를 생성할 수 있으며, 이를 통해 유지보수 일정과 프로세스를 최적화하는 데 활용할 수 있다. 한 영역에서 생성된 데이터는 다른 영역에서 활용되고, 마찬가지로 다른 영역에서 생성된 데이터는 또 다른 영역에서 활용된다.

생존과 번영을 원하는 기업은 반드시 세 가지 분야(지능형 제품, 지능형 서비스, 지능형 프로세스)에 걸쳐 AI 활용 방안을 모색해야 한다. 물론 내부 프로세스 최적화(예: 제조 자동화)는 몇 년 후라도 결정할 수 있다. AI를 도입할 우선순위 분야는 AI를 이용하여 고객을 보다 잘 이해함으로써 고객들이 원하는 것을 보다 많이 제공해 줄 수 있는 분야다. 중요한 것은 세 가지 분야(지능형 제품, 지능형 서비스, 지능형 프로세스)를 모두 처음부터 고려해서 당신이 원하는 견고한 AI 전략을 개발하고, 원하는 목표를 성취하기 위해서 우선순위를 결정해야 한다.

나는 당신의 비즈니스에 도움이 될 수 있도록 세 가지 분야에 대한 개요(지능형 제품, 지능형 서비스, 지능형 프로세스)를 설명하고, 기업이 어떻게 AI를 이용하여 지능적인 제품, 지능적인 서비스, 지능적인 프로세스를 개발하고 있는지 설명할 것이다.

보다 지능적인 제품 만들기

IoT(제2장 참조)는 많은 일상용품들을 보다 똑똑하게 만들어주었다. 컴퓨팅 역량의 증가와 센서 기술의 발전(센서는 이제 이전보다 더 작고 저렴하게 제품에 통합할 수 있게 되었다) 덕분에 기업들은 스마트폰, 스마트 TV, 스마트워치와 같은 많은 스마트 디바이스를 시장에 출시했다. 시장에는 심지어 아기의 기저귀를 바꿔야 할 때 휴대폰이나 진동 팔찌로 경고를 보내는 내장된 수분감지센서(moisture sensor)를 가지고 있는 스마트 기저귀도 출시되어 있다. 그리고 스마트 기저귀의 발전은 지속적으로 이루어지고 있다. 구글 알파벳의 자회사인 VLS(Verily Life Services)에 의해 개발되고 있는 스마트 기저귀는 코드 옐로우(Code Yellow)와 코드 브라운(Code Brown)이 있다.[02]

소비자를 위한 혜택

당신은 부모 세대들이 시장에 출시된 좋지만 구식 상품인 '스니프 테스트(sniff test)' 또는 이를 개선한 상품인 '스니프 앤 프로드 테스트(sniff and prod test)'를 이용하게 되었을 때, 왜 스마트 기저귀가 필요한지 궁금할 것이다. 이것은 기저귀 제품보다 스마트하게 만드는 경우가 아닌가? 분명히 말하면, 내가 이 책에서 VLS의 스마트 기저귀인 코드 옐로우와 코드 브라운을 강조하려고 하는 것은 아니다. AI 전략의 핵심은 모든 제품에 AI를 접목시키는 것은 아니다. 이 책을 통해 반복해서 설명하겠지만 당신이 AI를 활용해 최대 성과를 얻으려고 한다면 AI를 전략적으로 활용해야 한다. 제품과 서비스 관점에서 AI가 당신의 고객에게 최상의 혜택을 제공하는 방법을 알아내야 할 것이다.

그렇다면 스마트 기저귀의 유용성은 무엇일까? 스마트 기저귀는 아기의 소변에서 감염의 초기 징후를 사전에 감지하는 것이다. 스마트 기저귀로부터 획득한 데이터는 분석을 위해 클라우드 시스템에 업로드되며, 클라우드 시스템에서 소변 분석을 통해 감염 징후가 발견될 경우 부모에게 경보를 제공한다. 특히 신세대 부모들에게 아이의 소변 분석 정보는 안도감을 줄 것이다.

그래서 많은 회사들이 제품을 보다 똑똑하게 만드는 것이 중요한 이유를 알게 되었다. 스마트 제품은 모두 고객의 삶을 보다 편안하게 만들고 문제를 해결하며 일상생활에서 짜증 나는 문제들을 제거해 줄 것이다. 오늘날 소비자들은 스마트 솔루션이 아기의 기저귀를 바꾸는 것이든 마라톤 훈련을 하는 것이든, 모든 일상적인 문제, 업무, 활동에 대한 스마트한 해결책을 제공해 줄 것을 기대한다.

스마트 제품의 또 다른 사례는 다음과 같다.

인텔리전트한 제품 이용: 스마트 러닝화 소개

트레이너들의 지능이 높아지고 있다. AI스포티지(AISportage)의 스마트 러닝화는 피트니스 트래커(fitness tracker)처럼 작용하지만 운동하는 사람들에게 보다 전문적인 정보를 제공한다.[03]

움직임을 모니터링하는 스마트 AI 칩(보행과 발이 땅에 부딪히는 방법 포함)이 내장된 이 신발은 운동하는 사람들의 자세를 개선하고 부상 위험을 줄이는 데 도움이 되는 피드백을 제공한다.[04] 다른 비즈니스 영역에서는 런비(Runvi)가 데이터를 수집하는 디지털 신발 깔창을 만들고 있으며(스마트폰 앱과 연계) AI 실행 코치로 활동한다. 이 신발 깔창에는 30개의 압력 센서와 두 개의 가속도계가 장착되어 있어 당신의 달리기 스타일에 대한 데이터를 수집하며, 함께 제공되는 앱은 당신의 달리기 성과와 기술에 대한 실시간 분석을 제공한다. 즉 이 신발 깔창은 달리기를 더 잘하고 부상을 피하는 방법에 대해 코칭을 해준다. 게다가 매번 피트니스 트래커를 실행할 때마다 데이터를 추적함으로써 시간이 지남에 따라 얼마나 향상되고 있는지를 파악할 수 있다. 달리기를 하다가 부상을 입어서 몇 주나 몇 달 동안 뛰지 못해 좌절감을 느낀 적이 있는 사람이나 마라톤처럼 심각한 달리기 도전을 위해 훈련을 받고 있는 사람이라면 이 정보의 유용성을 높이 평가할 것이다.

그리고 단순히 운동화에만 데이터를 수집하고 피드백을 제공하는 센서가 장착되어 있는 것이 아니다. '웨어러블 기술(wearable technology)' 분야가 호황을 누리고 있으며, 현재 피트니스 제품으로는 센서가 내장된 요가 레깅스, 스마트 운동셔츠, 명상시간을 최대한 활용할 수 있도록 도와주는 머리띠 등이 있다.[05]

다음 제4장에서 다양한 기업들이 출시한 스마트 제품 사례를 설명할 것이다.

AI가 기업을 위해 제공하는 혜택

스마트 제품이 고객들의 삶을 편안하고 부드럽고 번거롭지 않게 만들어준다는 것은 분명하다. 스마트 제품이 기업들에게는 어떤 이점을 제공할까? 왜 애초에 기업들이 제품들을 보다 지능적으로 만들지 않았는가?

행복한 고객이 기업에게 높은 만족도, 높은 고객유지, 보다 긍정적인 평가와 추천, 수익 증가 등을 제공하는 것은 분명하다. 하지만 기업이 스마트한 제품을 만들기 위해서는 충분한 고객 데이터를 확보해야 하는데, 현실적으로 충분한 고객 데이터를 확보하는 것은 쉽지 않다. 따라서 기업들은 제품을 보다 지능적으로 만들기 위해 충분한 고객 데이터를 확보해야 할 것이다.

고객에 대해 알아보기: 믿을 수 없을 정도로 상세한 정보

제품에 AI 기능을 내장함으로써 고객이 제품을 이용하는 방법, 이용 빈도, 일반적으로 언제 이용하는지 등 고객의 습관과 선호도에 대한 대량의 데이터를 수집할 수 있는 능력을 갖추게 된다. 이 모든 데이터는 제품 설계를 개선하고 고객의 요구를 보다 잘 충족시키는 새로운 제품(그리고 다음에 알게 되겠지만 서비스)을 개발하는 데 이용될 수 있다.

AI와 빅데이터가 제공하는 장점 중 하나는 고객에 대한 보다 개선된 이해를 가능하게 한다는 것이다. 내 경험상 AI와 빅데이터는 대부분의 기업에서 최우선적으로 도입을 고려하고 있는 가장 매력적인 분야이다. 특히 AI와 빅데이터 시스템을 이제 막 도입하기 시작한 기업들 사이에서는 더욱 그렇다. 사실 당신 회사의 제품을 보다 똑똑하게 만드는 것은 고객에 대한 깊은 이해를 쌓을 수 있는 환상적인 방법이다. 그리고 오늘날처럼 빠르게 변화하는 세계에서 고객의 니즈(needs)를 깊이 이해하고 신속하게 대응할 수 있는 기업들은 번창하고 있다.

고객 여정은 마이크로모멘츠를 추구

인터넷의 활용 증대와 모바일 디바이스에 대한 사람들의 지속적인 애착(활용 증대)은 고객 여정을 근본적으로 변화시켰다. 예를 들면, "짧은 휴가를 예약하고 싶다" 또는 "오늘 밤 영화관에서 무엇을 볼까?" 또는 "빌어먹을 보일러가 고장났다"라고 생각하면 우리는 어떻게 대응해야 할까? 우리는 이러한 문제에 대해 온라인 검색을 통한 빠른 해결책을 찾기 위해 전화기나 태블릿에 손을 뻗는다. 요즘 삶이 너무 빠르기 때문에 우리는 끊임없이 빠른 의사결정을 내리고, 즉석에서 물건을 찾아보고, 우리가 알고 싶은 것에 대해 해답을 얻고 있다. 우리는 소비 주체로서 브랜드가 반응하기를 기대하며, 기업들은 지금 우리가 원하는 것을 즉시 제공할 것이다.

구글은 고객들의 "나는 알고 싶다, 행동하고 싶다, 구매하고 싶다, 가고 싶다, 배우고 싶다"는 간략한 메시지를 통해 고객의 의사결정과 선호도를 형성하는 순간에 고객의 의도를 인지한다.[06] 구글에 따르면 이러한 순간들이 바로 마케팅에서 정말로 중요하다고 한다.

따라서 당신이 고객의 니즈에 보다 잘 대응하는 제품을 만들고, 당신이 이러한 제품을 가장 필요로 하는 사람들에게 마케팅하려면, 당신은 고객의 선호도와 의사결정에 영향을 미치는 미세한 순간에 대해 상세히 이해해야 한다. 지능형 제품들이 수집하는 고객의 데이터는 바로 이 작업을 수행하는 데 도움을 제공한다.

새로운 수익 흐름 추가

흥미롭게도 많은 기업들은 스마트 제품을 제공함으로써 서비스 분야로 진출할 수 있고, 고객의 요구에 부응하는 추가 서비스를 제공할 수 있게 되었다. 존디어(John Deere) 제품은 이에 해당하는 좋은 사례이다. 존디어는 농기구와 기계를 제조하는 회사로서 더 이상 전통적인 제품을 제조하는 농기계 회사가 아니다. 존디어는 농기구를 스마트하게 만들면서(내장 센서를 통해) 수년간 스마트 유지보수와 같은 서비스로 비즈니스를 확장해 왔다. 즉 농기계의 센서는 언제 기계가 고장날지 예측하고 유지보수 일정을 알려주고 기계 가동 중단을 예방하는 데 도움을 준다(제4장에서는 존디어에 대해 더 많은 사례를 읽을 수 있다.). 당신이 기억해야 할 것은 제품 회사에서 하이브리드 제품과 서비스 회사로 변신하는 것은 애플과 같이 혁신적인 기술 회사들만의 전유물은 아니라는 것이다.

보다 지능적인 서비스 제공

앞서 살펴본 바와 같이 당신 회사의 지능형 제품은 당신 회사를 서비스 영역으로 안내할 것이다. 아니면 아마도 당신의 비즈니스는 이미 서비스 기반 회사가 되어 있을 것이다. 어쨌든 회사들이 그들의 서비스에 AI를 포함시키기 시작하는 다양한 방법들이 있다. 여기서 몇 가지 예를 들어보자. 제5장에서 지능 서비스에 대해 보다 자세히 설명할 것이다.

서비스업과 구독업의 증가

가장 관심받는 비즈니스 모델 트렌드 중 하나인 서비스화(servitization)는 AI와 데이터로 힘을 얻고 있다. 서비스화는 무슨 의미가 있을까? 일회성 거래로 상품이나 서비스를 판매하는 대신, 서비스화 기업은 지속적인 서비스 제공 모델이나 구독 모델로 운영한다. 나는 종종 그 차이를 설명하기 위해 디즈니와 넷플릭스를 사례로 든다. 디즈니는 영화를 제작해서 영화관에서 개봉하고, 어쩌면 회사는 많은 돈을 벌거나 아니면 큰 낭패를 볼 수도 있다. 디즈니는 그 영화를 얼마나 많은 사람들이 보았는지, 그들이 그 영화를 즐겼는지 그리고 그 고객들이 최근에 어떤 다른 영화들을 즐겼는지 정확히 알지는 못할 것이다. 하지만 넷플릭스는 고객에 대한 이해가 깊다. 얼마나 많은 사람들이 넷플릭스에서 제공하는 영화나 시리즈를 스트리밍했는지, 그들이 다른 것을 보기 위해 중간에 포기했는지 또는 그들이 그것을 매우 좋아해서 같은 감독, 배우 등의 더 많은 콘텐츠를 계속 보았는지 정확히 알고 있다.

서비스화 비즈니스는 방대하고 가치 있는 고객 데이터에 접근할 수 있으며, 제2장에서 살펴본 바와 같이 데이터는 AI 운영을 위해 공급된다. 데이터가 없으면 AI는 아무 일도 할 수 없다. 이런 방식으로 오늘날의 서비스화 비즈니스는 AI가 주도하는 비즈니스이다. 예를 들면, 넷플릭스의 추천 엔진에 힘을 실어주는 것이 바로 AI이다. AI는 기존 고객들이 본 콘텐츠와 다른 고객들이 본 비슷한 콘텐츠를 바탕으로 고객이 즐길 수 있는 유사한 콘텐츠를 추천한다.

고객과 기업을 위한 큰 혜택

특히 기업들은 서비스 모델과 구독 모델(모든 형태의 AI 기반 서비스)을 통해 고객들과 보다 긴밀한 관계를 구축할 수 있게 되었다. 이전에는 불가능했지만 AI를 이용하는 기업들은 고객의 선호도와 습관을 알 수 있다. 기업들은 고객들의 제품과 서비스 이용에 대한 가정이나 직감에 따른 의사결정을 하지 않으며, 고객들의 제품과 서비스 이용에 따른 상호 작용에 대한 심층적인 데이터를 수집해 의사결정을 하게 되었다.

이러한 고객의 지식을 확보한다면 넷플릭스에서 고객들이 즐겨보는 콘텐츠를 보다 많이 주문할 수 있도록 데이터를 활용한 것처럼, 당신은 고객의 욕구에 보다 적합하도록 서비스를 수정할 수 있을 것이다.

인텔리전트 서비스 활용: 앱을 통해 고객에게 더욱 가까이 다가가기

기업들이 AI를 이용해 스포츠와 레저 분야에서 고객에게 서비스를 제공한 사례는 다음과 같다. 나이키(Nike)와 언더아머(Under Armour)는 스포츠 의류와 액세서리 분야에서 대규모 기업으로 알려져 있다. 현재 이 두 회사는 고객관계를 강화하고 고객에 대한 깊은 이해를 구축하기 위해 AI를 이용하는 모바일 앱에 많은 투자를 하고 있다.

최근 몇 년 동안 언더아머는 칼로리 계산 앱인 마이피트니스팔(MyFitnessPal)을 포함한 기술 중심 기업을 전략적으로 인수했다.

언더아머는 디지털 미래와 물리적 미래를 위한 비전을 제시하고, 스마트 의류를 통해 상세한 건강정보를 제공하는 세계 최대의 디지털 건강과 피트니스 회사가 되었다.[07] 다음 사례를 살펴보자. 스포츠웨어를 생산하는 것으로 알려진 언더아머는 현재 지구상에서 가장 큰 디지털 건강과 피트니스 회사이다. 언더아머는 수억 명이 내려받은 앱을 통해 사람이 얼마나 많이 먹는지, 얼마나 자주 운동하는지, 어떤 운동을 더 좋아하는지 등의 데이터에 접근할 수 있다. 이 모든 데이터는 언더아머가 고객의 습관을 파악하고 고객의 구매 의사결정을 도와주기 때문에 고객들이 진정으로 원하는 것을 보다 많이 제공할 수 있다. 이런 식으로 언더아머는 고급 호텔의 컨시어지가 고객에게 유용한 정보를 제공하는 것처럼, 스포츠웨어 분야에서 이용자들에게 고도로 개인화된 경험을 제공한다.

마찬가지로 나이키도 지능형 서비스를 추진하고 있다. 나이키는 나이키 런 클럽(Nike Run Club)이라는 자체 러닝앱을 보유하고 있으며 최근 발 스캔 앱인 나이키핏(Nike Fit)을 출시했다.[08] 분명히 많은 사람들 중 60%는 신발을 잘못 신고 있고, 브랜드와 스타일 사이에 크기 차이가 있을 수 있다. 많은 사람들은 한 브랜드에서는 한 사이즈지만 다른 제품이나 다른 스타일 제품에서는 다른 사이즈를 필요로 한다. 이러한 특성은 사람들이 운동화를 구입하는 것을 귀찮게 만들며, 만약 사이즈가 맞지 않으면 불편함과 부상을 초래할 수도 있다. 나이키 앱은 AI, 머신비전, 증강현실 등을 활용해 모든 고객들에게 정확히 발에 맞는 사이즈의 신발을 선택할 수 있도록 설계되었다. 기본적으로 당신의 발을 스캔하고 길이와 폭을 포함한 몇 개의 데이터 포인트를 수집하는 애플리케이션을 이용하여 당신의 발을 측정한다. 그리고 그것은 당신이 어떤 사이즈의 운동화를 구매해야 하는지를 추천한다. 나이키 매장에서 판매원들은 이 기술을 이용하여 고객의 개별 발 치수에 가장 적합한 신발을 결정하고 구입한 사이즈를 기록한다.

이러한 앱 기술은 나이키가 고객들의 삶을 분명히 편안하게 만들어 준 사례일 것이다. 일단 부모로서 신발을 구매하기 위해 나이키 매장으로 아이들을 끌고 갈 필요 없이 매달 정확하게 발을 측정할 수 있다는 것은 매우 매력적인 일이다. 이 기술은 고객들이 나이키에게 고객의 발 크기와 맞춤 선호에 대한 다양한 데이터를 제공하게 한다. 내가 앞부분에서 소개한 사례를 살펴보자. 이 앱 기능으로 나이키는 언더아머의 앱처럼 고객의 마이크로모멘츠(micro-moments)[09]("나는 새로운 운동화가 필요해", "어떤 사이즈를 사야 하지?" 등)를 한 번에 파악할 수 있다. 그리고 나이키가 발 크기와 모양에 대해 수집한 정보는 미래 운동화 제품을 디자인하는 데 도움을 줄 것이다.

따라서 지능적인 제품이 지능적인 서비스에 공급될 수 있는 것처럼 지능적인 서비스도 여러분의 제품에 다시 공급될 수 있다.

비즈니스 프로세스 인텔리전트화

이제 우리 발의 여러 측면을 정확하게 측정할 수 있는 앱이 생겼으니, 앞으로는 기업들이 발 스캔 앱의 고객 맞춤 데이터를 바탕으로 자율공장에서 맞춤형 신발을 원활하게 제조하게 될 것이라고 상상하는 것은 불가능한 일이 아니다. 사실 제3장 후반부에서 설명할 것인데, 아디다스 같은 회사들은 이미 자동화된 설비에서 고도로 개인화된 스포츠용품을 만들어내고 있다.

이는 AI가 맞춤화(customization) 및 최적화(optimization) 기회를 많이 제공하기 때문에 가능한 일이다. 즉 고객에 대해 보다 다양한 입장을 취할수록 고객의 요구에 완벽하게 적합한 제품과 서비스를 보다 잘 설계할 수 있기 때문이다. 그리고 이는 다시 제조업과 같은 비즈니스 프로세스의 일부에 대한 정비가 필요하다는 것을 의미한다. 또는 다른 많은 기업들처럼 경쟁적인 비즈니스 환경에서 더 큰 효율성을 추구하고 있을 수도 있다. 기업들은 내부 운영에 AI를 이용함으로써 고객의 요구를 보다 효과적으로 충족시킬 수 있는 비즈니스를 창출할 수 있다.

지능적인 비즈니스 프로세스 및 운영은 무엇을 의미하는가?

이론적으로 AI는 제조, HR, 마케팅, 판매, 공급망과 물류, 고객 서비스, 품질관리, IT, 금융 등 비즈니스의 거의 모든 측면에 적용될 수 있다. 자동화 기계 · 차량에서부터 사기를 감지하는 고객 서비스 챗봇과 알고리즘에 이르기까지 각종 비즈니스 기능에 AI 솔루션과 기술이 접목되고 있다.

기업들이 어느 비즈니스 분야를 우선해야 하고, AI가 가장 큰 가치를 더할 분야를 파악하는 것이 중요하다. 다시 말하지만 기업이 이루고자 하는 목표가 무엇인지 살펴보고, AI가 기업의 목표를 실현하는 데 어떤 도움을 줄 수 있는지 판단하기 위한 것이다.

실행 중인 지능형 비즈니스 프로세스: 제조 자동화

지난 몇 십 년 동안 많은 기업들은 운영비를 절감하기 위해 제조 시설을 해외로 이전하였다. 이제 인텔리전스 혁명(4차 산업혁명)과 특히 로봇공학 기술의 발전 덕분에, 많은 기업들은 제조시설을 유럽, 미국에서 그들이 기반을 두고 있는 국가 또는 본국으로 옮기고 있다.

스포츠 분야를 계속 살펴보면 아디다스(Adidas)는 두 개의 고도로 자동화된 공장을 가지고 있는데 하나는 본사가 위치한 독일에 있고, 다른 하나는 미국 조지아주 애틀랜타에 있다. 스피드팩토리(Speedfactory)로 알려진 이 시설들은 3D프린팅, 로봇공학, 컴퓨터 봉제(computerized knitting)를 결합하여 운동선수의 지역 지형에 맞게 디자인된 개인화된 운동화를 만들고 있다.[10] 이는 고객 중심적이고 고객가치에 집중하는 비즈니스 모델이다.

아디다스는 현재 스피드팩토리 기술(Speedfactory technologies)을 도입하여 아시아에 있는 두 공급업체에서 운동화를 생산하고 있다. 아디다스 이사회 멤버로 글로벌 운영을 책임지고 있는 마틴 샨클랜드(Martin Shankland)는 다음과 같이 이야기하였다.

> "아디다스의 스피드팩토리(Speedfactories)는 제조혁신과 생산역량을 개선하는 데 중요한 역할을 해왔다. 아디다스는 스피트팩토리를 통한 제품 개발 리드타임과 제조 리드타임 단축으로 고객들의 미세한 요구사항을 만족시킬 수 있는 제품을 제공할 수 있었다. 이러한 목표는 처음부터 아디다스가 추구한 목표였다. 현재 아디다스는 제품범위를 확장하는 데 보다 경제적이고 보다 유연하게 대처할 수 있는 스피드팩토리 기술을 활용해 공급업체들과의 발전을 위해 학습할 수 있었다."[11]

제조 분야에서 자동화는 중요한 의미를 제공한다. 미래에 우리는 다양한 영역에서 지역화되고 고객화된 제조를 지향하는 추세를 보게 될 것이다. 지능화된 비즈니스 프로세스는 제품을 보다 지능적으로 만들어 줄 것이다.

또한 이러한 자동화 사례는 제조시설에서 많은 로봇과 적은 수의 노동자를 강화할 것이다. 이러한 자동화 추세는 더욱 강화될 것이다. 예를 들면, 애플 아이폰을 조립하는 폭스콘 테크놀로지(Foxconn Technology)는 몇 년 안에 제조시설에 소수의 노동자들만 남게 될 것이라고 하였다.[12] 실제로 이 회사는 5년에서 10년 이내에 80%의 노동자를 로봇으로 교체하겠다고 밝힌 바 있다(아이폰과 로봇에 관한 주제에 있어, 2019년 애플은 5개의 팔을 이용하여 구형 아이폰을 뜯어내는 33피트 길이의 AI로 구동되는 로봇인 데이지(Daisy)를 자랑스럽게 보여주었다. 언론에서 '아이폰 파괴기계(iPhone destroying machine)'로 묘사되는 데이지는 휴대전화를 분해해 다시 이용할 수 있는 특정 소재를 연 120만 대의 인상적인 비율로 골라낸다.[13] 이런 방식으로 로봇공학과 AI는 애플의 제조, 재활용, 지속 가능성 활동을 개선하는 데 도움을 주고 있다.).

제조활동은 AI가 큰 변화를 일으킬 수 있는 비즈니스 영역 중 하나이다. 제6장에서는 AI 지원 프로세스에 대한 다양한 사례를 설명한다.

핵심사항

이 장에서는 다음의 내용을 설명하였다.

- 일반적으로 기업들은 비즈니스를 촉진하기 위해 AI를 이용한다. 보다 스마트한 제품을 만들고, 보다 스마트한 서비스를 제공하고, 내부 비즈니스 프로세스를 보다 스마트하게 만드는 방법으로 비즈니스를 강화한다.
- 특히 스마트한 상품과 서비스는 고객 중심의 사업화 및 서비스화 트렌드와 맞물려 있어 기업이 고객에 대한 깊은 이해도를 쌓고 보다 강력한 네트워크를 구축한다.
- 제품, 서비스, 비즈니스 프로세스의 세 측면 사이에는 어느 정도 중복되는 부분이 있다. AI 중심 제품을 만들면 비즈니스에 새로운 서비스 기회가 열릴 수 있다.
- AI는 기존 제품에 새로운 서비스를 추가한 제품을 제공할 수 있는 기회를 만들어준다. 당신 회사의 제품 제공물을 변경하면 보다 똑똑한 비즈니스 프로세스를 구현할 수 있을 것이다. 그리고 그 밖에 다양한 장점이 존재할 것이다.

제3장에서는 스마트 제품, 스마트 서비스, 스마트 비즈니스 프로세스에 대한 간략한 개요를 설명하였다. 다음 제4장에서 각 영역에 대해 상세히 살펴보고, 다양한 산업 분야의 실제 사례를 설명한다. 당신은 AI가 지원하는 스마트한 제품에 매료될 것이다.

참고 자료

01 Gartenberg, C.(2019) How Apple makes billions of dollars selling services, *The Verge*, https://www.theverge.com/2019/3/20/18273179/apple-icloud-itunes-app-store-music-services-businesses(archived at https://perma.cc/58X5-5AH5)

02 Bridge, M.(2018) Google files patent for 'smart nappy', *The Times*, https://www.thetimes.co.uk/article/google-files-patent-for-smart-nappy-kjsns0f38(archived at https://perma.cc/BC36-MT5S)

03 Smart Shoes by AISportage, https://aiage.ca/(archived at https://perma.cc/8563-29ER)

04 Runvi smart insoles, https://www.runvi.io/(archived at https://perma.cc/4ZBZ-MH82)

05 Hield, H.(2018) Who needs smartwatches? These 7 AI wearables can boost focus, fitness and health, *Entrepreneur*, https://www.entrepreneur.com/article/316427(archived at https://perma.cc/74NX-SFXE)

06 Ramaswamy, S.(2015) How micro-moments are changing the rules, *Think With Google*, https://www.thinkwithgoogle.com/marketing-resources/micro-moments/how-micromoments-are-changing-rules/(archived at https://perma.cc/W5FN-AVGK)

07 High, P.(2017) Under Armour is now the largest digital health and fitness company on earth, *Forbes*, https://www.forbes.com/sites/peterhigh/2017/09/18/under-armour-is-now-the-largest-digital-health-and-fitness-company-on-earth/#57448fc15dfc(archived at https://perma.cc/33Z6-EUGL)

08 Witte, R.(2019) With new Fit technology, Nike calls itself a tech company, *Techcrunch*, https://techcrunch.com/2019/05/09/with-new-fit-technology-nike-calls-itself-a-tech-company/(archived at https://

perma.cc/7GW7-ZJCK)

09 [역주] 사람들이 새로운 사항을 학습, 발견, 관람, 검색, 구입하거나 할 때, 반사적으로 스마트폰을 이용해 그들이 가지고 있는 욕구를 바로 충족시키는 현상을 의미한다.

10 Ismael, A.(2018) Adidas is now making city-specific running sneakers that account for differences in terrain, *Business Insider*, https://www.businessinsider.com/adidas-speedfactory-sneakers-2018-8(archived at https://perma.cc/C498-7M5A)

11 Adidas(2019) Adidas deploys Speedfactory technology at Asian suppliers by end of 2019, https://www.adidas-group.com/en/media/news-archive/press-releases/2019/adidas-deploys-speedfactory-technology-at-asian-suppliers-by-end-2019/(archived at https://perma.cc/B2ZH-HEND)

12 Tang, Z. and Lahiri, T.(2018) Here's how the plan to replace the humans who make iPhones with bots is going, *Quartz*, https://qz.com/1312079/iphone-maker-foxconn-is-churning-out-foxbots-to-replace-its-human-workers/(archived at https://perma.cc/6ACD-PJDT)

13 Griffin, A.(2019) Apple shows off robot for tearing down iPhones as it reveals new recycling programmes, *Independent*, https://www.independent.co.uk/life-style/gadgets-and-tech/news/apple-iphone-robot-daisy-recycling-green-sustainability-a8877141.html(archived at https://perma.cc/56QZ-5SHP)

CHAPTER 04

보다 지능적인 제품을 만들기 위한 AI의 이용

스마트폰, 스마트 스피커, 기타 지능형 제품은 매우 일상적인 제품으로 사람들은 이러한 제품(디바이스)을 이용해 정보(데이터)를 수집하고 전송하고 수신할 수 있다는 공통점이 있다. 연결성(connectivity)은 소비자와 스마트 제품(디바이스) 사이의 상호 작용을 보다 의미 있고 통찰력 있고 유용하게 만들어준다. 예를 들면, 피트니스 트래커(fitness tracker)는 하루에 얼마나 많이 걸어 다니는지, 얼마나 잠을 잘 자는지에 대한 정보를 수집하고, 이 정보는 스마트폰 앱으로 전송되며, 스마트폰 앱에서 데이터를 조회하여 보다 건강한 삶을 영위하는 방법에 대한 유용한 통찰력을 얻을 수 있다. 더욱이 스마트폰 앱을 통해 수집되는 정보는 종종 이용자가 제품과 어떻게 상호 작용하는지에 대한 데이터를 포함하며, 아마존 알렉사(Amazon Alexa)가 다른 목소리를 구분하는 방법처럼 보다 반응적이고 개인화된 제품에 대한 가능성을 제시해 줄 것이다.

날마다 일상생활에서 새롭게 발견되는 지능은 모두 IoT(Internet of Things) 덕분이다. 현재 컴퓨터 칩과 센서가 끊임없이 작고 저렴해지고 있다. 이 장에서 설명하겠지만 요즘에는 아무리 작은 디바이스라도 거의 모든 디바이스를 스마트한 제품으로 만드는 것이 가능해졌다.

스마트 제품의 출현이 비즈니스에 중요한 이유

당신의 제품을 보다 지능적으로 만드는 데는 많은 장점이 있다. 첫째로 스마트 제품을 만드는 것은 종종 고객에 대한 보다 높은 이해가 가능하다. 즉 고객이 제품을 이용하는 방법, 고객들의 습관과 선호도 등을 파악하는 시작점이 된다. 그리고 이러한 데이터는 여러분이 제공하는 서비스를 개선하고 미래의 비즈니스 성공을 이끄는 데 매우 중요하다(기업과 고객을 위한 스마트 제품의 이점에 대해 더 자세히 알아보려면 제3장을 살펴보기를 바란다.).

궁극적으로 모든 제품들이 스마트해지고 이러한 추세는 사라지지 않을 것이다. 회사들은 자사의 제품을 이러한 트렌드에 맞추어 개발하고, 스마트한 제품에 대한 욕구가 자신의 비즈니스와 제품에 어떤 의미인지 고민해 볼 필요가 있다. 기업들이 스마트 트렌드를 반영하지 않는다면 뒤처질 위험이 있기에, 신속하게 대응해야 할 것이다. 간단한 사례로 나는 최근에 배관공을 집으로 불러야 했고, 배관공이 문제를 해결하는 동안 그에게 스마트홈 자동온도조절기(내가 이 장 뒷부분에서 강조하는 제품)에 대해 어떻게 생각하느냐고 물었다. 그는 내가 무슨 말을 하는지 전혀 알지 못했다. 나는 스마트 자동온도조절기가 가정용 난방에서 큰 트렌드라고 생각했다. 그리고 2018년 영국의 150만 가구 이상이 이미 스마트 자동온도조절기를 이용하고 있다.[01] 당신 회사가 스마트 제품 산업으로 진출하고 있다면, 적어도 당신 회사는 스마트 자동온도조절기에 대한 지식과 이해를 어느 정도 발전시켜야 할 것이다.

내가 자주 이용하는 또 다른 사례로 시계산업이 있다. 나는 전통적인 시계가 좋다. 전통적인 시계는 아름다운 물건이고, 나는 전통적인 시계의 기계적인 측면이 좋다. 그러나 롤렉스(Rolex)나 파텍필립(Patek Philippe)과 같은 전통적이고 고급스러운 시계 제조사들이 스마트워치(smart watch) 시대에 살아남을 수 있을까?

많은 사람들은 디지털, 배터리로 작동하는 시계가 처음 소개되었을 때, 사람들은 기계 방식의 시계가 사라질 것이라고 예측했지만 그 예측은 맞지 않았다. 그러나 스마트워치의 등장은 매우 다르다. 우선 스마트워치는 단순히 시계 그 이상이다. 예를 들면, 애플워치(Apple Watch)는 심전도(ECG: electrocardiogram) 검사를 할 수 있도록 식품의약국(FDA: Food and Drug Administration)의 승인을 받았다. 이것은 스마트워치가 심장상태를 감지하고 위험상황에 대해 경고할 수 있다는 것을 의미한다. 1년 전 우리 가족은 예상치 못한 심장마비로 장인을 너무 일찍 잃은 아픈 경험을 했다. 심장질환은 현대의 스마트워치가 있었다면 감지할 수 있었던 질병이다. 스마트워치가 시간을 말해주는 것 이상의 다양한 기능을 제공할 수 있을 때, 심지어 나조차도 "스마트워치를 사야 할까?"라고 스스로에게 묻는 자신을 발견하게 된다. 당신 회사가 명품 시계 시장이 완전히 없어지지는 않을 것 같지는 않지만, 요즘 소비자들은 제품에 대해 훨씬 더 많은 것을 기대하는 것이 분명하고, 시계도 다르지 않다. 럭셔리 시계 제조업체인 태그호이어(TAG Heuer)는 이미 시장에서 다양한 커넥티드 스마트워치(connected smart watches)를 제공하고 있다. 만약 내가 시계 제작자였다면 스마트워치의 출현은 확실히 나를 많은 생각에 잠기게 할 것이다.

그렇다고 당신 회사의 제품에 AI를 빨리 탑재해야 한다는 말은 아니다. 새로운 기술을 도입할 때마다 전략적인 접근이 이루어져야 한다. 이 책의 제3부에서는 지능적인 제품, 지능적인 서비스, 지능적인 비즈니스 프로세스를 개별적으로 도입할 것인지, 아니면 세 가지 모두를 도입할 것인지를 설명하였다. 이러한 노력은 당신의 비즈니스에 적합한 AI 전략을 개발하는 데 도움이 될 것이다.

제4장에서 나는 인텔리전스 혁명이 거의 모든 산업과 모든 종류의 제품에 영향을 미칠 것이라는 메시지를 강조하고 싶다. 그래서 이 장에서는 집에 있는 물건에서부터 운송, 업무, 건강, 그 밖의 것들에 이르기까지 스마트 제품의 사례를 설명할 것이다. 나는 이러한 사례들이 당신 회사의 제품을 보다 스마트하게 만드는 데 도움을 줄 것으로 생각한다.

가정 내 스마트 제품

마지막으로 당신이 스마트폰 없이 집을 나간 게 언제인가? 스마트폰은 우리가 어떻게 의사소통하고, 정보에 접근하고, 인생의 작은 일을 완성하는지에 대해 너무 많은 변화를 제공해서 스마트폰 없는 삶은 상상하기 어렵다. 그 작은 발명품은 단지 시작에 불과했다. 점진적으로 우리는 스마트워치나 스마트 스피커와 같은 더 많은 스마트 상품과 일상용품을 우리의 삶에 도입해 왔다. 제3장에서 보았듯이 이제 운동화의 깔창에서부터 아기의 기저귀까지 거의 모든 것이 스마트한 제품으로 만들어지고 있다.

IoT와 AI 덕분에 가전제품(home appliances)과 전기제품(electronic goods)이 급속도로 지능화되고, 우리 가정에는 이러한 스마트 제품의 트렌드가 두드러지게 나타나고 있다. 스마트홈 제품들은 주변의 상황에 대한 정보를 수집하고 그에 따라 적절히 대응하여, 우리의 집을 보다 효율적이고, 보다 자동화되고, 우리의 요구에 잘 반응하며, 생활공간에서의 다양한 경험에 잘 상호 작용하도록 해준다. 알렉사 디지털 어시스턴트(Alexa digital assistant)가 완비된 아마존 에코(Amazon Echo) 스피커는 이런 스마트홈 제품의 좋은 사례이다. 또한 스마트홈 제품 시장에 이미 나와 있거나 개발 중인 다양한 스마트홈 제품이 존재한다.

내가 집에서 이용하는 스마트홈 서비스에 대한 몇 가지 예를 살펴보자. 이러한 스마트홈 사례들은 스마트홈 제품에 대한 우리의 만족할 줄 모르는 욕구에 시장이 어떻게 반응했는지를 보여줌으로써 수많은 지능적인 일상용품들을 만들어냈다. (그리고 이 단원에서 볼 수 있듯이) 만약 변기 시트와 칫솔이 스마트화되고 있다면, 그 다음에는 어떠한 일상용품이 스마트홈 제품으로 나타날까? 유일한 한계는 우리의 상상력일 뿐이다.

스마트 세탁기

세탁기에서 AI가 어떻게 활용될까? 스마트 세탁기 시장에 뛰어드는 제조업체는 LG에 불과하다. 트롬(TROMM) 세탁기는 날씨에 맞춰 세탁 사이클을 조정한다. 예를 들면, 트롬 세탁기는 바깥에서 옷을 건조하는 데 이상적이지 않을 경우 스핀 사이클의 강도를 높인다. 또한 트롬 세탁기는 사람들이 구두로 세탁기와 의사소통을 할 수 있고, 진한 얼룩을 제거하는 팁을 줄 수도 있다. 스마트 세탁기는 세탁 중인 직물의 무게에 따라 필요한 세제의 양을 조절하거나 추가로 세제를 주문해야 할 때를 알려주는 기능이 있다.

지능형 냉장고

당신이 구매하고자 하는 다음번 냉장고는 냉장고에 무엇이 있는지 인식하고, 냉장고의 재고 목록을 자동으로 모니터링할 수 있는 기능이 있을 것이다(예를 들면, 냉장고 안의 오이가 정말로 다 소진되었다는 것을 말해줄 수 있을 것이다). 그리고 냉장고 안의 음식들이 다 떨어졌을 때 특정한 음식 품목들을 더 주문할 수도 있을 것이다. 또한 당신이 저녁 식사를 생각하는 시간에 사무실에 있을 때 집에 크림이 있는지 확실하지 않다면 휴대전화를 통해 냉장고에 무엇이 있는지 간단히 확인할 수 있을 것이다. 심지어 냉장고 안에 있는 것에 근거하여 맛있는 식사를 제안해 달라고 부탁할 수도 있을 것이다. 더불어 스마트 냉장고는 (냉장고가 당신의 취향을 알게 된 것에 근거해) 어떤 와인을 사야 할지, 어떤 음식이 당신이 다음에 먹을 와인과 잘 어울릴지 알려줄 수 있을 것이다. 현재 시

중에 스마트 와인 냉장고(Smart wine fridges)가 출시되어 있다.[02]

스마트 화장실

만약 당신이 8,000달러의 여유가 있다면 아마존 알렉사가 내장된 콜러(Kohler)사의 누미 2.0(Numi 2.0) 지능형 변기에 투자하는 것은 어떨까? (아침에 하루의 일기예보를 확인하는 것을 좋아하는 멀티 태스커들에게 안성맞춤이다.) 만약 지능형 변기에 투자하는 것이 미친 짓처럼 들린다면, 당신은 다시 한 번 생각해 보아야 한다. 왜냐하면 미래 스마트 화장실은 당신의 생명을 구할 수도 있기 때문이다. 로체스터 공과대학교(Rochester Institute of Technology)가 개발한 변기의자는 울혈성 심부전의 징후를 감지하기 위해 이용자의 혈압, 산소 농도, 심박수를 측정할 수 있는 능력을 가지고 있다.[03] 이와 유사하게 구글은 혈압을 감시하는 변기에 대해 특허를 출원했다.[04]

한편 다른 스마트 화장실 프로젝트는 음성명령을 통해 이용자의 신체적 요구에 적응할 수 있는 화장실을 개발하는 데 초점을 맞추고 있다. 이는 장애인이 보다 독립적으로 생활할 수 있도록 하며 간병인의 부담을 줄일 수 있도록 한다.[05]

칫솔 속의 AI

나의 아내는 양치질과 관련된 내용을 정규적으로 기록하는 것을 희망해 왔는데, 그 과정은 가치 있는 시간을 엄청나게 낭비한다. 실망스럽게도 AI는 아직 당신을 위해 물리적으로 양치질을 할 수는 없지만, 양치질 과정을 보다 지능적으로 만들 수 있다. 보험회사인 빔(Beam)이 제공하는 AI 칫솔은 양치질 시간과 빈도를 기록하고, 그 데이터를 이용해 치아 보험료를 계산한다. 따라서 양치질을 잘하는 사람일수록 치아 보험료를 적게 지불할 수 있다.[05]

스마트 홈 온도조절장치

요즘 시중에 많이 나온 스마트홈 자동온도조절기를 개척한 회사가 바로 네스트(Nest)이다. 네스트 러닝 서모스탯(Nest Learning Thermostat)은 집에서 난방이나 냉방을 자동으로 조절할 수 있는 기능을 제공한다. 예를 들면, 만약 당신이 대부분 날마다 오후 6시에 일을 마치고 집에 돌아온다면, 네스트 러닝 서모스탯은 그것을 학습할 것이고, 당신이 집에 들어가기 직전에 당신의 집을 난방 또는 냉방하기 시작할 것이다. 또한 네스트 러닝 서모스탯은 집에 사람이 있는지 없는지 여부를 파악하고, 그에 따라 온도를 조절할 수 있는 활동 센서도 함께 제공된다.

지능형 조명 스위치

오로(Orro)의 인텔리전트 라이트 스위치(intelligent light switch)는 AI를 활용해 가정에서 조명을 이용하는 방법을 학습하고 적절한 설정으로 대응한다. 인텔리전트 라이트 스위치는 당신이 방에 있을 때 아무것도 할 필요 없이 조명을 켜고 끌 수 있고, 또한 하루 중 일정 시간을 기준으로 조명을 조절할 수 있다. 예를 들면, 인텔리전트 라이트 스위치는 아이들과 게임을 하고 나서 초

저녁에 TV를 보기 위해 조명을 어둡게 설정하는 것을 좋아한다면, 이 과정을 학습하고 기억할 것이다.

스마트 홈 보안

네타트모(Netatmo)의 스마트 실내 카메라(smart indoor camera)는 누군가 집에 침입하면 경고를 보내고, 녹음과 함께 얼굴 사진을 보내준다. 스마트 실내 카메라는 안면인식 기술과 함께 제공되기 때문에 가족 구성원들을 인식하는 것을 학습할 수 있고, 아이들이 방과 후 집에 있을 때 혹은 나이 든 부모님이 있을 때 유용하다. 이 스마트 실내 카메라는 애완동물 탐지 기능까지 갖추고 있어 당신이 집에 없어도 애완동물이 무엇을 하고 있는지 사진과 녹화물을 확인할 수 있다.

이동성 및 운송을 위한 스마트 제품

도로 위의 자전거, 자동차, 트럭에서부터 하늘의 드론과 바다의 배까지, A에서 B로 사람이나 물건을 운반하는 방법은 다양하다. AI와 교통에 관한 한 자율주행차가 아마도 가장 먼저 생각나는 사례일 것이다. 하지만 조금 더 깊이 파고들면 그것들이 시작에 불과하다는 것을 알게 될 것이다. 이 모든 발전과정은 인텔리전스 혁명에 의해 변화되고 있다.

인텔리전트 자동차

자동차산업에서 AI를 둘러싼 대부분의 작업은 자동차를 보다 자율적으로 만드는 데 초점이 맞춰져 있다. 이 자율성은 레벨 1부터 레벨 5까지 등급이 매겨지는데, 자동 주차 시스템과 같은 기능은 레벨 1에 있고, 운전자 없이 주행이 가능한 완전 '자율주행(self-driving)' 차량은 레벨 5로 분류된다.

전기차의 선구자인 테슬라(Tesla)는 전기차의 최첨단에 있는 것이 아니다. 테슬라의 설립자이자 CEO인 일론 머스크(Elon Musk)는 2020년에 어디든 운전할 수 있는 레벨 5의 자율주행차를 갖게 될 것이라고 발표했는데, 이는 지나치게 낙관적인 태도일지도 모른다.[07]

테슬라의 전기차에는 이미 도로를 스캔하는 카메라와 기상 상황을 모니터링하는 대기 센서 등 센서와 AI 기능이 탑재되어 있다. 당시 테슬라의 오토파일럿 기능(레벨 2 자율성)으로 교통 상황에 맞춰 속도를 맞추고, 고속도로와 주차장에서 차선을 바꾸는 등의 작업을 완성할 수 있었다. 물론 운전자는 테슬라 전기차 안에 있어야 하고 언제든 통제할 수 있어야 한다.

볼보(Volvo) 역시 자율주행차에 집중적으로 투자하고 있으며, 2021년까지 4단계 자율주행 수준에 도달할 계획이다.[08]

볼보는 안전한 자동차 분야에서 세계적인 리더로 알려져 있어 안전이 자율주행 전략의 핵심인 것은 놀랄 일이 아니다. 볼보는 한 시범 프로젝트에서 자동차와 운전자들이 빙판길과 같은 위험한 조건에 어떻게 반응하는지를 이해하기 위한 목적으로 자동차에 운전 사고를 감지하고 도로 상황을 모니터링하는 센서를 장착하였다.

볼보(Volvo) 역시 AI를 활용해 자동차 운전자와 승객의 편안함을 높이고, 자동차 내 기능 중 어떤 것이 유용하게 쓰이고 있는지 모니터링하고 있다. 내가 자동차를 살 때 셀프파킹(self-parking) 기능을 중요한 기능으로 여겼던 기억이 있다. 아마 나는 셀프파킹 기능을 몇 번밖에 이용하지 않았고, 몇 번 이용한 것도 누군가에게 셀프파킹이 얼마나 멋있었는지 보여주기 위해서였을 것이다. 실제 자동차 편의기능 이용에 대한 높은 통찰력으로 무장한 자동차 회사들은 이용자들이 정말로 원하는 편의기능을 보다 많이 구현할 것이고, 이용자가 이용해야 한다고 생각하지만 이용하지 않는 기능을 개선할 것이다.

AI 자전거

중년 직장인이 라이크라(Lycra)에 몰입된 것은 어떤가? 아니면 아침에 자전거를 타고 좀 더 편하게 출근하는 것은 어떤가? 당신은 AI를 이용하여 당신 목적지까지의 거리와 날씨 같은 요인들에 기반한 보조 기능을 제공하는 아이위치 e-바이크(iWECH e-bike)에 관심이 있을 것이다.[09]

톰 소프트웨어(Tome Software)는 자전거 사고를 줄이기 위해 AI를 이용하고 있다. 특히 이 회사에서 개발한 AI 도구는 자동차가 옆이나 뒤에서 자전거를 타는 사람과 충돌할 위험 가능성이 있을 경우, 이 위험 상황을 파악하여 사전에 경보(위험 알림)를 제공함으로써 자전거 사고를 줄여주고 있다.

자율배송 로봇

당신이 온라인 쇼핑몰에서 상품을 주문하거나 오프라인 매장에서 특정 상품을 집에 가지고 가려고 주문할 때, 아마 당신은 배송 사원이 당신의 집까지 상품을 배송해 주는 것을 기대할 수도 있다. 현재 도미노(Dominos), 저스트이트(Just Eat), 코옵(Co-op) 같은 회사들은 스타십 테크놀로지(Starship Technologies)의 지원을 받아 자율배송 로봇을 이용하고 있다.

미니 냉장고 크기의 작고 귀여운 배송 로봇은 내 고향인 밀턴 케인스(Milton Keynes)에서 매우 인기가 높다. 나는 저녁 산책을 하러 갈 때 주기적으로 길을 지나다니는 미니 배송 로봇과 마주친다. 또한 나는 내가 사는 지역의 피시앤칩(fish and chip) 가게와 코옵 식료품점(Co-op groceries)에서 저녁 식자재를 배송하는 미니 로봇을 직접 이용한 적이 있다. 예를 들면, 나는 아침에 팬케이크와 우유를 배송하거나 저녁에 영국식 전통 음식을 배송하는 데 미니 로봇을 이용하는 것이 꽤 멋진 일이라고 생각한다. 스타십(Starship)은 약 1,000대의 미니 로봇들을 보유하고 있고, 이 미니 로봇은 이미 10만 마일 이상을 주행했다.[10] 전통적인 배달 트럭은 이 미니 로봇에 비해 보다 많은 배송비용을 발생시켜, 단거리 배송에서 비효율적이다. 따라서 스타십의 자동화된 미니 로봇은 도시 배송에 적합하다.

스마트 자율드론

아마존은 소포용 드론 배송(drone delivery for parcels)으로 유

명하다. 하지만 승객을 운반하는 무인 드론이 곧 하늘로 날아오를 것이라는 사실을 알고 있었는가? 다임러(Daimler)가 지원하는 항공회사인 볼로콥터(Volocopter)는 2017년 2인용 무인항공 드론 택시(two-seater air taxi)를 개발하였고, 두바이(Dubai) 왕세자를 태워 5분간 시험비행을 하였다.[11] 두바이는 드론택시를 도입하고 현실화하는 데 많은 투자를 하고 있다. 두바이의 자율운송 전략(Dubai Autonomous Transport Strategy)은 2030년 12월까지 두바이에서 승객의 25%를 자율적으로 운송하도록 만드는 것을 목표로 하고 있다.[12]

자율선박

우리는 미래에 자율주행 자동차들이 도로에 넘칠 것이라는 얘기를 많이 듣는다. 반면 당신은 자율주행 선박이 바다를 항해할 것이라는 것에 대해 어떻게 생각하는가? 2018년에 영국 롤스로이스(Rolls-Royce)와 핀란드 페리 운영사 핀페리스(Finferries)가 협업한 결과물인 완전 자율주행 카페리가 최초로 공개되었다. 팔코(Falco)라는 이름의 이 여객선은 지상에 있는 선장이 항해를 통제하고 필요할 경우 원격조종을 하는 것도 가능하지만, AI 덕분에 선장의 개입 없이 자율적으로 운항된다.[13]

해운회사는 완전 자율주행 선박을 위해 해야 할 많은 일이 있다. AI는 선박의 승무사원 수를 줄여 줄 것이고, 승무사원이 보다 개선된 의사결정을 내리도록 도울 것이고, 해운회사가 보다 높은 효율성을 달성하도록 도울 것이다. 이에 따라 승무사원 없는 자율주행 선박은 일반화될 것이다. 샌프란시스코에 본사를 둔 스타트업 '숀

(Shone)'은 AI를 이용해 바다에서 다른 선박의 움직임을 감지하고 예측하는 기술을 개발하였다.

스마트 무기

사람들은 항공기의 자동 조종 기능에 익숙하지만, 스스로 작동할 수 있는 치명적인 무기의 존재에 대해서는 친숙하지 않다. 이것은 사회의 많은 부분에서 심각한 우려를 불러일으킬 것이다. 자동 표적 식별과 교전 시스템(automatic target identification and engagement systems)은 센서를 이용해 레이더, 탱크, 공군기지와 같은 표적을 탐지한다. 이 시스템의 목표 확인(target identification) 기능은 사람이 감독하지만, 본질적인 중요한 문제는 인간의 통제를 벗어나 AI가 목표를 식별하고 공격을 한다는 것이다.[14]

미국 공군(US Air Force)은 전쟁에서 사람이 조정하는 전투기인 윙맨(wingman)과 원격으로 조정되는 첨단 무인 드론인 스웜(swarm)을 시험했다. 전투기와 드론, 두 경우 모두 인간이 조종한다. 발키리(Valkyrie)라는 이름의 첨단 드론은 소형 폭탄을 탑재할 수 있는데, 이는 추가 화력을 전달하거나 심지어 인간이 조종하는 전투기를 대신하여 적을 폭격하는 데 이용될 수 있다. 전투기의 가격은 1억 달러인 데 비해 첨단 드론 무인기 한 대당 가격이 약 200~300만 달러이다. 미국 공군에 있어 이 무인 드론은 상대적으로 저렴한 가격이다.[15]

산업 및 제조를 위한 스마트 제품

나는 제6장에서 AI로 비즈니스 프로세스를 개선하는 것에 대해 설명할 것이다. 먼저 나는 제조산업에 중점을 두고 AI 활용에 대해 설명할 것이다. 짐작했겠지만 그 이유는 제품들이 점점 더 스마트해지고 있기 때문이다. 나는 사람들의 작업 환경을 보다 쉽게 만드는 데 도움이 되는 AI 지원 제품을 설명할 것이다.

스마트 안경

구글 글라스(Google Glass)는 착용자에게 정보를 제공하고, 인터넷에 접속할 수 있는 안경 모양의 헤드셋이다. 구글 글라스는 종종 가장 대표적인 스마트 제품 실패 사례로 꼽힌다. 과거 몇 년 전에 구글 글라스는 많이 판매되었으나 현재 대부분의 사람들은 "왜 내가 그런 안경을 사야 할까?"라고 반문한다. 구글 글라스 제품이 어떤 문제를 해결해 주었고, 어떻게 이용자의 생활을 편리하게 해주었는지는 명확하지 않다. 게다가 사람들은 공공장소에서 이 안경을 쓰고 싶어 하지 않았다.

구글은 글라스 사업을 포기하지 않고, 소비자보다는 산업계를 타깃으로 '글라스 엔터프라이즈 에디션 2(Glass Enterprise Edition 2)'라는 새로운 버전을 출시하였다. 이러한 제품 개선 작업 결과, 산업용 구글 글라스는 제조, 의료, 물류와 같은 분야에서 새로운 활용가치를 발견할 수 있었다. 어떻게 구글 글라스를 이용해 작업할까? 구글 글라스 착용자의 오른쪽 렌즈 앞에는 작은 화면이 있다(구글 글라스의 화면을 확인하기 위해서는 위를 올려다봐야 하며 시야를 방해하지 않는다.). 구글 글라스를 쓴 사람에게 이 작은 화면은 6피트 거리에서 보는 30인치 화면처럼 보인다.[16] 이 화면은 직원들에게 작동절차(예를 들면, 제품 조립 방법 등)를 상기시키는 정보를 표시해 주거나 또는 '착용자가 보는 화면을 감독자에게 알려주는' 도구로 감독자는 구글 글라스 착용자가 바라보고 있는 것을 볼 수 있다. 구글 글라스 헤드셋은 비디오 촬영과 오디오 녹음도 가능해 제품 검사와 품질관리 작업에도 유용하다. 더욱 스마트한 제품으로는 마이크로소프트의 홀로렌즈(HoloLens) 안경이 있다. 이 안경은 현실세계에 겹쳐진 홀로그램 개체(holographic objects)를 보고 상호 작용할 수 있는 완벽한 혼합현실 환경을 제공한다. 이 제품은 제조, 교육, 의료 등 다양한 산업 분야까지 변화시키고 있다.

스마트 산업 기계

작고 저렴한 센서가 확산된 덕분에 산업용 기계에 AI를 도입하는 것은 비교적 쉬운 일이 되었다(기존 농기계에 AI를 포함하도록 개조하는 것까지 가능해졌다). 농기계산업 장비 분야의 선두 제조업체인 존디어는 지난 10년 동안 제품(농기계)을 스마트하게 만들었다. 존디어는 고객들이 보다 스마트한 기계를 이용해 낭비를 줄이고 효율성을 높이도록 도움을 제공해 왔다. 예를 들면, 농기계는 중앙에서 AI 기술을 이용해 매 순간마다 원격으로 관리되었고, 농부들은 그들의 집에서 실시간으로 농기계의 운영과정을 모니터링할 수 있게 되었다.

컴퓨터비전 기술은 존디어에게 특히 귀중한 자산임이 확인되었다. 존디어는 농기계에 컴퓨터비전 역량을 도입하기 위해 2017년 기계학습과 컴퓨터비전 전문기업인 블루리버(Blue River)를 인수했다. 본질적으로 존디어는 블루리버 인수를 통해 기계가 농작물을 보면서 그리고 밭을 통과할 때 건강한 작물과 건강하지 않은 작물을 구별하는 법을 농기계에서 구현할 수 있게 되었다. 농기계는 전체 농지에 제초제를 뿌리는 것이 아니라 필요에 따라 특정 문제 영역을 대상으로 작업할 수 있으며, 잠재적으로 제초제 이용량을 80~90%까지 줄일 수 있게 되었다.[17]

또 다른 예로 존디어는 콤비네이트 어드바이저(Combinate Advisor)라고 불리는 시스템을 도입했다. 이 시스템은 카메라가 콤바인 하베스터(combine harvesters)에 장착되어 곡물을 수확하는 동안 비디오 영상을 확인할 수 있다. 이 시스템은 곡물의 품질을 분석할 수 있으며 원하지 않는 줄기, 잎, 속대 등이 배출되지 않도록 해준다(예를 들면, 기계에 의해 곡물이 손상되지 않았는지 확인 가능하다.). 따라서 농부들은 폐기 농산물을 줄일 수 있게 되었다.

지능형 제조 로봇

로봇을 제작해 판매하는 기업들의 핵심 목표는 AI 역량과 네트워크 연결성을 강화하는 것이다. 일본의 산업용 로봇 전문기업인 파누크(Fanuc) 사례를 살펴보면, 이 회사는 2015년에 AI 스타트업의 지분을 인수하였고, 2016년에 산업용 IoT 제조업체로 발돋움하기 위해 네트워킹 전문기업인 시스코(Cisco)와 스마트제조 전문기업인 로크웰 오토메이션(Rockwell Automation)과의 협업을 발표하였다.[18] 파누크는 로봇 스스로 동일한 업무를 반복적으로 처리하는 능력을 개발하기 위해 딥러닝을 이용하였다. 파누크의 고객사는 획기적인 딥러닝 기술 발전으로 로봇이 스스로 학습하게 되면서, 로봇이 공장에서 수행하는 모든 기능을 더 이상 프로그래밍할 필요가 없게 되었다고 하였다.

스마트 엘리베이터

핀란드의 엘리베이터와 에스컬레이터 회사인 코네(KONE)는 확실히 AI가 발전하고 있다고 생각하고, 전 세계적으로 110만 대의 리프트에서 데이터를 수집하기 위해 노력하고 있다[19] 고장이나 결함 있는 리프트는 심각한 혼란을 야기할 수 있기 때문에 코네는 센서를 이용하여 리프트로부터 가능한 많은 데이터를 수집하고, 데이터를 분석하기 위해 AI와 기계학습을 이용하고 있다. 이를 통해 기술자는 언제 문제가 발생할지 예측하고 사전에 조치를 취할 수 있다(예측 유지관리 프로세스에 대한 자세한 내용은 제6장에서 살펴보기 바란다.). 이것은 건물에 코네 리프트가 있는 고객들에게 상당한 가치를 더할 수 있다.

스마트 표면

런던에 본사를 둔 스타트업인 하이퍼서페이스(HyperSurfaces)는 말 그대로 어떤 표면이든 스마트하게 만들 수 있는 기술을 개발하고 있다. 이 기술은 진동 센서와 AI를 활용해 어떤 물체나 표면, 소재든 움직임을 감지하고 명령을 수행할 수 있는 지능형 표면 변형 기술이다. 예를 들면, 이론적으로 당신의 나무 커피 테이블은 당신의 TV, 조명, 온도조절기의 컨트롤러가 될 수 있다. 아니면 자동차에서 현관문을 잠그고 열 수도 있다. 우리가 잠재적으로 이러한 기술을 이용할 수 있는 모든 방법을 상상하기는 어렵지만(소셜미디어가 발명되기 전에는 알아내기 어려웠던 것처럼), 하이퍼서페이스는 자동차 제조업체들로부터 많은 관심을 받고 있다.[20]

지능형 발전소 설비

산업계의 거물인 제너럴 일렉트릭(GE)은 자사의 제품 이용자들에게 보다 스마트하고 스스로 학습하는 발전소 장비를 제공하는 데 주력하고 있다. 발전소 전체의 GE 기계는 데이터를 수집하기 위해 센서를 이용하며, 이를 분석하여 발전소 내 작업 중 스트레스와 수요를 파악한다. 이 데이터를 이용하여 발전소 운영자들은 수요의 변동에 따라 생산을 늘리거나 줄일 수 있고, 이전에 알아차리지 못했던 비효율성을 파악할 수 있다. 일반적인 발전소는 10,000개 이상의 센서를 장착할 수 있으며, GE는 GE에서 제조하고 판매하는 기계뿐만 아니라 공장의 모든 기계로부터 데이터를 수집하고 분석할 수 있다.[21]

스포츠 및 운동을 위한 스마트 제품

우리는 스마트 피트니스 트래커 밴드(smart fitness tracker bands)에 익숙하다. 제3장을 다시 살펴보면 AI가 신발 깔창과 의류를 포함한 다양한 종류의 스포츠 의류와 피트니스 장비에 들어가고 있는 것을 확인할 수 있다. 인텔리전스 혁명이 스포츠 상품 세계에 영향을 미치고 있는 사례를 살펴보면 다음과 같다.

웨어러블 기술

스포츠 세계에서 믿을 수 없을 정도로 많은 기업들이 AI를 도입하고 있다. AI는 스포츠팀들이 경쟁자들에 비해 경쟁우위를 갖출 수 있도록 돕고 있다. 예를 들면, 호주 웨어러블 기업인 캐터펄트(Catapult)는 GPS(Global Positioning System), 심박수 감시기(heart rate monitors), 가속도계 등의 센서를 이용해 선수들의 경기력과 움직임을 측정하는 장치를 만들고 있다. 캐터펄트 제품은 호주 축구팀(Australian football teams), 호주 올림픽팀(Australian Olympics team), 뉴욕 닉스(New York Knicks), 캐나다 풋볼 리그(Canadian Football League) 등에서 이용하고 있다.[22]

센서가 강화된 농구 경기

스위스 전자회사 TE커넥티비티(TE Connectivity)가 센서를 이용한 농구 경기의 변신을 시도하고 있다. 진동 센서를 농구 골대나 백보드에 부착해 연습 샷의 정확한 각도와 궤적을 연구할 수 있어, 선수들이 샷을 연마하고 각 샷이 맞는지 빗맞는지 파악할 수 있다. 한편 선수 신발에 고도계를 넣어 이동 속도를 추적할 수 있으며, 유니폼에 내장된 가속도계는 점프 속도, 점프 높이, 회전 속도를 측정할 수 있다. 코트 자체에도 TE커넥티비티의 센서가 표면에 내장되어 자체적으로 스마트하게 만들 수 있다. 즉 심판은 샷이 범위를 벗어날 때 보다 정확하게 판정을 내릴 수 있다.[23]

스마트 복싱 장갑

스포츠 센서 전문기업인 PIQ는 에버라스트(Everlast)와 협업해 권투 링에 인텔리전스 혁명을 실현하고 있다. PIQ 롭롭 블루(ROBROB Blue) 제품은 스마트 손목 끈으로 운동을 상세히 분석한다.[24] 이 제품은 섀도복싱(shadow boxing)과 스파링(sparring) 등 권투선수의 모든 운동을 추적해 펀칭 속도, 임팩트, 수축시간 등을 측정할 수 있다. 이러한 정보로 무장한 권투선수는 자신의 장점과 단점이 어디에 있는지 정확히 알아 개선이 필요한 부분에 대한 운동을 목표로 삼을 수 있다.

보건 부문을 위한 스마트 제품

나는 제2장에서 인텔리전스 혁명이 어떻게 의료세계를 변화시킬 수 있는지를 설명하였다. 예를 들면, 헬스케어 전문가들의 일부 작업을 자동화하는 것에서부터 개인들이 보다 좋은 건강과 생활 방식을 선택하도록 돕는 것에 대해 개략적으로 설명했다. 우리 중 많은 사람들은 일상생활을 하면서 자신의 건강을 측정하고 감시하기를 원한다. 그 결과 의료전문가들은 잠재적으로 환자의 건강에 대한 놀라울 정도로 상세하고 가치 있는 데이터에 접근할 수 있게 되었다. 이론적으로 이것은 우리가 보다 건강한 삶을 살 수 있도록 도울 뿐만 아니라 많은 사람들은 이것이 '예방의학(preventative medicine)'의 새로운 변화를 일으키기를 희망한다. 이러한 기술은 사람들에게 질병이 발생했을 때 질병을 치료하기보다는 애초에 질병에 걸리지 않도록 예방하는 역할을 할 것이다.

스마트 헬스케어 분야는 내가 특히 좋아하는 분야이다. 나는 스마트 헬스케어 관련 제품의 몇 가지 사례를 설명할 것이다.

스마트 소변 스틱

우리는 이미 스마트 변기(smart toilets)가 있는데, 왜 스마트 소변 검사 스틱이 있으면 안 되는 것일까? 결국 소변에는 식습관과 호르몬에 대한 중요한 데이터가 포함되어 있다. 그래서 소변 검사는 감염의 징후를 감지하는 일반적인 방법이다. 올해 출시 예정인 비수 스마트 소변분석기(Bisu smart urine analyser)는 소변 성분 분해 테스트 칩이 장착된 테스트 스틱으로 구성되었다. 그것은 케이스에서 미끄러져 나온 흡수성 패드를 소변 줄기에 담그고, 다시 미끄러져 들어가 소변에 대한 테스트를 수행한다(그 다음 테스트 스틱은 폐기를 위해 방출된다.). 스마트 변기 아이디어로 돌아가면 나의 비전은 스마트 변기와 지능적인 소변분석을 결합하여 스마트 변기가 발생할 수 있는 모든 잠재적인 건강 문제를 경고할 수 있도록 하는 것이다.

지능형 콘택트렌즈

구글 글라스(Google Glass)가 일부 산업에서 채택되어 활용되고 있는 상황에서, 스마트 콘택트렌즈(smart contact lense)도 다음 단계에서 일부 산업에서 도입될 것인가? 삼성, 소니 그리고 구글의 모기업 알파벳을 포함한 많은 회사들은 인간의 시력을 향상시키거나 건강을 감시하는 데 이용될 수 있는 스마트 콘택트렌즈

기술을 연구하고 있다.[25]

위스콘신 대학교(University of Wisconsin)의 연구원들은 1,000분의 1초(milliseconds) 이내에 자동 포커스 기능을 가진 콘택트렌즈를 개발하고 있다.[26] 한국의 한 연구팀에서도 당뇨병을 앓고 있는 사람들의 혈당 수치를 감시하기 위한 콘택트렌즈를 테스트하고 있다.[27]

스마트 의료 영상 장비

글로벌 시장에 50만 대의 의료영상기기(medical imaging devices)를 보유하고 있다고 밝힌 GE는 기술 기업 엔비디아(NVIDIA)와 손잡고, AI를 영상의료기기에 접목해 CT 스캔 속도와 정확도를 높이는 연구를 수행하고 있다.[28] CT에 활용되는 알고리즘은 인간의 눈이 놓칠 수 있는 장기손상의 작은 징후를 발견하기 위해 이용되며 잠재적으로 보다 빠르게 상태 진단을 돕는다. 또한 빠른 CT 스캔은 환자들이 보다 적은 방사선에 노출되도록 한다.

의료 사물인터넷(IoMT)

앞서의 의료기기와 애플리케이션의 사례 모두 IoMT(Internet of Medical Things)의 기본 설명에 해당된다. IoMT 디바이스는 데이터를 수집하고 활동 및 활력 징후를 모니터링하며 개입이 필요한 경우(예를 들면, 누군가가 넘어졌거나 환자가 약을 복용하는 것을 잊어버렸거나 감염이나 질병의 징후가 있는 경우) 이용자, 보호자 또는 헬스케어 서비스 제공자에게 통지할 수 있다. 이 모든 것이 사람들을 안전하고 건강하게 유지하며 건강관리비용을 낮추는 데 도움을 제공할 수 있다. 게다가 헬스케어 서비스 제공자들은 현재 수집할 수 있는 풍부한 데이터로 개별 환자들에게 보다 개인화된 헬스케어 서비스를 제공할 수 있을 것이다.

핵심사항

이 장에서는 다음의 내용을 설명하였다.

- 스마트 제품은 본질적으로 고객 통찰력을 높이고, 고객의 제공물을 개선하는 데 이용할 수 있는 풍부한 데이터를 생성한다.
- 가정, 여행, 직장, 건강 등 삶의 모든 면에서 AI와 IoT 덕분에 제품이 지능화되고 있다. 이것은 지금 모든 산업에서 일어나고 있다. 화장실이 스마트해지고 있고, 우리는 미래에 모든 것을 스마트하게 만들 수 있을 것이다.
- 기업들은 스마트 제품이 비즈니스에 미치는 영향을 파악하고, 제품에 AI를 도입할 수 있는 가능성을 고려하지 않으면 뒤처질 위험이 있다.

스마트 제품의 흥미로운 측면은 AI가 종종 보다 지능적인 서비스를 가능하게 한다는 것이다. 기업들이 스마트 제품을 생산하면 기업들에게 잠재적으로 수익성이 높은 서비스 제공 기회, 특히 구독 모델을 창출할 수 있다. 예를 들면, 스마트홈 보안 시스템 제조업체 중 일부가 서비스 분야로 비즈니스 방향을 변환하여 스마트 제품으로 수집된 데이터를 기반으로 가정 모니터링을 위한 구독 서비스를 제공하고 있다. 이런 방식으로 스마트 제품과 스마트 서비스 사이에는 많은 교차점이 존재한다. 다음 제5장에서 보다 다양한 스마트 서비스 제공 사례를 설명할 것이다.

참고자료

01 Utility Week(nd) Smart thermostats now in 1.5 million homes, https://utilityweek.co.uk/smart-thermostats-now-in-1-5-million-homes/(archived at https://perma.cc/856V-7AA4)

02 Crist, F.(2019) LG's smart wine fridge can recommend a good cheese pairing, *CNET*, https://www.cnet.com/news/lg-signature-kitchen-suite-smart-wine-column-fridge-can-recommend-a-good-cheese-pairing/(archived at https://perma.cc/4QW6-BXDJ)

03 Med-tech Innovation(2019) The toilet seat that monitors your heart rate, https://www.med-technews.com/news/toilet-seat-that-monitors-heart-rate-and-blood-pressure-deve/(archived at https://perma.cc/RMB3-2KTD)

04 Google Patents(nd) Noninvasive determination of cardiac health and other functional states and trends for human physiological systems, https://patents.google.com/patent/US10064582B2/en(archived at https://perma.cc/6TJJ-23EM)

05 iToilet(nd) iToilet project description and results, http://www.aat.tuwien.ac.at/itoilet/(archived at https://perma.cc/F67D-FRWV)

06 Beam Dental, https://beam.dental/(archived at https://perma.cc/P5LD-L4F9)

07 Hawkins, A.(2019) It's Elon Musk vs everyone else in the race for fully driverless cars, *The Verge*, https://www.theverge.com/2019/4/24/18512580/elon-musk-tesla-driverless-cars-lidar-simulation-waymo(archived at https://perma.cc/NK43-HE9B)

08 Holmes, J.(2018) Volvo promises self-driving 2021 XC90 you can nap in, *CNET*, https://www.cnet.com/roadshow/news/2021-volvo-xc90-autonomous-level-4/(archived at https://perma.cc/DW9U-4A5J)

09 Mashable(2019) This ebike uses artificial intelligence, https://mashable.com/video/ebike-artificial-intelligence/?europe=true(archived at https://perma.cc/5D37-FNZ7)

10 Abbott, M.(2018) Robot company Starship Technologies plans 1,000 delivery bots, *BBC News*, https://www.bbc.com/news/technology-43949554(archived at https://perma.cc/H5LE-Q5TF)

11 Moon, M.(2017) Dubai tests a passenger drone for its flying taxi service, *Engadget*, https://www.engadget.com/2017/09/26/dubai-volocopter-passenger-drone-test/(archived at https://perma.cc/6DVY-P3E9)

12 Aerospace Technology(2019) Despite safety concerns drone taxi service will soon become a reality, https://www.aerospace-technology.com/comment/drone-innovation/(archived at https://perma.cc/A6FL-WQVQ)

13 Rolls-Royce(2018) Rolls-Royce and Finferries demonstrate world's first fully autonomous ferry, https://www.rolls-royce.com/media/press-releases/2018/03-12-2018-rr-and-finferries-demonstrate-worlds-first-fully-autonomous-ferry.aspx(archived at https://perma.cc/KPE9-VNUY)

14 Chatila, R and Tessier, C.(2018) A guide to lethal autonomous weapons systems, *CNRS News*, https://news.cnrs.fr/opinions/a-guide-to-lethal-autonomous-weapons-systems(archived at https://perma.cc/PT7B-KAT4)

15 Liptak, A.(2019) The US Air Force's jet-powered robotic wingman is like something out of a video game; *The Verge*, https://www.theverge.com/2019/3/9/18255358/us-air-force-xq58-a-valkyrie-prototype-robotic-loyal-wingman-drone-successful-test-flight(archived at https://perma.cc/446W-8MAQ)

16 Sullivan, M.(2019) Google says the new Google Glass gives workers 'superpowers', *Fast Company*, https://www.fastcompany.com/90352249/google-says-the-new-google-glass-gives-workers-superpowers(archived at https://perma.cc/S6LQ-KGZQ)

17 Marr, B.(2019) The amazing ways John Deere uses AI and Machine Vision to help feed 10 billion people, *Forbes*, https://www.forbes.com/sites/bernardmarr/2019/03/15/the-amazing-ways-john-deere-uses-ai-

and-machine-vision-to-help-feed-10-billion-people/#3bfd36042ae9 (archived at https://perma.cc/B5VC-UHFL)

18 Walker, J.(2019) Machine learning in manufacturing, *Emerj*, https://emerj.com/ai-sector-overviews/machine-learning-in-manufacturing/(archived at https://perma.cc/5KJB-HBKC)

19 Marr, B.(2017) Internet of Things and machine learning: ever wondered what machines are saying to each other? *Forbes*, https://www.forbes.com/sites/bernardmarr/2017/02/21/how-ai-and-real-time-machine-data-helps-kone-move-millions-of-people-a-day/#91ed4b45f973 (archived at https://perma.cc/9D2H-G4AS)

20 O'Hear, S.(2018) HyperSurfaces turns any surface into a user interface using vibration sensors and AI, *Techcrunch*, https://techcrunch.com/2018/11/20/hypersurfaces/(archived at https://perma.cc/DE48-Z2GR)

21 Marr, B.(2019) *Artificial Intelligence in Practice*, Wiley

22 Catapult(nd) 1999-Present: A history of elite wearable technology in team sport, https://www.catapultsports.com/blog/history-elite-wearable-technology(archived at https://perma.cc/9MS7-UVBK)

23 TE Connectivity(nd) Sensors in Basketball, https://www.te.com/usa-en/trends/connected-life-health-tech/sensors-in-sports/sensors-in-basketball.html(archived at https://perma.cc/W7DJ-8Y63)

24 Everlast and PIQ, *PIQ*, https://piq.com/boxing#video(archived at https://perma.cc/F5SD-KYAH)

25 ision Direct(2019) How smart contact lenses could totally change your perspective, https://www.visiondirect.co.uk/blog/smart-contact-lenses(archived at https://perma.cc/D86L-X5CC)

26 The Atlantic(nd) The contact lens that could turn you into a camera, https://www.theatlantic.com/sponsored/vmware-2017/contact-lens/1634/ (archived at https://perma.cc/VVH9-YTR4)

27 Starr, M.(2018) A new smart contact lens could monitor the glucose in your tears in real-time, *Science Alert*, https://www.sciencealert.com/

smart-flexible-contact-lens-monitors-glucose-real-time-diabetes (archived at https://perma.cc/LJ9Y-MH3D)

28 Sennaar, K.(2019) AI in Medical Devices, *Emerj*, https://emerj.com/ai-sector-overviews/ai-medical-devices-three-emerging-industry-applications/(archived at https://perma.cc/PX2J-4553)

CHAPTER 05

보다 지능적인 서비스 제공을 위한 AI 이용

AI가 강화된 지능형 서비스는 AI 자체가 서비스 제공물(이 장의 서비스로서의 AI(AIaaS) 참조)이 된다는 의미일 수도 있고, 기업이 고객을 위해 하는 일을 개선하기 위해 AI가 이용된다는 의미일 수도 있다. 또는 AI가 완전히 새로운 서비스와 비즈니스 모델 개발 기회를 제공한다는 의미일 수도 있다. 세 가지 시나리오는 모두 공통점이 있다. 즉 AI가 비즈니스 성공의 원동력이 된다는 것이다.

제5장에서는 기업들이 AI를 활용해 보다 지능적인 서비스를 제공하는 방법을 설명한다. 예상대로 몇몇 모범 사례들은 아마존과 같은 빅테크 기업들로부터 나온다. 그러나 제5장에서는 선전(Shenzhen)이나 실리콘밸리(Silicon Valley)의 범위를 훨씬 넘어서는 다른 다양한 사례를 설명할 것이다.

서비스가 보다 스마트해져야 하는 이유

당신 회사가 이미 서비스 기반 비즈니스를 하고 있는지 아니면 제품에서 서비스로 분리할 시점을 고려하고 있는지 여부는 AI가 고객이 원하고 필요로 하는 종류의 서비스를 제공하는 데 매우 중요하다(제4장에서 살펴본 것처럼 스마트 제품이 스마트 서비스에 새롭게 출시되는 경우가 많다.). 데이터와 AI 덕분에 기업들은 이제 그 어느 때보다도 고객을 더 잘 이해할 수 있다. 기업들은 고객을 추적하고, 고객이 실제로 무엇을 하고 있는지, 제품이나 서비스에 어떻게 관여하고 있는지 이해할 수 있는 능력을 갖게 되었다. 이러한 지식으로 무장한 기업은 훨씬 더 고객 대응력이 뛰어나고 개인화된 솔루션을 설계할 수 있으며 보다 지능적인 맞춤형 서비스를 제공할 수 있다.

회사가 고객이 원하는 서비스를 제공하는 능력은 중요하다. 당신은 제5장에서 고객화가 중요한 주제라는 것을 알게 될 것이다. 만약 당신의 고객과 클라이언트가 보다 개인화된 서비스 제공물을 기대하지 않고 있다면, 그들(고객과 클라이언트)은 곧 보다 개인화된 서비스 제공물을 요구할 것이다. 따라서 당신은 이 책을 통해 AI 활용 방법을 배워야 할 것이다. 보다 지능적이고 개인화된 서비스를 제공할 수 없는 기업들은 기술 부문에서 경쟁이 치열할 때 뒤처질 위험이 있다(이에 대한 이해를 위해서는 제5장 후반부에서 전통적인 은행에서 AI 기반 금융 앱 이용이 확산되는 사례를 살펴보기 바란다.).

기술 세계 살펴보기

AI가 강화된 서비스의 주요 사례는 기술 기업으로부터 나온다. 기술 기업들이 AI를 활용해 이용자와 고객에게 보다 지능적이고 개인화된 서비스를 제공한다. 몇 가지 사례를 살펴보면 다음과 같다. 기술이 발전하는 방향으로 다양한 산업들도 이를 따라가고 있다. 즉 이러한 접근 방식은 모든 종류의 다양한 비즈니스에서 빠르게 반영되고 있다. 많은 경우에 기술 기반의 스타트업이 은행과 의료와 같은 보다 전통적인 산업 영역에 침투하기 시작했다. 제5장 후반부에서 이러한 사례에 대해 자세히 설명할 것이다.

아마존의 맞춤화된 고객 추천

아마존(Amazon)은 AI 역량을 중심으로 회사 전체가 조직화되어 있다. 모든 비즈니스 활동의 핵심에 AI를 두는 것은 아마존이 투자자들에게 막대한 배당금을 지불하는 데 기여했다. 이는 모든 조직이 배워야 한다(제8장에서 AI 문화 구축에 대해 자세히 읽어보기를 바란다). AI는 알렉사와 같은 아마존 제품에도 내포되어 있지만 믿을 수 없을 정도로 발전된 고객 추천 엔진에도 내포되어 있다.

아마존은 고객들에게 보다 개인화된 온라인 쇼핑 경험을 제공하는 표준을 설정했다. 아마존은 고객의 구매 이력(및 다른 유사한 고객의 구매 내역), 검색 이력, 인구통계학적 데이터 그리고 일반적으로 사람들이 함께 구매하는 제품에 대한 데이터에 기반해 향후 고객이 구매하기를 원하는 상품을 데이터 기반으로 추천 서비스를 제공하고 있다. 이 회사의 AI 추천 엔진은 매우 효과적이며 회사 매출의 35%를 창출하는 데 기여했다.[01]

개인화된 뉴스와 바이트댄스의 비디오 피드

바이트댄스(ByteDance)는 틱톡(TikTok)과 투티아오(Tutiao)를 개발한 회사이다. 틱톡은 아이들이 좋아하는 동영상 공유 앱이자 세계에서 가장 많이 다운로드된 앱이다.[02] 투티아오는 매일 수억 명의 이용자들에게 지속적으로 개인화된 콘텐츠 스트림을 제공하는 검색 엔진이자 소셜 미디어 플랫폼이다.[03]

이 두 플랫폼의 특별한 점은 페이스북이나 인스타그램과 같은 서비스와 달리 당신은 어떤 것도 '좋다'고 마우스를 클릭할 필요가 없다. AI는 당신이 보고 읽는 것(그리고 당신이 그 항목들을 보거나 읽는 데 얼마나 오래 소비하는지)을 추적함으로써 단순히 당신의 선호와 관심을 학습한다. 그리고 난 후 그 플랫폼은 당신에게 보다 많은 종류의 콘텐츠를 제공한다. 그 개념은 당신의 전체 콘텐츠 피드가 당신을 위해 완벽하게 맞춤 제작된다는 것이다. 그리고 결정적으로 당신은 당신 친구와 가족들이 '좋다'고 했던 무작위적이고 때로는 흥미롭지 않은 것으로 채워진 피드 대신에 당신이 정말 보고 싶은 종류의 콘텐츠만을 보게 된다.

넷플릭스가 보고자 하는 콘텐츠의 종류를 표시하는 방법

아마존(Amazon)처럼 넷플릭스(Netflix)는 개인 맞춤형 추천 서비스의 대표 기업이다. 시리즈 A를 즐겼는가? 다음에 시리즈 B를 보는 것이 좋을 것이다. 이는 모두 넷플릭스의 AI를 기반으로 한 것으로 이용자들이 보는 것을 대량으로 분석, 유사한 프로필을 가진 다른 이용자들의 시청 습관과 비교한다. 이용자가 플랫폼을 통해 콘텐츠를 스트리밍하는 데 점점 더 많은 시간을 할애하도록 하는 것은 넷플릭스의 모든 서비스 제공 방향이다. 그리고 그 서비스 정책의 일환으로 넷플릭스는 각각의 개별 이용자에 대한 믿을 수 없을 정도로 상세한 프로필을 만들고, 수백(또는 수천)의 서로 다른 속성에 대응하여 이용자를 목록화한다.[04]

또한 넷플릭스는 흥미롭게도 AI를 이용하여 각 이용자 프로필로 콘텐츠를 검색할 때 이용자들이 보는 TV 프로그램이나 영화의 이미지 섬네일들을 개인화한다. DVD를 샀을 때 그 DVD 케이스 표지에는 영화에서 나온 이미지가 있다. 이제 넷플릭스는 TV 프로그램이나 영화를 대표하기 위해 선택할 수 있는 여러 이미지를 가지고 있으며, 넷플릭스가 보여주는 이미지는 시청자인 당신에 대해 알고 있는 데이터를 기반으로 한다. 예를 들면, 당신이 로버트 드 니로(Robert De Niro)가 나오는 영화를 많이 본다고 하자. 넷플릭스는 로버트 드 니로가 그 영화에서 아주 작은 배역이더라도 이미지에 로버트 드 니로가 있는 영화 섬네일을 당신에게 보여줄 것이다. 이 모든 것은 이용자의 관심을 끌고, 콘텐츠를 클릭하고, 시청하고, 즐길 수 있는 기회를 늘리는 데 초점을 맞추고 있다.

게다가 넷플릭스가 이용자들의 시청 선호도에 대한 엄청난 양의 데이터 덕분에, 사람들이 좋아하는 콘텐츠를 바탕으로 '기묘한 이야기(Stranger Things)'와 같은 큰 인기를 얻는 콘텐츠를 생산하는 제작자가 되었다.

스포티파이와 개인화된 음악

스포티파이(Spotify)는 세계 최대 규모의 주문형 음악 스트리밍 서비스로 AI를 적극적으로 활용하고 있다. 스포티파이는 개인화된 엔터테인먼트 서비스를 제공하고 있다. 그중 하나가 디스커버리 위클리(Discovery Weekly) 기능을 통해 스포티파이는 매주 이용자에게 아직 플레이하지 않았지만 즐길 수 있는 음악 목록인 개인 플레이리스트를 제공한다. 그것은 기본적으로 당신을 위해서 혼합된 음악 목록을 제공하는 것이다.

스포티파이의 개인화된 서비스는 거기서 그치지 않는다. 실제로 많은 사람들은 스포티파이가 아티스트와 레이블이 아닌, AI에 의해서 음악을 창작하는 개인 맞춤형 음악 작곡 분야로 진출하기를 열망하고 있다. 스포티파이 개발팀에는 프랑스 과학자이자 AI가 작곡한 음악전문가 프랑수아 파체트(François Pachet)가 포함되어 있다.[05] 스포티파이는 이미 서비스 이용자들이 컴퓨터로 듀엣을 만들 수 있는 AI 듀엣이라는 기능을 출시했다.

또한 스포티파이는 다른 서비스 제공업체와 자동화된 AI 기반 음악 창작 서비스를 제공하는 방향으로 사업을 전환하고 있고, 이는 곧 비즈니스의 큰 흐름을 바꿀 것이다. 멀지 않은 미래에 우리가 듣는 음악에서부터 우리가 읽는 뉴스, 우리가 보는 스포츠 하이라이트까지 모든 종류의 서비스가 인간이 아닌 AI에 의해 자동으로 만들어질 것이다. 자동화된 콘텐츠 작성에 대한 자세한 내용은 제6장에서 설명할 것이다.

서비스로서의 AI(AIaaS)

당신은 이러한 기술 중심적인 사례를 읽고, 풍부한 기술력과 자금력이 없는 일반 회사가 어떻게 이런 종류의 AI 서비스를 구현할 수 있는지 궁금할 것이다. 이에 대한 해답은 서비스로서의 AI, 즉 AIaaS에 있다.

아마존, 마이크로소프트(Microsoft), 바이두(Baidu), 구글(Google), IBM, 알리바바(Alibaba) 등 AI 선도기업들은 AI 주도 서비스 성장을 위해 투자하고, 기술을 패키징하고 있다. 소규모 기업들은 사내 데이터 과학자를 고용하거나 값비싼 인프라에 투자하지 않고도, 구글과 같은 회사를 통해 필요한 AI 기술과 능력을 활용하고 비용을 지불할 수 있다. 소규모 기업들은 데이터가 있다면 아마존이나 IBM과 같은 AI 서비스 제공업체를 이용해 해당 데이터를 조회해 제품과 서비스를 보다 지능적으로 만들 수 있다. 이전에는 막대한 예산을 가진 기술 회사들에만 가능했지만, 현재는 소규모 기업들도 진보된 AI 기술의 혜택을 받을 수 있게 되었다. 제3부에서 AIaaS와 AI 구현 방법에 대해 자세히 설명할 것이다.

그 밖의 인텔리전트 서비스 활용

이제 기술 세계 밖의 사례를 살펴볼 것이다. 여기서는 AI가 다양한 업종에서 고객에게 보다 지능적인 서비스를 제공하는 데 얼마나 많은 도움을 주고 있는지를 살펴볼 것이다.

지능형 보험

사실 보험은 서비스와 상품 모두의 성격을 가지고 있지만, 나는 보험을 서비스 부문에 포함시키고 싶다. 왜냐하면 미래의 가장 성공적인 보험사들은 고객들에게 의미 있고 부가가치를 제공하는 서비스 관계를 발전시킬 수 있게 될 것이라고 믿기 때문이다. 보험은 사람들이 구입하는 거래 상품에서 벗어나 고객을 지원하고 진정으로 그들의 삶을 보다 편안하고 건강하게 해주는 서비스로 전환될 것이다.

건강보험 사업자인 바이탈리티 헬스(Vitality Health)는 이미 이런 변화를 만들어 고객들과 더 깊은 관계를 발전시키고 있는 기업이다. 전통적인 건강보험 제공자들은 고객의 질병에 대한 보험료를 지불받는 것에 반해, 바이탈리티 헬스는 고객의 건강을 위해 보험료를 지불받는다. 그 회사는 데이터와 AI를 이용하여 고객의 건강한 행동을 추적하고 보상한다. 이 아이디어는 고객이 부가가치 서비스(물론 더 건강한 삶)에서 이익을 얻는 동시에 보험회사는 낮은 의료비에서 이익을 얻는 공유가치 시스템을 만든다.

바이탈리티 헬스는 새로운 회원의 기본 건강, 라이프스타일 정보, 흡연, 음수, 키, 혈압 등을 평가하는 것으로 시작되며, 이러한 정보는 고객의 바이탈리티 연령(vitality age)을 결정하는 데 이용된다(재조사 대상자의 79%가 생물학적 연령보다 바이탈리티 연령이 높은 나타났다.).[06] 그리고서 바이탈리티 헬스는 이른바 각각 회원을 위한 퍼스널 패스웨이(Personal Pathway)라고 불리는 건강 개선 프로그램을 만들었다. 고객들이 보다 근본적으로 건강을 개선함으로써 바이탈리티 연령을 개선하고, 이를 통해 할인된 서비스로 보상하는 계획을 만들었다. 이 과정을 지원하기 위해 바이탈리티 헬스는 애플워치와 같은 웨어러블 기술을 이용해 데이터를 수집하고, 체육관과 소매업체 등 파트너 기업으로부터 데이터를 수집한다. 예를 들면, 회원들은 매일 얼마나 많은 단계를 밟았는지 또는 얼마나 건강한 음식을 선택했는지를 통해 점수(point)를 산출하며, 이러한 점수들은 보다 건강한 라이프스타일을 지원하도록 서비스 이용료 할인으로 보상을 제공한다. 고객들의 생활습관이 건강할수록 보험료 할인에 대한 보상은 커진다. 바이탈리티 헬스 관점에서 수집된 데이터를 보다 정확하게 가격 정책에 이용할 수 있고, 회원들이 그들의 개인 프로그램에 얼마나 관여하고 있는지에 따라 보험료를 조정할 수 있다.

이와 같은 사례는 어떻게 기술이 보험회사들에게 보다 개인화된 서비스를 제공하고, 보험회사들이 고객을 보다 잘 이해하며, 고객들에게 보다 개선된 가격 정책을 제공하고, 비용을 낮추고, 고객의 문제를 해결할 수 있는 흥미로운 기회를 제공하는지를 보여준다. 또 다른 사례로 릭봇(LeakBot) 사례가 있다. 릭봇은 숨겨진 작은 누수가 대규모 누수로 확산되어 비용이 많이 드는 큰 문제로 바뀌기 전에 이를 식별할 수 있는 소형 클립식 누출 감지기이다.[07] 릭봇을 이용함으로써 고객과 보험회사는 많은 번거로움을 피하고, 비용을 절약할 수 있게 되었다. 이 장치는 작고 상대적으로 저렴하기 때문에 보험회사는 고객에게 무상으로 릭봇을 쉽게 공급할 수 있고, 비싼 누수 피해 청구를 막는 혜택을 누릴 수 있었다.

이것이 바로 내가 보험회사들에게 원하는 기술 활용 사례이다. 나는 보험회사들이 기술 활용을 통해 가치를 더하고, 보다 적극적으로 대처하고, 문제가 발생하기 전에 해결하고, 비용을 절약하기를 원한다. 미래에는 기술 기반의 부가가치 보험이 우리가 기대할 수 있는 표준이 될 것이다.

지능형 금융 서비스

금융 서비스는 내가 많은 컨설팅 경험을 가지고 있는 산업 분야이다. 금융산업 분야 중 특히 개인뱅킹 분야는 보다 지능적인 서비스가 도입된 분야이다. 주목할 만한 몇몇 선도 대형은행들은 다른 금융 기업들이 AI 기반 뱅킹 서비스로 이동하는 것을 눈치채지 못한 채, 직접적으로 은행 경쟁자들이 하고 있는 일에만 초점을 맞추고 있다.

사실은 요즘 사람들은 그들이 거래하는 은행으로부터 보다 많은 금융 서비스를 제공받기를 원한다. 즉 고객들은 보다 개인화된 금융 서비스를 원한다. 이는 전통적으로 높은 순자산을 갖고 있는 고객만을 위한 영역이다. AI는 이러한 종류의 다양한 개인화된 금융 서비스 제공을 가능하게 하며, 고객들의 금융자산을 보다 잘 관리하고, 고객의 금융 목표를 달성하도록 통찰력을 제공한다. 만약 전통적인 은행들이 개인화된 금융 서비스를 이행하지 못한다면 고객들은 다른 은행을 찾게 될 것이다.

실제로 일부 은행들은 이미 소프트웨어 기술을 이용해 고객들의 금융자산을 관리하고 목표를 달성하도록 돕고 있다. 클레오(Cleo), 플럼(Plum) 같은 챗봇 기반의 금융 서비스는 고객들의 금융 지출 습관을 분석하고, 얼마나 절약할 수 있는지 파악하고, 심지어 고객의 특정 금융계좌에 별도의 기금을 조성하도록 송금해서 미래에 대비할 수 있게 해준다.

이러한 금융 서비스 앱에 대한 소비자 회의론은 여전히 존재한다(은행의 금융계좌 로그인 정보를 다른 사람들과 공유하는 것을 경계하지 않는 사람이 어디에 있겠는가?). 하지만 이러한 금융 서비스가 규제 완화에 따라 신뢰할 수 있는 주류 서비스로 자리 잡는 것은 시간 문제일 뿐이다. 이미 이러한 금융 서비스 앱들이 시장에 출시되었고 영국의 금융당국에 의해 규제되고 있다.

AI를 활용하는 전통적인 은행인 캐나다 왕립은행(Royal Bank of Canada)은 고객을 위해 보다 미래 지향적인 금융 서비스를 제공하고 있다. 이 은행의 뱅킹 앱은 AI를 활용해 소비 습관을 자동으로 분석하고 분류하며, '쇼핑', '식사', '교통' 등 지출 분야별로 월별 맞춤형 예산 계획을 추천해 주며, 금융 서비스 이용자가 예산 범위 내에서 지출할 수 있도록 안내하고 있다.

지능형 유지관리

제4장에서는 엘리베이터와 에스컬레이터 회사인 코네(KONE)가 어떻게 기계가 작동하는지 모니터링하고 리프트 정비를 보다 잘 관리하기 위해 전 세계 100만 개가 넘는 리프트에 센서를 구축한 과정을 설명했다. 이들 센서로부터 수집된 실시간 데이터에는 케이블에 흐르는 가속도, 온도, 소음 수준 및 진동까지 모든 것을 포함하고 있다. 이 모든 데이터는 AI 분석과 결합해 코네의 고객에게 보다 개선된 유지보수 서비스를 제공하는 데 도움을 제공한다(제6장에서 예측적 유지보수 개념을 보다 자세히 설명한다.). 이는 핀란드 기업들에게는 완전히 새로운 비즈니스 기회로 이어졌다.

2017년, 코네는 일주일 내내 24시간 커넥티드 서비스를 제공한다는 명분으로 전 세계에 있는 엘리베이터와 리프트 운영자들에게 데이터 패키징과 서비스를 제공하겠다고 발표했다.[08]

지능형 수송 서비스

제4장에서 어떻게 자동차가 제품으로서 지능화되고 자동화되고 있는지를 설명하였다. 이 단원에서는 '서비스로서 운송(TaaS: Transport as a Service)의 개념에 대해 설명하였다.

사람들이 자동차를 이용하는 방식이 근본적으로 변화하고 있다. 예전에 사람들은 큰 투자를 통해 자동차를 구입하였고, 새 자동차를 다시 구매해야 할 때까지 기존 자동차를 유지하였다. 그런 의미에서 자동차는 세탁기와 약간 비슷한 자산 개념이었다. 점진적으로 사람들이 자동차를 이용하는 방식에서 자동차 리스 모델이 보편화되었다. 예를 들면, 자동차 리스 고객들은 2년 동안 매달 일정 금액을 지불하고, 그 기간이 끝나면 새로운 계약을 체결하고, 새 자동차를 구입하였다. 이제는 이러한 자동차 리스 모델조차도 구식처럼 보이기 시작했다. 많은 사람들은 대중교통을 이용해 출근한다. 만약 사람들이 도시에서 자동차를 가지고 있다면 그들은 여가시간에만 자동차를 이용할 것이다. 사람들은 절반 이상 유휴시간상태인 자동차에 매달 비용을 지불하는 것을 생각하면, 자동차 리스는 미친 짓이라고 여길 것이다. 점점 더 많은 사람들이 자동차를 전 시간 '소유'하는 번거로움에서 탈피하고, 비용 없이 필요할 때 어느 곳에서나 자동차 이용을 희망한다. 이러한 욕구는 AI 서비스를 통해 충족할 수 있게 되었다. 물론 전통적인 택시회사들은 언제든 고객들을 태우기 위해 노력하고 있다. 하지만 우버(Uber)나 디디추싱(Didi Chuxing)과 같은 회사들은 고객들이 어디에 있는지 파악하고, 전체 결제과정을 자동화하며, 운전자와 승객들을 위한 평가 시스템 구현으로 차량운행 서비스를 혁신적으로 발전시켰다. 현재 그들은 고도로 개선된 지능형 차량운행 서비스를 제공하고 있다.

디디추싱은 사실 세계 최대의 승차공유업체이다. 절대적으로 AI에 의존하고 있는 디디추싱은 AI 기술을 흥미로운 방법으로 이용하여 고도화된 승차공유 서비스를 제공하고 있다. 예를 들면, 디디추싱은 AI를 활용해 교통체증을 해결하고 보다 효율적인 노선을 계획하며, 안면인식 기술을 활용해 운전자와 승객의 신원을 확인하고, 고객이 건물(대형 기차역 등)을 통해 길을 찾을 수 있도록 도와주는 앱 기반 증강현실(증강현실은 제2장을 참조) 내비게이션 기능을 차량에 탑재해 서비스를 제공하고 있다. 더불어 디디추싱은 승객 두 명의 살인 사건 이후 높은 관심을 받은 후, 중국에서 발생한 안전 역풍에 대응하여 생체인식 ID 테스트와 경찰과 직접 연결되는 앱 내 SOS 버튼 등 새로운 첨단 보안 기능을 구현해 서비스를 제공하고 있다.

내가 제5장에서 기술 스타트업 디디추싱을 언급하는 이유는 디디추싱이 닛산과 전기차 승차 공유 서비스를 만들기 위해 협의 중이기 때문이다. 이는 전통적인 자동차 제조회사들조차 TaaS(Transport-as-a-Service)에 어떻게 뛰어들고 싶어 하는지를 보여주는 사례이다.[09] 마찬가지로 폭스바겐(Volkswagen)은 자체적인 TaaS를 개발하는 방안을 모색하고 있다.[10] 도요타는 2016년 자동차 대여 앱 겟어라운드(Getaround)(에어비앤비와 유사하지만 자동차 회사)에 투자했다.[11] 자동차 제조사들은 비즈니스 다각화, 새로운 수익원 추가, 변화하는 시장 기대치에 부응하기 위해 새로운 AI 기술 도입을 모색하고 있다.

지능형 패션과 소매업

스타일리스트와 AI의 역량을 결합한 스티치 픽스(Stitch Fix)는 패션산업에서 AI를 활용해 스마트하고 개인화된 서비스를 제공하는 좋은 사례이다. 이 회사는 우리 대부분이 옷을 사는 과정에서 발생하는 불편한 요인들을 없애려고 한다. 예를 들면, 스티치 픽스는 사람들이 붐비는 쇼핑센터를 돌아다니는 번거로움을 줄여주고, 옷을 갈아입는 공간에서 대기하는 문제를 줄이고, 아주 잘 어울리는 아이템을 쉽게 발견하게 도와주고, 자신이 고른 옷을 집 현관 앞까지 배달하는 서비스를 제공한다.

어떻게 이러한 서비스가 가능한 것일까? 이용자는 핀터레스트(Pinterest) 계정을 통해 설문지에 자신의 사이즈, 선호 스타일, 라이프스타일에 대한 상세한 정보를 제공한다. 그러면 AI는 고객에 적합한 옷을 미리 골라주고, 개인 스타일리스트는 AI가 미리 선택한 리스트에서 가장 좋은 옵션을 선택한다. 그리고 당신에게 딱 맞는 옷들이 매달 당신의 집 문앞에 도착한다. 상품이 싫거나 필요 없는 경우 그냥 반납하면 AI 시스템이 당신이 원하고 원하지 않는 것을 학습을 통해 보다 많이 인지하게 된다.[12] 더불어 스티치 픽스는 300만 명의 활동적인 이용자들로부터 수집한 데이터를 이용하여 12개 회사는 고객의 패션 선호에 대해 알고 있는 것을 바탕으로 그들만의 스타일을 디자인하고 있다.[13]

스티치 픽스가 더 스마트한 쇼핑에 대한 소비자의 욕구를 자극한 것은 분명하다. 당신은 토요일 오후를 백화점에서 보낼 필요가 없이 AI를 이용하면 보다 편리할 것이다. 당연히 아마존과 트렁크 클럽(Trunk Club)과 같은 회사들이 AI를 활용해 이와 같은 시장에 뛰어들고 있다.

지능형 팬 참여

포뮬라 E(Formula E)는 AI를 활용해 팬들과 교감하는 데 앞장서고 있다. 2019년 포뮬러 E는 증강현실 기술 덕분에 팬들이 실시간으로 레이스에 참여할 수 있는 새로운 '유령 레이싱(ghost racing)' 모바일 비디오 게임을 출시했다(제2장 참조).

바꾸어 말하면 당신은 스마트폰을 통해 실시간으로 레이스에 참여할 수 있고, 실제 레이싱 드라이버 사이에서 가상 레이싱을 할 수 있다. 이 게임은 경주에서 실제 자동차의 정확한 속도, 위치, 움직임을 모방한다. 즉 집에서 함께 경기하는 팬들이 알고리즘이나 다른 선수들과 경쟁하는 것이 아니라, 그 순간 트랙을 달리는 실제 경주용 드라이버들과 경쟁하고 있다는 것을 의미한다.[14] 만약 당신이 자동차 경주를 좋아한다면 당신은 그 게임을 한번 시도해 보아야 한다. 그것은 믿을 수 없을 정도로 영리하고 완전하며 팬과 레이싱의 연결을 심화시키는 몰입 방법을 제공한다. 대부분의 스포츠 단체와 팀들이 미래에 유사한 참여 도구를 개발하는 것은 당연한 일이 될 것이다.

사실 증강현실 기반의 참여는 스포츠뿐만 아니라 더 많은 산업에도 적용될 수 있는 아이디어이다. 예를 들면, 차를 타고 시험 운전을 하고 있다고 하자. 그리고 새로운 전용 체육관에서 시설 점검 중이라고 하자. 정치 집회에 정치인과 함께 무대에 선다고 하자. 증강현실 기술은 팬, 고객, 클라이언트, 브랜드 옹호자 등을 끌어들일 가능성이 무궁무진하다.

증강현실 기반 참여를 이용한 자동차 경주는 흥미로울 것이다. 만약 나에게 증강현실 기반 스포츠 경기에 참여하라면 나는 윔블던 테니스 대회에 참여하고 싶다. 나는 운 좋겠도 이 장을 쓰는 동안 2019년 대회에 출전할 수 있는 특권을 얻었다. 그러나 운이 좋지 않은 사람들을 위해 IBM 왓슨(Watson) AI 엔진은 팬들이 플레이어의 액션을 놓치지 않도록 도와줄 것이다. IBM 왓슨은 선수들의 몸짓과 관중들의 반응 등 경기 장면을 실시간으로 분석해 완벽한 경기 하이라이트를 자동으로 편집한다. 그리고 이 시스템은 수많은 코트를 가로지르는 수천 시간 분량의 영상을 팬들을 위해 하이라이트로 만들어 제공한다.[15]

지능형 헬스케어

이 책에 제시된 사례들을 보면, 헬스케어산업이 AI 기술로 인해 긍정적으로 변화되고 있는 것이 분명하다. 내 희망은 AI가 헬스케어 서비스를 필요로 하는 모든 사람들이 보편적으로 저렴하고 쉽게 이용할 수 있도록 하는 데 도움이 되는 것이다.

바빌론 헬스(Babylon Health)는 새로운 의료 서비스의 방향을 제시하고 있다. 바빌론 헬스에서 개발한 AI 기반 의료 서비스 도구는 일반의사들의 최종 자격시험인 왕립실무대학 GP(Royal College of General Practice) 시험에서 81%의 인상적인 점수를 받았다. 이 결과는 AI의 진단능력이 일반의사들과 동등한 수준인 것을 알려준다[16](혹시 당신이 궁금할 수 있는데 GP 시험의 평균 합격점수는 72%이다.). 바빌론 헬스의 설립자이자 최고 경영자인 알리 파사(Ali Parsa)는 '디지털 건강 뉴스(*Digital Health News*)'와의 인터뷰에서 AI가 사람들의 건강상태 진단을 위해 의료지식을 얼마나 빠르게 학습했는지에 대해 놀랐다고 말했다. 앞으로 이 회사는 환자가 얼마나 고통을 받고 있는지 또는 환자의 증상이 진짜인지 가짜인지 여부 등을 파악하는 데 안면인식 기술과 음성분석 기술을 통합해서 활용하는 방안을 검토하고 있다. 이 회사는 이미 텐센트(Tencent)와 삼성(Samsung)과 같은 회사들과 의료기술 활용을 위한 계약을 체결했다.

저렴한 의료 서비스가 대중에게 제공되지 못하는 세계 일부 지역에서 이러한 AI 의료 서비스는 의료 격차를 해소하고 환자들이 진단을 받고 앞으로 건강 개선을 할 수 있도록 도움을 줄 것이다. 삼성과 같은 기업들의 지원으로 AI 주도형 헬스케어는 주류 의료 서비스가 될 가능성이 있다.

지능형 교육

학부모와 학교 운영자로서 교육은 내가 분명히 열정을 갖고 있는 분야이다. 고등학교에서부터 대학, 직장 연수에 이르기까지 우리 삶의 모든 단계에서 학습을 향상시키는 데 AI가 어떻게 활용되고 있는지 살펴보는 것은 흥미로운 일이다.

오늘날 학습은 평생경험 개념으로 빠르게 진화하고 있다. 학습의 영역이 고등학교, 대학교로 한정되는 시대는 지났다. 오늘날 대부분의 사람들은 평생 동안 학습을 지속한다. 요즘에는 대부분의 사람들이 평생직장 개념을 가지고 있지 않다. 따라서 우리는 끊임없이 지식을 향상시키고, 확장하고, 보다 많은 책임감을 가져야 하고, 변화하는 시장과 업무 환경에 적응해야 할 것이다.

보다 지능적인 교육을 제공하는 것의 일부는 평생학습에 대한 아이디어를 촉진한다. 즉 개인화된 학습 솔루션을 통해 사람들이 필요할 때 언제 어디서나 자신에게 효과가 있는 방식으로 사람들이 쉽게 배울 수 있도록 한다. 무크(MOOC: Massive Open Online Courses)의 확산은 아마도 이것의 가장 잘 알려진 실제 사례일 것이다. 직장에서는 네텍스(Netex)가 제공하는 것과 같은 개인 맞춤형 온라인 학습 솔루션을 통해 고용주들이 직원들을 위한 맞춤형 과정을 설계할 수 있게 되어 직원들이 자신에게 맞는 방식으로 새로운 기술을 습득할 수 있도록 돕는다. 오늘날 이용 가능한 유연하고 적응적인 학습 솔루션에는 증강현실(AR)과 가상현실(VR)과 같은 혁신적인 기술과 게임 기능 등이 다수 포함되어 있다.

예를 들면, 직장 밖에서 많은 사람들은 제2외국어를 배우는 등 평생학습에 열정을 가지고 있다. 사람들의 학습 열정을 잘 달성하도록 개발된 지능형 교육 서비스도 다수 존재한다. 듀오링고(Duolingo) 어학 앱은 AI가 평생학습을 지원하는 혁신적인 도구 중 하나이다. 2011년 출범한 듀오링고는 세계에서 가장 큰 언어 학습 플랫폼으로 성장했고, 가장 인기 있는 교육 앱으로 자리매김하고 있다.[17] AI는 듀오링고에서 핵심 기능을 제공한다. 예를 들면, AI는 새로운 어학 학습자가 어학 학습 내용에 압도당하지 않도록 어학 수준을 파악하고 배치하는 데 이용되며, 이용자가 어학 앱을 계속 이용할 수 있도록 동기를 부여하고 흥미를 느끼도록 한다. 배치 테스트는 적응적이고 반응적으로 이루어진다. 즉 어학 앱 이용자가 시험 문제에 어떻게 응답하는지에 따라 질문의 난이도를 자동으로 조정한다.

지능형 교육 솔루션의 또 다른 특징은 개별 학습자들에게 전통적인 교실 수업을 보완하고, 적합한 콘텐츠를 제공하며, 학습자 개인의 학습 진도 상황을 상세히 통제하는 기능을 제공하고, 보다 개인화된 학습 환경을 제공하고, 정규교육 대상자(학령 아동이든 대학생이든)를 대상으로 평생학습을 도와준다. 스마트 콘텐트(Smart content)는 교과서와 같은 전통적인 콘텐트를 퀴즈 크램101(Cram101)과 같은 역동적인 도구를 이용해 학습자들이 보다 잘 이해할 수 있도록 교육 내용을 변형한 좋은 사례이다. 따라서 개별 학습자들은 그들의 학습 스타일과 선호도에 따라 맞춤화된 지능적인 학습 플랫폼에서 학습할 수 있게 되었다. 예를 들면, 카네기러닝(Carnegie Learning)에서 개발한 미카 소프트웨어(Mika software)는 AI를 활용해 개인 맞춤형 학습과 피드백을 제공한다.

지능형 중매

제4장과 제5장의 사례에서 설명한 것처럼 AI는 이제 우리 삶의 거의 모든 측면에서 이용되고, 사랑을 찾는 분야에서도 활용되고 있다. 온라인 데이트 서비스와 앱을 통해 기계들은 당신이 매력적이라고 생각하는 것에 대한 이미지를 만들고 그 이해를 바탕으로 사람을 추천한다. 그들은 당신에게 맞지 않는 사람을 가려낸다. 다시 말해서 당신이 이론적으로 비참한 데이트를 할 가능성을 줄여

준다. 이것은 지금까지 매치닷컴(Match.com)에서 만난 사람들이 커플을 맺고 100만 명 이상의 아기를 낳았다는 놀라운 결과를 가져왔다.[18]

기술은 주어진 정보만큼 훌륭하다. 그러나 문제는 우리는 우리가 무엇을 찾고 있는지, 우리에게 무엇이 좋은지 모른다는 것이다. 일부러 온라인 데이트 서비스의 개인 프로필에 거짓말을 하는 부도덕한 사람들이 많다는 사실은 말할 것도 없다.

오늘날 AI 기반 데이팅 앱은 이러한 가짜 프로필 문제점을 극복하고, AI를 이용한 보다 지능적인 온라인 데이트 서비스를 새롭게 제공하고 있다. AI를 이용하는 데이팅 앱은 이용자의 말보다는 행동에 따라 매칭할 수 있는 능력을 갖추었다. 러브플루터(Loveflutter)는 AI를 이용해 트위터로부터 정보를 수집해 이용자의 개선을 학습한 후에 이를 토대로 매칭 서비스를 제공하는 앱이다. 마찬가지로 음성인식 데이트 앱인 AIMM은 사람(데이트 상대)을 추천하기 일주일 전에 이용자에게 다양한 질문을 함으로써 이용자가 어떤 사람인지를 파악한다. 예를 들면, 그 앱(AIMM)은 완벽한 데이트를 가능하도록 매칭하기 위해 재미있는 이야기를 들려주기도 하고, 이용자의 음성을 들려주기도 한다. 그리고 그 앱(AIMM)은 데이팅 서비스를 이용하는 양쪽 이용자들의 대화하는 내용이 행복하다고 판단되면, 음성 통화를 연결해 준다.

또한 AI는 프로필과 사진이 거짓인 사람들을 발견하는 데 도움을 주고 있다. 탄탄(Tantan)(중국판 틴더, Tinder)은 이용자가 프로필 사진을 지나치게 많이 수정하였을 때, AI를 이용하여 알아낸다.[19] 또한 AI는 사람들을 속여 현금을 뜯어내는 데이트 사기꾼을 판별하는 데 이용되고 있다. 예를 들면, 영국인들은 2018년 데이트 사기꾼에게 5천만 파운드를 사기당했다고 한다. 한 신경망 모델은 93%의 정확도로 사기꾼을 찾아낼 수 있다고 한다.[20]

핵심사항

이 장에서는 다음의 내용을 설명하였다.

- 미래의 가장 성공적인 서비스 제공자는 데이터와 AI를 활용하여 고객에게 보다 사려 깊고 지능적이며 개인화된 서비스를 제공할 수 있는 업체일 것이다. 만약 당신이 서비스 제공물을 향상시키기 위한 수단으로 AI를 무시한다면 당신은 심각하게 뒤처질 위험에 처하게 될 것이다.
- AI는 고객을 이해할 수 있는 놀라운 기회를 제공한다. 예를 들면, 고객이 좋아하는 것, 싫어하는 것, 고객들이 실제로 하는 일, 어떻게 고객들이 서비스에 참여하는지, 고객들이 보다 깊이 있고 보다 오랜 시간 동안 서비스에 참여하게 할 가능성이 높은지 등을 알 수 있게 해줄 것이다.
- AI 기반 서비스는 더 이상 빅테크 기업의 전유물이 아니다.

AIaaS 덕분에 어떤 기업이라도 AI의 혜택을 받아 고객에게 보다 지능적인 서비스를 제공할 수 있게 되었다.

AI가 보다 강화된 서비스를 제공하기 위해 당신은 비즈니스 운영의 일부를 개선하고, 자동화하고, 정비할 필요가 있다. 다음 제6장에서는 기업들이 내부 비즈니스 프로세스를 개선하기 위해 AI를 이용하는 방법에 대한 몇 가지 사례를 설명할 것이다.

참고
자료

01 MacKensey, S. et al(2013) How retailers can keep up with consumers, McKinsey, https://www.mckinsey.com/industries/retail/our-insights/how-retailers-can-keep-up-with-consumers(archived at https://perma.cc/X8GY-MY4Q)

02 Business Today(2019) TikTok overtakes Facebook as most downloaded app, https://www.businesstoday.in/latest/trends/tiktok-most-downloaded-app/story/346435.html(archived at https://perma.cc/N8ZT-4MAY)

03 Byford, S.(2018) TikTok owner ByteDance is now the world's most valuable startup, *The Verge*, https://www.theverge.com/2018/10/26/18026250/bytedance-china-tiktok-valuation-highest-toutiao(archived at https://perma.cc/L3M7-2F89)

04 Yu, A.(2019) How Netflix uses AI, data science, and machine learning – from a product perspective, Medium, https://becominghuman.ai/how-netflix-uses-ai-and-machine-learning-a087614630fe(archived at https://perma.cc/QW52-FJ2S)

05 Marr, B.(2017) The amazing ways Spotify uses Big Data, AI and machine learning to drive business success, Forbes, https://www.forbes.com/sites/bernardmarr/2017/10/30/the-amazing-ways-spotify-uses-big-data-ai-and-machine-learning-to-drive-business-success/#72ef64ee4bd2(archived at https://perma.cc/F7YR-K5CN)

06 EIO(2018) Vitality: A data-driven approach to better health, *Digital Initiative*, https://digital.hbs.edu/platform-digit/submission/vitality-a-data-driven-approach-to-better-health/(archived at https://perma.cc/5XEP-TGQW)

07 LeakBot, https://leakbot.io/(archived at https://perma.cc/WDC7-4CFK)

08 Marr, B.(2017) Internet of Things and machine learning: ever wondered

what machines are saying to each other? *Forbes*, https://www.forbes.com/sites/bernardmarr/2017/02/21/how-ai-and-real-time-machine-data-helps-kone-move-millions-of-people-a-day/#91ed4b45f973 (archived at https://perma.cc/9MRE-DUWQ)

09 Hanley, S.(2019) Didi Chuxing proposes joint venture with Nissan & Dongfeng, seeks capital injection from SoftBank, *Clean Technica*, https://cleantechnica.com/2019/07/02/didi-chuxing-proposes-joint-venture-with-nissan-dongfeng-seeks-capital-injection-from-softbank/(archived at https://perma.cc/V4YJ-U7C8)

10 #2 Platform Business Model - Mobility As A Service, https://platformbusinessmodel.com/2-platform-business-news-mobility-service/(archived at https://perma.cc/K4VV-ZYH7)

11 Etherington, D.(2016) Toyota partners with Getaround on car-sharing, *Tech Crunch*, https://techcrunch.com/2016/10/31/toyota-partners-with-getaround-on-car-sharing/(archived at https://perma.cc/5HT5-97GY)

12 Rocco, M.(2019) Stitch Fix surges on user growth and rosier sales figures, *Financial Times*, https://www.ft.com/content/07bb3f6a-4441-11e9-a965-23d669740bfb(archived at https://perma.cc/TJ8P-XE37)

13 Marr, B.(2018) Stitch Fix: the amazing use case of using artificial intelligence in fashion retail, *Forbes*, https://www.forbes.com/sites/bernardmarr/2018/05/25/stitch-fix-the-amazing-use-case-of-using-artificial-intelligence-in-fashion-retail/#5823c3d3292b(archived at https://perma.cc/PL75-5PJQ)

14 McCaskill, S.(2019) Formula E lets fans race drivers in real time with new mobile game, *Forbes*, https://www.forbes.com/sites/stevemccaskill/2019/04/30/formula-e-lets-fans-race-drivers-in-real-time-with-new-mobile-game/#a4320c6301ba(archived at https://perma.cc/6PM6-Z9BT)

15 IBM(nd) AI highlights with IBM Watson, https://www.ibm.com/marketing/uk-en/wimbledon/?cm_mmc=OSocial_Socialhub-_-Hybrid+Cloud_IBM+Cloud-_-IUK_IUK-_-OSocial+Wimbledon+Influencer+Drive+to+Ip+BM&cm_mmca1=000036XS&cm_mmca2=10011297(archived at https://

perma.cc/6ZXY-NJT5)

16 Hughes, O.(2018) Babylon Health says AI abilities 'on par with human doctors', *Digital Health*, https://www.digitalhealth.net/2018/07/babylon-ai-abilities-on-par-human-doctors/(archived at https://perma.cc/Z57W-9RK8)

17 Gagliordi, N.(2019) How Duolingo uses AI to disrupt the language learning market, *ZDNet*, https://www.zdnet.com/article/how-duolingo-uses-ai-to-disrupt-the-language-learning-market/(archived at https://perma.cc/G5HX-XBYA)

18 Ghafourifar, A.(2017) How AI can help you find a date, *Venture Beat*, https://venturebeat.com/2017/01/11/how-ai-can-help-you-find-a-date/(archived at https://perma.cc/B7PQ-XJNV)

19 China's Tinder embraces AI as it eyes growth from the country's singles; *South China Morning Post*, https://www.scmp.com/tech/china-tech/article/2154856/chinas-tinder-embraces-ai-it-eyes-growth-countrys-singles(archived at https://perma.cc/U3AP-RNW2)

20 Tao, L. and Deng, I.(2018) Dating app scammers spotted by AI, *BBC News*, https://www.bbc.co.uk/news/technology-48472811(archived at https://perma.cc/E5L5-6FEY)

CHAPTER 06

비즈니스 운영과 프로세스 개선을 위한 AI의 이용

당신은 다른 많은 기업들과 마찬가지로 비즈니스를 보다 효율적으로 만들고, 지속적으로 성장하기 위한 대안을 찾을 것이고, 더불어 변화하는 시장의 요구사항을 충족하기 위해 변화를 추진할 것이고, 비즈니스 성장과 성공을 탐색하게 될 것이다. AI는 조직들이 이러한 목표를 달성하고 그 이상의 성과를 창출하는 것을 도울 것이다.

제6장에서는 다양한 비즈니스에서 이미 AI를 활용해 보다 지능적인 비즈니스 프로세스를 구현한 실질적인 사례를 소개할 것이다. 다양한 사례에서 지능형 비즈니스 프로세스 구현 사례가 나타나고 있다. 예를 들면, 사기 적발에서부터 직원 채용에 이르기까지 다양한 부분에서 비즈니스 프로세스 자동화가 증가하고 있다. 제6장에서 설명하겠지만 자동화가 노동자의 중복 업무를 줄이기 위해 많은 로봇 집단에 대한 투자를 의미하지는 않는다. 사실 AI가 강화된 비즈니스 운영은 사람과 기계 사이에서 최고의 성과를 얻기 위해 업무흐름 구조를 강화하기 위해 AI를 이용하거나 또는 직원의 업무를 증강하기 위해 AI를 이용한다는 것을 의미한다.

제4장과 제5장에서 설명한 것처럼 비즈니스 프로세스 개선 필요성은 보다 지능적인 제품과 서비스 제공을 지향하는 회사에서 나타난다. 이러한 조직은 보다 경쟁력을 확보하게 될 것이다. 당신 회사가 변화하려는 근본적인 이유가 무엇이든, 나는 제6장에서 당신에게 도움이 되도록 AI를 통해 비즈니스 프로세스를 개선하는 방법을 설명할 것이다.

비즈니스 운영과 프로세스에 AI를 적용하는 이유

AI는 비즈니스 프로세스 개선을 통해 다음과 같은 성과를 제공한다.

- 비용 절감
- 핵심 비즈니스 활동의 자동화 및 능률화
- 일상적이고 반복적인 활동이 아닌 비즈니스 성공을 이끄는 보다 창의적인 활동에 집중할 수 있도록 직원에게 자율권 부여
- 고객만족도 향상
- 수익과 매출 증대를 주도

조직 전체에 걸쳐 다양한 방식으로 AI를 이용해 잠재적인 성과를 창출한 회사를 살펴보자. 당신은 내가 구글, 아마존 등 빅테크 기업의 사례를 설명할 것을 기대하겠지만, 나는 펩시(Pepsi), 게토레이(Gatorade), 립톤(Lipton) 브랜드를 가지고 있는 펩시코

(PepsiCo)의 비즈니스 사례를 설명할 것이다. 이 회사는 식품과 음료를 제조하는 기업이다. 이 회사는 AI, 데이터, 애널리틱스 등을 활용해 비즈니스 전반에서 성과를 개선한 대표적인 기업이다.

예를 들면, 펩시코 자회사 프리토레이(Frito-Lay)는 감자칩 제조공정을 강화하기 위해 기계학습을 이용하였다. 프리토레이는 감자칩에 레이저를 효과적으로 발사하고 발생하는 소리를 듣는 방식으로 감자칩의 품질관리 프로세스를 자동화하는 프로젝트를 하였다. 이 프로젝트에서 AI 알고리즘은 발생하는 소리를 분석해 감자칩의 질감과 품질을 파악하였다. 또한 이 회사는 기계학습과 머신비전을 이용하여 가공되고 있는 감자의 무게를 예측할 수 있는 시스템을 개발하였다. 이 회사는 이 시스템을 통해 한 라인당 감자칩의 무게를 측정하는 데 발생하던 비용 중 30만 달러의 비용을 절감할 수 있게 되었다. 이 회사는 미국에만 35개 제조라인이 있는데, 여기에서 상당한 비용을 절약할 수 있게 되었다.[01]

또 다른 비용 절감 프로젝트는 미국에서 연간 약 100만 달러의 비용을 절약할 것으로 추산되는 감자 껍질을 벗겨내는 과정에서 거친 감자의 '껍질 비율'을 평가하는 것이다. 또한 펩시코는 채용 후보를 선정하는 과정에서 AI를 이용했다. 러시아의 스타트업인 스타포리(Stafory)에서 개발한 로봇 베라(Robot Vera)를 도입해서 영업직 후보자와 전화 면접을 진행하였다. 이 기술을 활용해 러시아에서 공장의 인력 배치가 필요한 250개 자리를 빠르게 채용할 수 있었다. 로봇 베라는 불과 9시간 만에 1,500명의 후보자들을 인터뷰할 수 있는데, 만약 인사담당자가 지원자들을 인터뷰하였다면 9주가 걸렸을 것이다.

또한 펩시코는 인간의 통찰력과 알고리즘을 결합한 자체 사내 기술 플랫폼인 에이다(Ada)를 보유하고 있다. 에이다는 다양한 소스의 데이터를 취합하여 펩시코가 업무처리에서 수집하는 방대한 양의 데이터를 잘 활용할 수 있도록 지원하며, 단지 몇 가지 애플리케이션만 할 수 있는 디자인, 조사, 가격 의사결정을 강화하는데 이용된다.

또한 펩시코는 AI 사회 예측 도구를 이용하여 공개 가능한 소비자 대화를 취합하여 잠재적인 신제품 출시 기회를 파악했다. 게다가 펩시코는 펩 웍스(Pep Worx)라는 분석 플랫폼을 이용하여 소매점들에게 가장 좋은 재고 품목과 그것들을 어디에 진열하고, 어떻게 프로모션할지를 조언하고 있다. 예를 들면, 펩시코는 퀘이커 오버나잇 오츠(Quaker Overnight Oats)를 출시할 때, 시장 공략이 적절하다고 판단되는 2,400만 가구를 파악하기 위해 펩 웍스 분석 플랫폼을 활용하였다. 그 이후 펩시코는 펩 웍스라는 분석 플랫폼을 활용해 주부들이 방문할 가능성이 가장 높은 쇼핑 장소를 파악하고, 그들을 대상으로 해당 쇼핑 장소에서 프로모션을 실시하였다. 펩시코는 펩 웍스라는 분석 플랫폼을 활용한 프로모션으로 퀘이커 오버나잇 오츠 출시 후 첫 12개월 동안 제품의 판매 성장률을 80% 견인할 수 있었다.

펩시코의 폭넓은 AI 활용은 비즈니스에서 AI 문화 발전의 중요성을 우리에게 알려준다. 기업 전체가 AI의 혜택을 확신하고 기대한다면 AI를 성공적으로 도입해서 실질적인 사업적 혜택을 얻을 기회를 얻게 된다. 제8장에서는 AI의 사람과 문화 측면에 대해 자세히 설명할 것이다.

로보틱 프로세스 자동화 시작

모든 산업에서 기업들은 효율성과 효과성을 높이는 동시에 비용을 절감해야 하는 압박을 느끼고 있다. 많은 기업들에게 로보틱 프로세스 자동화(RPA: Robotic Process Automation)는 이 문제에 대한 해결책을 제공한다.

RPA는 현재 기업들로부터 큰 관심을 받고 있고, 도입이 확산되고 있다. 실제로 글로벌 컨설팅 회사인 가트너(Gartner)에 따르면 기업에서의 RPA에 대한 지출은 2022년까지 24억 달러에 이를 것이라고 한다. RPA란 정확히 무엇인가? 간단히 말해서 RPA는 컴퓨터를 이용해 기업의 비즈니스 프로세스의 일부, 특히 직원들이 매일 근무시간에 처리하는 반복적이고 일상적이고 구조화된 작업을 자동으로 처리해 준다. RPA가 일상적인 과정을 처리함으로써 직원들은 보다 가치 있고 창의적인 활동에 집중할 수 있다.

업무처리의 전문성과 예산 측면에서 경쟁력을 가지고 있는 클라우드 기반 RPA 서비스인 RaaS(Robots as a Service)가 급부상하고 있다.

기업들은 값비싼 백엔드(backend) 인프라에 투자하기보다는 클라우드 기반 서비스로 RPA를 쉽게 구축하고, 효과적으로 RPA 로봇을 고용하고, 필요에 따라 운영 수준을 높이거나 낮출 수 있게 되었다. 한 사례로 코발트 로보틱스(Cobalt Robotics)는 경비원을 채용하는 것보다 비용 측면에서 65% 저렴한 RaaS를 통한 보안 플랫폼 서비스를 제공하였다.[02]

코발트 로보틱스는 보안 최적화를 위해 통찰력 확보와 증가된 데이터를 관리하는 다섯 명의 보안팀 직원에게 비용을 지불하는 대신에 원격 로봇을 관리하는 한 직원에게 비용을 지불하게 함으로써 비용을 절감해 주었다.

또 다른 RPA 활용 사례로 금융산업 사례가 있다. 금융산업은 RPA를 초기에 도입해서 업무처리에 이용하였다. 현재 RPA 기술은 다양한 산업에서 디지털 시스템, 데이터 수집, 데이터 추출, 정보 검색, 거래처리 등 다양한 업무처리에 이용하고 있다. 이처럼 RPA 기술은 업무 전반에 걸쳐 인건비를 줄여주었고, 직원들의 업무처리 오류를 줄여주었다. 예를 들면, 대형은행은 연간 150만 건의 업무처리를 위한 13개의 비즈니스 프로세스를 운영하기 위해서 85개의 소프트웨어 봇을 이용하였다. 소프트웨어 봇은 업무처리에 들어가는 약 30%의 비용으로 230명의 정규직 직원의 업무처리 역량을 처리할 수 있는 수준이었다.[03] 더불어 이 대형은행은 소프트웨어 봇을 통해 처음부터 정확하게 업무를 처리할 수 있는 부분을 높일 수 있었다.

실무에서의 RPA 활용 사례는 다음과 같다.

콜 센터 운영 및 고객 문의 많은 고객 요청은 RPA 기술을 통해 지원할 수 있으며, 이는 챗봇 기술과 결합할 때 특히 효과적일 수 있다.

종이 기록을 디지털로 전송 RPA 솔루션은 사람의 실수 없이 문서와 양식을 읽고 새로운 시스템에 데이터를 입력할 수 있다.

보험금 청구서를 입력 및 처리 RPA 도구는 사람보다 더 빨리 그리고 더 적은 오류로 업무를 처리할 수 있다.

헬프 데스크 응답 자동화 간단하고 반복적인 문제에 대해서는 RPA를 이용하여 이용자의 기술적 문제와 질의를 해결함으로써 인적 지원 담당자가 다른 작업에 집중할 수 있도록 할 수 있다.

신용카드 신청 RPA는 오늘날 대부분의 신용카드 신청에 활용되고 있다. 봇은 신용조회를 수행하고 카드 신청서의 수락 여부를 결정하는 것을 포함하여 프로세스의 모든 측면을 쉽게 처리하도록 프로그래밍할 수 있다.

HR 온보딩 RPA는 다양한 반복적인 HR 업무를 수행한다. 예를 들면, 관리자가 신규 채용 메뉴를 선택했을 때 자동화된 봇은 정식 채용 제안서 발급, 불합격 후보자의 신청서 및 이력서 보관, 새로운 IT 계정과 로그인 생성, ID 카드 생성 등의 업무를 대신할 수 있다.

영업 및 마케팅 판매와 마케팅 업무는 종종 복수의 컴퓨터 시스템을 활용하는 반복적인 작업으로 구성되어 있다. 예를 들면, RPA 봇은 새로운 고객 또는 안내 정보를 CRM(Customer Relationship Management) 시스템에 입력하고, 서로 다른 시스템의 데이터 일관성을 점검하며, 지속적으로 경쟁자 조사를 수행하고, 개선된 고객 지위를 얻기 위해 소셜 리스닝(social listening) 업무를 수행할 수 있다. 다시 말하지만 지능형 챗봇과 결합된 RPA 봇은 판매 및 마케팅 업무 환경에서 특히 효과적일 수 있다. 제6장 뒷부분에서는 챗봇에 대해 자세한 설명한다.

그렇다면 RPA는 AI와 같은 것인가?

RPA는 AI와 같을 것 같지만 실제는 그렇지 않다. 자동화가 AI의 핵심 목표인 경우가 많지만 RPA는 약간 다르게 작동한다. 결정적으로 RPA 봇은 작업을 완료하도록 프로그래밍되어야 하는 반면, AI 시스템은 일반적으로 작업을 완료하는 최선의 방법을 스스로 학습하고 결정할 수 있다. 즉 AI 없이 RPA를 구현할 수 있고 RPA 없이 AI를 구현할 수 있다. 그러나 두 기술들은 서로 보완관계를 형성한다. RPA를 기계학습과 같은 AI와 결합하면 RPA 봇이 반복적인 작업을 학습하고 업무를 잘 처리할 수 있는 장점이 있다. 이런 방식으로 많은 기업들에게 RPA는 앞으로 더 발전된 AI를 채택하기 위한 디딤돌이 되는 경우가 많다.

AI가 강화된 비즈니스 기능의 실제 사례

앞서 AI 강화 제품(제4장 참조)과 AI 강화 서비스(제5장 참조)에 나타난 것처럼, 나는 제6장에서 AI를 활용한 기업의 내부 프로세스 개선 사례를 설명할 것이다. 이 장에서 나는 AI를 통해 구현할 수 있는 다양한 산업 전반에서 일반적인 운영 기능을 설명할 것이다. 실제로 일반적인 비즈니스 운영 기능을 모두 설명하는 것은 불가능하다. 그러려면 제6장은 지금보다 10배 분량이 되어야 할 것이다. 따라서 제6장에서 AI의 구현이 특정 부서에 초점을 맞추지 않았고, 전문성이 보이지 않는다고 해서, AI가 해당 분야에 적용되지 않는다는 것을 의미하는 것은 아니다. AI는 다양한 산업에서 다양한 기능으로 운영 또는 프로세스를 자동화하고, 능률화할 수 있는 잠재력이 있다. 이 사례들은 단지 AI를 통한 프로세스 혁신에 대한 기본 내용만을 제공한다.

회의시간 축소

AI 활용은 회의시간을 줄이는 데 놀라운 성과를 제공한다. 미국에서 회사의 직원들은 한 달에 약 62회 정도 회의에 참여한다. 중간관리자는 평균적으로 자신에게 주어진 시간의 35%를 회의에 소비하며, 의사결정자는 회의에 50%의 시간을 소비한다.[04] 조직에서 회의 일정을 짜고 정리하고 메모를 만들고 배포하며 모든 후속 조치를 확인하는 데 걸리는 시간이 많음은 말할 것도 없고, 회의에서도 많은 시간이 소요된다. 당신이 회의와 관련해서 추가적으로 고려할 요인을 생각한다면, 1시간 회의에는 훨씬 더 많은 시간이 소모될 수 있다. 조직에서 회의에 너무 많은 시간을 소모하는 경우 회의는 비생산적인 것으로 간주한다. 전체 회의 중 37%의 회의가 조직에 아무런 가치도 부여하지 않는다는 조사 결과가 있다.[05]

AI가 회의를 아예 없앨 수는 없겠지만 AI는 최소한 특정한 회의를 하기 전, 회의를 한 후 그리고 회의를 하는 동안에 관여하는 관리자 수를 줄일 수 있게 해준다. 보이시아(Voicea)와 같은 음성비서 플랫폼은 회의 내용을 기록하고, 회의의 핵심 내용과 회의에서의 참여자의 행동을 기록하고, 회의 이후에 실행 가능한 요약본을 만들어 공유할 수 있도록 해준다. 마찬가지로 소니아(Sonia) 도구는 비슷한 업무 기능을 제공하고 있다. 이 도구는 클라이언트의 요구사항을 파악하고, 전체 회의 내용을 기록하고, 중요한 결정사항을 자동으로 요약하고, 후속 항목과 행동을 지속적으로 관리하는 기능을 제공하도록 만들어졌다. 소니아는 고객의 요구사항을 파악하기 위해 설계되었다. 이 도구는 컴플라이언스를 위해 고객관계 관리를 자동적으로 수행할 수 있는 기능을 수행한다.

구글 듀플렉스(Google Duplex) 같은 다른 음성비서와 결합하면 AI 지원 도구는 미팅과 관련된 시간을 단축해서 대신 가치창출 활동에 집중할 수 있도록 해준다.

영업 및 마케팅 프로세스 개선

챗봇의 이용은 AI가 주도하는 판매와 마케팅 프로세스 사례로, 회사들이 챗봇을 이용해 수익을 창출하고 잠재고객을 늘릴 수 있었다. 예를 들면, 영국 소매업체 마크 앤 스펜서(Marks & Spencer)는 웹사이트에 가상 디지털 보조 기능을 추가하여 고객이 사람의 개입 없이 할인 코드와 기타 일반적인 문제를 해결할 수 있도록 지원했다. 이 회사는 이 기능을 통해 200만 파운드 상당의 온라인 판매와 관련된 비용을 절약할 수 있었다.[06] 또 다른 예로 영국의 온라인 패션 및 화장품 소매업체 아소스(Asos)는 메신저 챗봇을 이용하여 3배의 고객주문을 처리할 수 있었고, 35% 더 많은 고객들에게 서비스를 제공할 수 있었다.[07]

또한 AI는 시장조사를 보다 지능적이고 비용 효율적으로 만드는 데 이용될 수 있다. 실제로 시장조사자의 80%가 AI가 시장조사에 긍정적인 영향을 미칠 것으로 보고 있다.[08] AI 도구는 거의 실시간으로 고객 통찰력을 제공하고, 믿을 수 없을 정도로 구체적인 대상 고객을 파악해 드릴다운(drill down)할 수 있으며, 응답자의 답변에 맞는 반응형 설문을 실시할 수 있다(제5장에서 언급한 듀오링고 앱 퀴즈와 약간 유사하다). 게다가 인간의 편견이나 오류로 인해 결과가 왜곡될 가능성은 훨씬 줄어든다.

AI를 활용하면 전통적인 마케팅 조사 방식이 크게 개선될 수 있다. 고객에게 브랜드, 서비스, 제품을 다른 사람에게 추천할 가능성을 묻는 NPS(Net Promotioner Score) 방식을 취하고, 고객은 번호 단위로 응답한다. NPS는 쉽게 분석하고 벤치마킹할 수 있도록 고안되었다. 그러나 자유로운 형식의 개방형 답변이 없다면 고객이 왜 당신의 제품을 추천할 가능성이 높은지 또는 그렇지 않은지에 대한 진정한 통찰력을 놓칠 수 있다. AI 분석, 특히 감정분석과 자연어처리를 통해 이러한 개방형 자유 답변은 정보를 위해 빠르고 쉽게 도출될 수 있으므로 고객이 무엇을 소중하게 생각하고 무엇을 보다 잘할 수 있는지에 대한 훨씬 더 상세한 통찰력을 제공할 수 있다. AI 덕분에 고객 응대의 의미뿐만 아니라 그 뒤의 정서도 파악할 수 있었다.

현재 다수의 기성 CRM 솔루션들은 영업팀이 보다 가치 있는 통찰력을 자동으로 창출할 수 있도록 AI 분석 기능을 연계해 제공하고 있다. 예를 들면, 세일즈포스(Salesforce)의 아인슈타인 AI(Einstein AI) 솔루션은 어떤 고객들이 기업에 보다 많은 수익을 제공할 가능성이 높은지를 예측할 수 있게 해주고, 더불어 고객들의 구매습관을 파악해서 어디에서 구매를 할 가능성이 높은지를 예측할 수 있는 기능을 제공하고 있다. 이와 같은 지식으로 무장한 CRM 솔루션을 활용하는 영업팀은 이 시스템을 이용해 보다 큰 가치를 창출하는 부분에 시간을 집중할 수 있었다.

고객 서비스 평가 및 개선

상당수의 콜센터 운영이 한동안 자동화되었다. 기술 기업인 트랜스코스모스(Transcosmos)는 기업이 통화 품질과 고객 서비스를 판단하는 데 도움을 줄 수 있는 AI 솔루션을 개발했다. 트랜스코스모스에 따르면 콜센터의 고객 서비스 품질은 매너, 주어진 정보 그리고 추가적인 가치 전달의 조합으로 귀결된다. 이 세 가지 요소에 초점을 맞춰 트랜스포모스는 '인간의 정확도로 속도감 있게' 주어진 서비스 품질을 자동으로 판단하고, 음성인식 시스템의 2배 이상의 정확도로 부적절하고 문제가 있는 고객 서비스를 감지할 수 있는 AI를 개발했다.[09]

제품개발 프로세스 개선

나는 창의력을 구현하기 위해 AI를 활용하는 일을 멋진 일이라고 생각한다. 제2장의 AI를 이용해 창의성을 구현한 사례로 돌아가 모나리자(Mona Lisa)에 활력을 불어넣는 AI 클립을 확인하길 바란다.[10] 제너레이티브 디자인(Generative design)은 기계가 인간처럼 창의적인 일을 할 수 있다는 개념에서 나온 최첨단 분야이다.

제너레이티브 디자인이란 지능형 소프트웨어를 이용해 설계자와 엔지니어의 작업을 증강하는 것을 의미한다. 제너레이티브 디자인을 통해 제품을 설계하고 제작하는 회사는 하나의 아이디어에서 여러 가지 설계를 신속하게 생성할 수 있다. 즉 단순히 설계 목표와 기타 요구사항을 입력하고 소프트웨어가 이러한 규격을 충족할 수 있는 가능한 설계를 탐색하도록 한다. 이 소프트웨어는 무엇이 효과가 있고 무엇이 효과가 없는지를 파악하는 데 많은 시간을 절약하며, 게다가 제공되지 않는 프로토타입을 만드는 비용을 절감해 준다. 건축, 디자인, 제조 및 건설과 같은 분야에 걸쳐 적용되는 제너레이티브 디자인은 설계 프로세스를 변화시킬 수 있는 잠재력을 가지고 있다. 한 예로 제너레이티브 디자인 소프트웨어를 이용하여 유명한 디자이너 필립 스탁(Philippe Starck)과 함께 새로운 의자를 설계하였다.[11] 또 다른 사례로 NASA(National Aeronautics and Space Administration)는 제너레이티브 디자인을 이용하여 거미와 같은 행성 간 착륙선에 대한 개념을 고안했다.[12]

디지털 트윈 기술(Digital twin technology)은 기본적으로 물리적 물체의 정확한 디지털 복제본을 만드는 기술로 제품 디자인에서 또 다른 혁신적 발전을 가능하게 해주었다. 디지털 트윈 기술은 물리적 세계의 사물로부터 대량 데이터를 수집할 수 있는 IoT 센서 덕분에 가능하다(제2장의 IoT를 참조할 것). 데이터는 기계에 의해 재구성될 수 있다.

만약 당신이 디지털 트윈 기술을 이용해 제품을 만들 수 있다면, 당신은 디지털 트윈 기술을 제품 개발과정에 적용한다면 보다 효율적으로 좋은 제품을 만들 수 있고, 놀라운 통찰력을 얻을 수 있을 것이다. 당신은 디지털 트윈 기술로부터 배운 것을 이용하여, 실생활에서 이용하는 제품의 위험과 비용을 개선할 수 있을 것이다. 제너럴 일렉트릭(GE: General Electric)은 디지털 트윈 기술의 얼리어답터(early adopter)였으며, 쉐브론(Chevron)은 디지털 트윈 기술을 이용하여 유지보수비용을 크게 절감할 수 있을 것으로 기대하고 있다.[13]

콘텐츠 생성 자동화

제2장에서 나는 기계가 어떻게 텍스트를 생성할 수 있는지를 설명하였고, 그리고 내가 정기적으로 기고문을 쓰는 포브스(Forbes)

와 같은 미디어 기업들이 현재 어떻게 AI 기술의 도움을 받아 기사를 작성하고 있는지 설명하였다. 뉴스와 미디어산업 외부에서, 다양한 기업들은 제품 설명서와 기술 보고서를 포함하여 정기적으로 출판물 사본을 만들어야 한다.

다국적 전자상거래 선두업체 알리바바(Alibaba)가 단 1초 만에 2만 줄 이상의 출판물 사본을 생성할 수 있는 AI 지원 카피라이팅 도구를 내놓았다.[14] AI 카피라이터(AI-CopyWriter)라 불리는 이 도구는 기존 텍스트(예: 웹사이트의 제품 페이지)에서 학습해 자동으로 관련 출판물 사본을 생성할 수 있다. 이미 에스프리(Esprit), 디키스(Dickies), 타오바오(Taobao) 등 유통업체와 전자상거래업체에서 이 도구를 이용하고 있다.

또 다른 사례로 독일의 은행인 코메르츠뱅크(Commerzbank)는 자기자본 조사 보고서를 작성하는 데 조사시간과 비용을 줄이기 위해 AI 기술을 이용해 왔다. AI 기술을 활용해 보고서를 작성하는 과정은 아직 완전히 자동화되지는 않았지만, 그 기술은 이미 인적 자본 분석가가 수행하는 일의 약 75%를 수행할 수 있는 것으로 알려졌다. 물론 코메르츠뱅크만이 장황하게 긴 산업 보고서를 만드는 것은 아니다. 내러티브 사이언스(Narrative Science)의 퀼 플랫폼(Quill platform)과 같은 AI 도구는 조직에서 장황하게 긴 보고서를 빠르고 쉽게 작성하는 데 도움을 제공하도록 설계되었다. 퀼 플랫폼은 이미 포브스(Forbes)나 그루폰(Groupon)과 같은 기업에서 이용되고 있다[05]

제조공정 개선

제조 분야에서 로봇 이용은 새로운 것이 아니다. 새로운 것으로 '코봇(cobots or collaborative robots)'이라는 협동 로봇이 있다. 이 최신 협동 로봇 시스템은 노동자와 함께 작업할 수 있고, 노동자들이 하는 업무량을 보다 많이 처리하도록 지원하며, 노동자들과 원활하게(그리고 안전하게) 상호 작용할 수 있다. 머신비전과 같은 AI 기술 덕분에 코봇은 주변 노동자들을 인지하고 그에 따라 반응할 수 있다.

예를 들면, 코봇은 노동자들과 다른 장애물을 피하기 위해 속도를 조절하거나 후진함으로써 워크플로우를 노동자들과 로봇이 최대한 활용할 수 있도록 설계할 수 있다. 또한 코봇은 프로그램하기 쉽고, 설정하기도 빠르며, 각 코봇당 평균 가격은 약 24,000달러이다. 이는 중소기업들이 큰 제조업체와 경쟁할 수 있도록 도와주는 실행 가능한 옵션이다.[16] 많은 회사들이 코봇으로 업무 효율성을 높이고 제조비용을 낮출 수 있다. 예를 들면, 독일 쾰른(Cologne)의 포드 피에스타 공장(Ford Fiesta plant)에서 노동자와 코봇은 자동차에 충격 흡수기를 설치하기 위해 조립라인에서 함께 일한다.[17] 그리고 아마존 풀필먼트 센터(fulfilment center)에서 코봇은 선적을 위해 노동자들에게 물품 선반을 제공해 준다. 아마존은 풀필먼트 센터에서 코봇을 이용해 고객주문에 대응해 선적을 완료하는 데 걸리는 시간을 1시간 이상에서 15분으로 단축시켰다.[18]

이제 우리는 심지어 다른 로봇을 만들 수 있는 로봇도 가지고 있다. 스위스의 로봇 회사 ABB(ASEA Brown Boveri)는 로봇을

이용하여 로봇을 제작하는 중국의 첨단 로봇 공장에 1억 5천만 달러를 투자하였다.[19]

3D프린팅은 제조를 변화시키는 또 다른 혁신 기술이며, 이제 초콜릿과 햄버거를 포함한 모든 종류의 것들을 3D프린팅할 수 있게 되었다.[20] 전기 자동차와 다른 자동차의 차체는 집과 마찬가지로 3D프린팅을 이용해 제작할 수 있게 되었다. 3D프린팅에 로봇 공학 및 AI 분석을 결합함으로써 제조업체는 훨씬 더 큰 효율성을 얻을 수 있고 비용을 절감할 수 있게 되었다. 예를 들면, 오토데스크(Autodesk)의 넷파브 3D프린팅 소프트웨어(Netfabb 3D printing software)는 기계학습을 이용하여 3D프린팅 제작을 위한 디지털 모델을 생성하고 평가할 수 있다.[21]

다양한 제조업 분야에서 IoT 기기에 대한 연결이 증가하면서 기계의 성능이 개선되었다. 이에 따라 기업들은 기계의 유지보수에 있어, 기계에 문제가 발생하기 전에 잠재적인 문제해결을 위해 보다 적극적으로 대처할 수 있게 되었다. 이를 '예측정비(predictive maintenance)'라고 한다. 이에 대한 사례로 제4장에서 설명한 코네(KONE)의 스마트 리프트와 엘리베이터 관리 사례가 있다. 또 다른 사례로 현장 서비스관리 제공업체 서비스맥스(ServiceMax)는 기업에서 예측정비 모델 전환을 돕기 위해 커넥티드 필드 서비스(Connected Field Services)라는 IoT 기반 플랫폼을 개발하였다. 서비스맥스는 커넥티드 필드 서비스 플랫폼을 활용해 미션크리티컬 장비(mission-critical equipment)의 가동시간 가용성을 100% 달성할 것을 기대하고 있다.[22]

채용 및 기타 HR 프로세스 개선

기업들은 인적자원과 관련된 업무가 많다. 그렇기 때문에 인적자원의 기능을 AI로 정확히 만족시키는 것은 쉽지 않다. 그러나 AI는 채용을 포함한 인사관리과정의 다양한 부분에서 활용되고 있다. 연간 3만 명 안팎의 인력을 채용하고 180만 명의 채용원서를 처리하는 유니레버(Unilever)와 같은 대기업들은 채용과정 업무처리에 많은 시간과 자원을 소요하고 있다. 그렇기 때문에 채용과정에서 업무를 간소화할 수 있는 개선 방안을 찾는 것이 필수적이다.[23] 이를 위해 앞으로 HR 분야에 AI를 적극적으로 활용해야 할 것이다.

유니레버는 AI 채용 전문기업인 파이메트릭스(Pymetrics)와 제휴해 지원자 자신의 집에서 채용후보에 대해 초기 평가할 수 있는 온라인 플랫폼을 만들었다(전 세계에서 지원자가 온다고 생각하면 이 시스템은 매우 유용하다). 우선 이 회사의 지원자는 이 시스템을 통해 그들의 적성, 논리, 추리력, 위험에 대한 욕구를 테스트한다. 이후 이 시스템의 기계학습 알고리즘은 지원자가 이전에 성공한 직원의 프로필과 비교하여 지원자가 지원한 분야에서 역할에 얼마나 적합한지에 대한 평가 결과를 제공한다.

모집 2단계에서 지원자는 이 시스템을 통해 화상면접을 보게 되는데, 이 화상면접은 기계학습 알고리즘(이용 언어, 바디랭귀지 등의 요소를 살펴봄)에 의해 지원자를 다시 평가한다. 유니레버에 따르면 후보자들의 인력채용에 대한 자동 면접심사로 약 7만 시간을 단축할 수 있었다고 한다.[24] 인력채용 자동 심사단계를 통과한 지원자들은 회사의 인사관리부서의 리더들과 채용자들을 만나는 과정을 진행한다.

또한 이 자동화된 인력채용 자동 심사 시스템의 훌륭한 점은 합격하지 못한 모든 지원자들에게 피드백을 줄 수 있다. 인사담당자들이 많은 지원자들을 대상으로 피드백을 제공하는 것은 불가능한 일이다. 이 시스템을 통해 모든 신청자들은 미래의 입사지원 신청에 도움을 주기 위해 약간을 피드백을 제공받는다.

그리고 유니레버 직원으로 입사하는 사람들을 위해, 회사는 AI 챗봇을 이용해 신규 선발자들이 자신의 역할에 잘 정착할 수 있도록 온보딩 과정에 도움을 제공한다. 마이크로소프트의 봇 프레임워크(Microsoft's Bot framework)에 기반해 구축된 로봇은 유나봇(Unabot)이라고 불린다. 이 로봇은 자연어처리를 이용하여 직원들이 무엇을 알고 싶어 하는지 이해하고, 그들에게 맞는 정보를 제공한다. 또한 유나봇은 휴가 수당부터 주차하기에 가장 좋은 장소에 이르기까지, 모든 직원들의 질문에 적극적으로 답변을 제공해 주고 있다.

사실 챗봇은 크고 작은 모든 종류의 조직에서 직원의 질문에 직접 답하고 심지어 설문 조사까지 하기 위해 점점 더 많이 이용되고 있다. 폴리 봇(Polly bot)은 상용화 HR 챗봇 솔루션의 예로서 직원 설문조사를 실시하고, 직원 피드백을 수집할 수 있어 기업이 직원들의 심리상태를 모니터링하고 사기 문제가 커지기 전에 사전에 해결책을 찾도록 도움을 제공한다.

IT 프로세스 자동화

AI는 다양한 IT 프로세스를 자동화하거나 증강시킬 수 있다. 피싱 이메일을 탐지하는 것이 대표적인 사례이다. 피싱 사기가 점점 더 정교해짐에 따라 이를 탐지하고 막을 수 있는 도구도 점점 복잡해지고 있다. 사이버보안 제공업체 웹루트(Webroot)는 기계학습을 통해 피해자들을 가짜 웹사이트로 이동시키고 은행이나 신용카드 정보, 개인정보 또는 로그인 정보를 사용하도록 고안된 피싱 사기에 대한 탐지를 개선하고, 지속적으로 증가하는 불법 웹사이트의 데이터베이스를 컴파일한다. 새로운 피싱 사기가 끊임없이 등장하고 있으며, 심각한 컴퓨팅 능력과 AI의 분석 능력 없이는 새로운 위협에 대응할 수 없을 것이다.

웹루트(Webroot)의 피싱 모델(피싱 시도를 파악하고 중지하는 모델)을 업데이트하기 위한 이전 교육 주기는 3~5일 사이였다. 즉 일주일에 1~2번 새로운 위협에 대응하기 위해 피싱 모델이 업데이트되었다. 기계학습과 엄청난 컴퓨팅 능력 덕분에 교육 주기는 3~5시간으로 단축되었다. 즉 이것은 피싱 모델을 하루에도 몇 번씩 업데이트할 수 있게 되었다는 것을 의미한다. 회사가 매일 2,000개에서 6,000개의 피싱 사이트를 파악하고 있다는 점을 고려할 때 이러한 개선은 필수적이다.[25]

AI로 사기 적발

마스터카드(Mastercard)는 실제 거래가 거부된 고객들의 좌절감을 줄이기 위해 사기 적발과 방지에 도움을 주는 AI를 활용하는 회사이다. 마스터카드의 조사에 따르면 소매점 이용자 중 3분의 1이 결제가 거부되어 소매점에서 상품 구입을 철회한 경험이 있다고 한다. 이른바 이러한 '허위 거부'에 따른 소매업체의 손실비용이 실제 카드 사기로 인한 손실비용보다 13배나 높게 나타난다고 한다.[26] 종종 실제 정상 거래가 사기 거래로 잘못 인식되어 카드 거절이 발생하기 때문에, 마스터카드는 허위 판정 비율을 50% 이하로 감소해 사기 탐지의 정확성을 높이기 위해 AI(특히, 예측 애널리틱스와 기계학습)를 이용하고 있다.

마스터카드(Mastercard)는 전 세계 4,500만 지역에서 연간 750억 건의 거래를 처리하면서 지속적으로 데이터 흐름을 생성하고 있다.[27] 거래의 거절 여부에 대한 의사결정은 거래의 사기성 여부를 결정하기 위해(전통적인 방식인 고정되고 선입견에 따른 규칙과는 반대로) 끊임없는 사기인지 아닌지에 대한 데이터 흐름에서 학습하는 자기 학습 알고리즘에 근거한다. 이 알고리즘은 허위 거부 비율을 대폭 줄이는 데 도움을 제공했고, 수십억 달러 상당의 실제 사기 행각 적발에 도움을 주었다.

운송 및 물류 효율성 향상

제4장에서는 AI로 인해 자동차, 선박 등 운송 관련 제품이 어떻게 스마트해지고, 또한 AI가 피자 배송업체부터 여객선 사업자에 이르기까지 광범위한 조직에 어떻게 효율성을 제공하고 있는지 살펴보았다.

드론 선박과 자율여객선은 자율주행차와 화물차보다 훨씬 덜 주목받는 분야임에도 불구하고, 나에게는 매우 흥미로운 운송과 물류 분야다. 우리 삶에 자율주행 선박이 완전히 일반화되려면 아직 멀었지만, 물 위에서 사람과 물자를 운송하는 사업가들에게는 AI로 강화된 프로세스는 안전성을 개선하고 효율성을 높이며 안전하지 않고 반복적인 작업으로부터 인간을 구제하는 데 도움을 줄 수 있다. 알리안츠(Allianz)의 연구에 따르면 해양사고의 75~96%가 승무원의 실수로 발생하는데, 이것은 어떻게 자율주행 선박이 바다를 더 안전하게 만들 수 있는지를 보여준다. 게다가 승무원의 수를 줄이는 것은 급여뿐만 아니라 승무원 공급의 측면에서도 해운사들에게 상당한 비용 절감으로 이어질 수 있다. 승무원 관련 인건비가 일반 예산의 약 30%를 차지하는 상황에서, 승무원 수를 줄이는 것은 해운사의 순이익에 큰 영향을 줄 수 있다.[28] 만약 당신 회사가 제품이나 부품을 해상이나 다른 수단으로 운송한다면, 그것은 미래에 어떤 방식으로든 자동화될 가능성이 매우 높다. 예를 들면, 포드는 자율주행 자동차의 뒤쪽으로 접히는 두 개의 다리를 가진 로봇을 공개했다. 자동차가 목적지에 도착하면 디지트(Digit)라고 불리는 이 로봇은 스스로 배송의 마지막 단계를 완벽하게 처리한다.[29] 이와 같은 기술개발은 소포 배달과정에 혁명을 일으킬 수 있다.

소매 운영 개선

미국 안경 소매업체 워비파커(Warby Parker)는 AI를 활용해 고객이 올바른 안경 제품을 찾을 수 있도록 돕는 과정을 간소화하였다. 이것은 환상적인 사례다. 내 10대 딸은 안경을 쓰고 있다. 내 딸은 당연히 최신 유행하는 디자이너가 설계한 프레임의 안경을 원하지만 어떤 모양, 스타일, 색상이 그녀에게 가장 잘 어울릴지 알지 못한다. 전통적인 방법은 토요일 아침에 상점 주인과 함께 상점에서 여러 가지 다양한 프레임의 안경 착용을 시도해 보는 것이다. 이 과정은 내 다른 아이들이 지루한 시간을 보내게 할 것이다. 고맙게도 AI가 우리를 이러한 상황에서 구해줬다. 워비파커는 AI와 증강현실(제2장 참조)을 활용해 고객이 전화를 통해 안경을 가상으로 착용할 수 있도록 돕는다. 워비 파커 앱은 아이폰X 카메라와 애플의 페이스 아이디(Face ID)의 안면인식 기능을 활용해 고객 얼굴 상세 지도를 제작해 얼굴 모양에 가장 적합한 프레임을 추천할 수 있다. 그러면 고객은 안경을 쓴 자신의 얼굴을 3D프리뷰로 볼 수 있다.

이와 같은 기술은 소매 프로세스를 변화시키고 판매를 촉진하며 많은 경우에 고객 반품을 감소시킬 수 있다. 예를 들면, 고급 시계 전문 전자상거래 플랫폼 워치박스(WatchBox)는 앱에 증강현실 지원 기능을 활용해 고객이 관심 있는 시계가 실제 손목에 어떤 모습일지 볼 수 있도록 서비스를 제공한다. 모든 온라인 구매의 약 3분의 1이 반품되는 것을 고려할 때, 이와 같은 기능은 소매업자들에게 많은 시간과 번거로움, 비용을 절약해 줄 것이다.[30]

또 다른 전자상거래업체는 AI를 활용해 향후 30일 안에 판매될 제품을 지능적으로 예측해 반품을 줄이고 있다. 독일 전자상거래 기업인 오토(Otto)의 분석 결과, 고객들은 온라인 쇼핑 상품이 2일 이내에 도착하고 주문했던 모든 상품을 한꺼번에 받을 경우 그리고 복수 발송이 아닌 단일 발송의 경우 반품할 가능성이 낮은 것으로 나타났다. 그러나 아마존처럼 오토는 다양한 브랜드의 제품을 한 번에 판매하기 때문에 저장과 배송에 문제가 있었다. 오토는 이 문제를 해결하기 위해 딥러닝 알고리즘(제2장 참조)을 이용하여 30억 건의 과거의 거래와 날씨 데이터 같은 변수를 분석하여 고객

이 향후 30일 이내에 무엇을 구매하기를 원하는지 예측하였다.[31]

이 결과 오토는 여러 개의 상품 아이템을 한 번에 모두 배송할 수 있게 되었다. 사실 이 배송과정은 사람의 개입 없이 수행된다. 이 시스템은 자동으로 제3자 제공업체로부터 월 20만 개 정도의 제품을 주문한다. 이 시스템 이용 결과는 어떻게 되었을까? 오토에서 고객이 구매한 상품의 반품이 연간 200만 개 이상 줄었다. 또한 오토는 전자상거래에 있어 자동화 기술 때문에 직원들이 일자리를 잃게 될 것으로 예상했지만, 반대로 보다 많은 일자리가 만들어졌다.

또한 AI는 소매업자들이 매장에서 보다 큰 효율성을 제공할 수 있도록 돕고 있다. 예를 들면, 아마존은 성장하는 아마존 고(Amazon Go) 식료품점과 편의점에서 체크아웃 과정을 없애기 위해 AI(특히 머신비전)를 이용하고 있다.[32] 고객이 아마존 상점에 들어갈 때 (스마트폰에 있는 아마존 앱을 이용하여) 검색하고 진열대에서 원하는 것을 집어 들고 매장을 떠난다. 아마존 고는 카메라가 쇼핑하는 고객을 추적하고, 무엇을 가져가는지 모니터링한 다음, 고객의 아마존 계정에 자동으로 비용을 청구하기 때문에 가능한 일이다. 기술 발전 덕분에 우리는 원하는 상품을 구입하고 계산을 위해 줄을 서지 않고 현금도 필요하지 않은 쇼핑을 할 수 있게 되었다.

월마트(Walmart)도 컴퓨터비전을 이용하고 있는데, 이는 체크아웃을 아예 없애는 것이 아니라 1,000개가 넘는 점포에서 도난과 스캔 오류로 인한 손실률을 줄이기 위해서다. '스캔 손실 탐지(MSD: Missed Scan Detection)'로 알려진 이 계획은 셀프 계산대와 일반 현금 출납 계산대 모두에서 카메라를 이용하여 (사고든 고의든) 상품이 제대로 스캔되지 않은 경우를 자동으로 식별한다. 상품 검색이 누락된 것을 확인하면 이 시스템은 직원에게 경고한다. 월마트의 손실률 규모가 연간 40억 달러 이상에 달할 수 있다는 주장이 제기되면서, 이 기술은 잠재적으로 순이익에 큰 영향을 미칠 수 있는 것으로 확인되었다.[33] 지금까지 MSD 솔루션이 배치된 상점에서는 손실률이 감소하는 것으로 나타났다.

패스트푸드산업 자동화

AI와 로봇공학은 특히 음식배달 관련 패스트푸드산업(fast food industry)에서 큰 변화를 일으키고 있다. 제4장에서 나는 어떻게 도미노피자(Domino's Pizza)가 피자배달을 보다 효율적으로 하기 위해 배달로봇을 이용해 왔는지 언급했다. 캘리포니아에 본사를 둔 줌피자(Zume Pizza)는 우리에게 피자 준비과정의 많은 부분을 AI와 로봇공학으로 자동화하는 것이 가능하다는 것을 보여주었다. 비록 그 이후 회사는 다른 비즈니스에 다시 집중했음에도 불구하고, 그것은 현재 AI와 로봇공학으로 새로운 혁신이 가능한지를 증명했다. 고객이 줌피자 앱을 통해 주문하면 도우봇(Doughbot)이라는 로봇이 9초 만에 밀가루 반죽을 피자 베이스로 바꿔 둥그렇게 굴렸다. 그리고 조르지오(Giorgio)와 페페(Pepe)라는 이름의 다른 두 로봇은 소스를 베이스에 바른다. 거기서 또 다른 로봇 마르타(Marta)가 베이스 위에 소스를 골고루 펴 바른다. 토핑을 배치하는 것은 로봇들이 다루기에는 여전히 너무 까다로웠는데, 토핑의 크기와 질감이 다르기 때문에 자동화가 어렵다. 그렇기 때문에 사람들이 이 부분에 개입한다. 그런 다음 로봇 브루노(Bruno)와 빈센조(Vincenzo)가 피자를 오븐에 넣고 빼내면서 로봇들에게 다음 작업이 돌아간다.[34]

로봇으로 과일 따기

농업 분야는 AI와 로봇을 열성적으로 채택하는 분야이다. 하지만 산딸기와 같은 연한 과일을 따는 농업 분야는 여전히 사람(농민)들의 전유물이다. 로봇은 지금까지 부드러운 과일에 필요한 부드러운 촉감을 가지고 있지 않았다. 최근 영국 웨스트 서섹스(West Sussex)의 한 농장에 설치된 세계 최초의 산딸기 따기 로봇은 과일 따기의 새롭고 자동화된 미래를 보여주었다. 과일 따는 사람(농민)들은 일반적으로 약 15,000개의 과일을 8시간 교대로 관리할 수 있지만, 로봇은 하루에 25,000개 이상의 산딸기를 딸 수 있을 것으로 예상된다.[35] 1.8미터 높이의 센서와 카메라를 장착한 기계는 잘 익은 과일을 식별하고 로봇 팔을 이용하여 부드럽게 과일을 수확할 수 있다. 그리고 난 후에 수확된 과일 열매는 쟁반에 놓이는데, 그 쟁반은 성숙도에 따라 과일을 분류하고, 운송을 위해 준비된 과일 바구니로 나누어진다. 올해 본격 제조에 들어갈 것으로 예상되는 이 로봇의 최종 버전은 하루에 최대 20시간까지 과일을 딸 수 있다. 이 로봇은 향후 4개의 로봇 팔이 동시에 장착될 예정이다. 더불어 이 기계는 중국에서도 토마토를 수확하는 데 활용되고 있다.

보다 안전한 시공

건설현장에서 추락이 주요 위험요인으로 작용하면서 다른 어떤 산업보다 많은 사람들이 사망한다.[36] 그러나 AI는 이미 오토데스크(Autodesk)의 컨스트럭션 IQ(Construction IQ)와 같은 도구를 통해 건설현장을 보다 안전한 산업현장으로 만드는 데 도움을 주고 있다. 오토데스크의 데이터 과학자들은 현대의 건설현장에서 수집된 대량의 데이터를 위한 애플리케이션을 찾으려고 할 때, 이 아이디어를 떠올렸다(건설업계는 콘크리트가 언제 이용 가능한지를 감지하는 센서 등 모바일 디바이스와 IoT 디바이스를 적극으로 수용해 왔다).

컨스트럭션 IQ는 건설현장(특히 현장에 있는 동안 건설업자와 하청업자가 작성한 노트)에서 데이터를 가져오고, NLP(자연어처리) 기술을 이용하여 텍스트를 분석하고, 위험을 평가하고, 잠재적 위해성을 경고한다. 이러한 사실은 이 소프트웨어가 이미 건설현장을 보다 안전하게 만들고 있다는 것을 시사한다. 밤 아일랜드(BAM Ireland)는 오토데스크의 소프트웨어 덕분에 현장에서 품질과 안전 문제를 20% 감소시켰다고 말했다.[37]

핵심사항

이 장에서는 다음의 내용을 설명하였다.

- 다양한 업종의 조직들이 AI를 활용해 영업, HR, 제조, 물류 등 내부 업무 프로세스를 일부 개선하고 자동화하고 있다.
- AI를 이용해 얻을 수 있는 비즈니스 운영의 장점은 비용 절감, 프로세스 효율성 향상, 성능 향상, 매출 향상 등이다.

- AI를 통해 내부 운영을 강화한다고 해서 반드시 기술, 인프라, 전문지식에 막대한 투자가 필요한 것은 아니다. RPA(Robotic Process Automation) 도구에서 고급 데이터 분석 도구에 이르기까지 다양한 기성 솔루션이 있으며, 이러한 솔루션은 조직 내에서 비교적 쉽게 구현할 수 있다.

제6장은 회사에서 제품, 서비스, 비즈니스 프로세스를 개선하기 위해 AI를 이용하는 것의 장점을 설명하였고, 회사들이 이미 AI를 통해 상당한 개선, 비용 절감, 고객 통찰력 등을 창출하고 있는 흥미로운 사례들을 설명하였다. 이 책의 제3부는 어떻게 AI를 적용해 비즈니스로 변화할 수 있을까? 어디서부터 시작할까? 당신 회사의 고유한 요구사항, 목표 및 과제에 적합한 AI 전략을 어떻게 만들 수 있는가? 바로 당신 회사의 비즈니스를 AI를 이용해 변화시키는 방법을 설명한다. 이를 위해서는 비즈니스에 가장 중요한 AI 관련 기회를 정확히 파악하는 것이 중요하다.

참고자료

01 Marr, B.(2019) The fascinating ways PepsiCo uses artificial intelligence and machine learning to deliver success, *Forbes*, https://www.forbes.com/sites/bernardmarr/2019/04/05/the-fascinating-ways-pepsico-uses-artificial-intelligence-and-machine-learning-to-deliver-success/#30fad99a311e(archived at https://perma.cc/FM4Y-EQS4)

02 Radfar, H.(2019) The rise of robots-as-a-service, *Venture Beat*, https://venturebeat.com/2019/06/30/the-rise-of-robots-as-a-service/(archived at https://perma.cc/F25G-YR66)

03 Schatsky, S. Muraskin, C. and Kaushik, I.(2016) Robotic process automation, *Deloitte Insights*, https://www2.deloitte.com/insights/us/en/focus/signals-for-strategists/cognitive-enterprise-robotic-process-automation.html#endnote-sup-2(archived at https://perma.cc/BCV7-WCVU)

04 Martin(2019) How much time do we spend in meetings(Hint: it's scary), *Cleverism*, https://www.cleverism.com/time-spent-in-meetings/(archived at https://perma.cc/QSW3-HG9W)

05 Martin(2019) How much time do we spend in meetings(Hint: it's scary), *Cleverism*, https://www.cleverism.com/time-spent-in-meetings/(archived at https://perma.cc/QSW3-HG9W)

06 Joseph, S.(2018) A year in, Marks & Spencer's virtual assistant has helped drive £2 million in sales, *Digiday UK*, https://digiday.com/marketing/year-marks-spencers-virtual-assistant-helped-drive-2-5m-sales/(archived at https://perma.cc/T9QN-U49G)

07 Facebook Business(nd) Fuelling growth through mobile, https://www.facebook.com/business/success/asos(archived at https://perma.cc/B6V5-XPSL)

08 Gupta, S.(2019) AI–based market research: 10 ways to boost consumer insight, *DZone*, https://dzone.com/articles/ai–based–market–research–10–ways–to–boost–consumer(archived at https://perma.cc/RHV2–W9RZ)

09 AIThority(2018) Transcosmos develops an AI which auto–judges customer service quality at contact centres, https://www.aithority.com/machine–learning/transcosmos–develops–an–ai–which–auto–judges–customer–service–quality/(archived at https://perma.cc/79LQ–DW3Z)

10 Coldewey, D.(2019) Mona Lisa frown: machine learning brings old paintings and photos to life, *Tech Crunch*, https://techcrunch.com/2019/05/22/mona–lisa–frown–machine–learning–brings–old–paintings–and–photos–to–life/(archived at https://perma.cc/R4YC–F5QN)

11 Hanson, E.(2019) From analog ideas to digital dreams, Philippe Starck designs the future with AI, *Autodesk*, https://www.autodesk.com/redshift/philippe–starck–designs/(archived at https://perma.cc/7SAV–AJQ6)

12 Grush, L.(2018) AI software helped NASA dream up this spider–like interplanetary lander, *The Verge*, https://www.theverge.com/2018/11/13/18091448/nasa–ai–autodesk–jpl–lander–europa–enceladus–artificial–intelligence–generative–design(archived at https://perma.cc/U8H7–LQW8)

13 Marr, B.(2019) Amazing examples of digital twin technology in practice, *Forbes*, https://www.forbes.com/sites/bernardmarr/2019/04/23/7–amazing–examples–of–digital–twin–technology–in–practice/#42ee2e5e6443(archived at https://perma.cc/353R–JU5Q)

14 Dhandre, P.(2018) Alibaba introduces AI copywriter, *Packt*, https://hub.packtpub.com/alibaba–introduces–ai–copywriter/(archived at https://perma.cc/5TT7–9AUN)

15 Marr, B.(2019) Artificial intelligence can now write amazing content – what does that mean for humans? *Forbes*, https://www.forbes.com/sites/bernardmarr/2019/03/29/artificial–intelligence–can–now–write–amazing–content–what–does–that–mean–for–humans/#969c03750ab0(archived at https://perma.cc/VH8U–GEVU)

16 Hollinger, P.(2016) Meet the cobots: humans and robots together on the factory floor, *Financial Times*, https://www.ft.com/content/6d5d609e-02e2-11e6-af1d-c47326021344(archived at https://perma.cc/VX2N-PTPU)

17 Dignan, L.(2016) Ford tests collaborative robots in German Ford Fiesta plant, *ZDNet*, https://www.zdnet.com/article/ford-tests-collaborative-robots-in-german-ford-fiesta-plant/(archived at https://perma.cc/R98J-NGEE)

18 Harris, J.(2017) Meet your new cobot: is a machine coming for your job? *The Guardian*, https://www.theguardian.com/money/2017/nov/25/cobot-machine-coming-job-robots-amazon-ocado(archived at https://perma.cc/W9VL-9H96)

19 Moon, M.(2018) Robots will build robots in $150 million Chinese factory, *Engadget*, https://www.engadget.com/2018/10/27/abb-robotics-factory-china/(archived at https://perma.cc/Z28A-884K)

20 Marr, B.(2018) Amazing real-world examples of 3D printing in 2018, *Forbes*, https://www.forbes.com/sites/bernardmarr/2018/08/22/7-amazing-real-world-examples-of-3d-printing-in-2018/#5ffa158d6585 (archived at https://perma.cc/Z5AM-YFAS)

21 Bharadwaj, R.(2019) Artificial intelligence applications in additive manufacturing(3d Printing), *Emerj*, https://emerj.com/ai-sector-overviews/artificial-intelligence-applications-additive-manufacturing-3d-printing/ (archived at https://perma.cc/8TKC-G9F7)

22 Marr, B.(nd) ServiceMax: How the Internet of Things(IoT) and predictive maintenance are redefining the field service industry, https://www.bernardmarr.com/default.asp?contentID=1268(archived at https://perma.cc/7AQ8-CR74)

23 Marr, B.(2018) The amazing ways how Unilever uses artificial intelligence to recruit & train thousands of employees, *Forbes*, https://www.forbes.com/sites/bernardmarr/2018/12/14/the-amazing-ways-how-unilever-uses-artificial-intelligence-to-recruit-train-thousands-of-employees/

#7626e376274d(archived at https://perma.cc/G3LU-HWDL)

24 Marr, B.(2018) The amazing ways how Unilever uses artificial intelligence to recruit & train thousands of employees, *Forbes*, https://www.forbes.com/sites/bernardmarr/2018/12/14/the-amazing-ways-how-unilever-uses-artificial-intelligence-to-recruit-train-thousands-of-employees/#7626e376274d(archived at https://perma.cc/G3LU-HWDL)

25 HPC Wire(2019) Combining machine learning and supercomputing to ferret out phishing attacks, https://www.hpcwire.com/2019/05/23/combining-machine-learning-and-supercomputing-to-ferret-out-phishing-attacks/(archived at https://perma.cc/D2HW-BQZT)

26 Marr, B.(2018) The amazing ways how Mastercard uses artificial intelligence to stop fraud and reduce false declines, *Forbes*, https://www.forbes.com/sites/bernardmarr/2018/11/30/the-amazing-ways-how-mastercard-uses-artificial-intelligence-to-stop-fraud-and-reduce-false-declines/#391697332165(archived at https://perma.cc/YXH5-V35M)

27 CB Insights(2018) Massive cargo ships are going autonomous, https://www.cbinsights.com/research/autonomous-shipping-trends/(archived at https://perma.cc/3UZV-F33N)

28 CB Insights(2018) Massive cargo ships are going autonomous, https://www.cbinsights.com/research/autonomous-shipping-trends/(archived at https://perma.cc/3UZV-F33N)

29 Vincent, J.(2019) Ford's vision for package delivery is a robot that folds up into the back of a self-driving car, *The Verge*, https://www.theverge.com/2019/5/22/18635439/robot-package-delivery-ford-agility-robotics-autonomous-digit(archived at https://perma.cc/Y57Q-T8ZQ)

30 Cision PR Newswire(2018) WatchBox offers augmented reality to help e-commerce customers "try on" watches at home before buying, https://www.prnewswire.com/news-releases/watchbox-offers-augmented-reality-to-help-e-commerce-customers-try-on-watches-at-home-before-buying-300639841.html(archived at https://perma.cc/UL2B-KMJQ)

31 Ecommerce News(2017) German ecommerce company Otto uses AI to reduce returns, https://ecommercenews.eu/german-ecommerce-company-otto-uses-ai-reduce-returns/(archived at https://perma.cc/FVU9-2JYR)

32 Alexander, A.(2018) Computer vision case study: Amazon Go, *Medium*, https://medium.com/arren-alexander/computer-vision-case-study-amazon-go-db2c9450ad18(archived at https://perma.cc/FE62-MPCM)

33 Peterson, H.(2019) Walmart reveals it's tracking checkout theft with AI-powered cameras in 1,000 stores, *Business Insider*, https://www.businessinsider.com/walmart-tracks-theft-with-computer-vision-1000-stores-2019-6?r=US&IR=T(archived at https://perma.cc/8XAD-4VAA)

34 Marr, B.(2019) Robot-powered pizza, anyone? How automation is transforming the fast-food industry, *Forbes*, https://www.forbes.com/sites/bernardmarr/2019/04/12/robot-powered-pizza-anyone-how-automation-is-transforming-the-fast-food-industry/#50cf09b7427b (archived at https://perma.cc/82HW-LKJN)

35 Kollewe, J. and Davies, R.(2019) Robocrop: world's first raspberry-picking robot set to work, *Guardian*, https://www.theguardian.com/technology/2019/may/26/world-first-fruit-picking-robot-set-to-work-artificial-intelligence-farming(archived at https://perma.cc/QQ7K-P79U)

36 Health and Safety Executive(2019) Workplace fatal injuries in Great Britain, 2019, https://www.hse.gov.uk/statistics/pdf/fatalinjuries.pdf(archived at https://perma.cc/HED6-W7R5)

37 Marr, B.(2019) The amazing ways artificial intelligence(AI) can now detect dangers at work, *Forbes*, https://www.forbes.com/sites/bernardmarr/2019/06/07/the-amazing-ways-artificial-intelligence-ai-can-now-detect-dangers-at-work/#70cf6b037b49(archived at https://perma.cc/4VPE-TCFT)

PART 03

인텔리전스 혁명을 위한 준비

인텔리전스 혁명

AI를 이용한 비즈니스 전환

CHAPTER 07

비즈니스에서 AI 활용 기회 찾기

지금까지 이 책에서는 회사들이 비즈니스 성공을 위해 AI를 이용하는 여러 가지 방법을 설명하였다. 그러나 비즈니스의 다양한 측면과 마찬가지로 다른 회사에서 일하는 방식이 당신 회사에 맞지 않을 수도 있다. 제7장은 당신 회사의 비즈니스 요구사항을 염두에 두고 강력한 AI 전략을 개발하는 방법을 설명하고자 한다.

AI 기술은 잊어버리고 전략에서 출발하라

AI는 기업에 큰 변화를 제공할 수 있으며, 이러한 변화는 때로는 파괴적이고 비용이 많이 들며 시간이 많이 소요될 수 있다. 따라서 새로운 AI 기반 프로세스를 구현하든 보다 지능적으로 서비스 제공물을 재설계하든 제품을 보다 스마트하게 만들든 AI가 왜 이러한 변화를 일으키는지 이해하는 것이 매우 중요하다. 이러한 전환 단계를 통해 비즈니스가 목표를 달성하고, 기업의 성장과 번영에 AI가 어떤 도움이 될 수 있는지 알아야 한다. 그렇지 않으면 '기술을 위한 기술(technology for technology)'의 함정에 빠질 위험에 처하게 된다. AI는 놀라운 일을 할 수 있지만, 만약 AI가 비즈니스 성공을 이끄는 데 도움이 되지 않는다면, 오히려 비즈니스를 귀찮게 할 것이다.

AI 도입에 있어 주의사항

AI는 흥미진진하다. AI는 머지않아 모든 산업에 걸쳐 모든 비즈니스에서 혁명을 일으킬 것이다. AI는 모든 곳에 존재할 것이다.

그 이야기는 모두 사실이다. 그러나 AI가 실현되기 위해서는 비용이 많이 들고, 효과적으로 작동하기 위해서는 많은 데이터가 필요하며, 투자수익률을 달성하는 데 시간이 걸릴 수 있는 것도 사실이다. 따라서 AI 기술이 존재한다는 이유만으로 여기저기 어디서나 AI에 휩쓸리지 않고 구현하는 것이 중요하다. AI를 통해 어떤 것이 분석되거나 자동화되거나 증강될 수 있다고 해서 그렇게 되어야 하는 것은 아니다. 모든 문제가 AI로 해결될 수도 있거나 해결되어야 할 것도 아니다(결국 휴대용 압축 공기식 드릴로 호두를 깨면 되지만, 호두까기 인형으로도 덜 번거롭고 소음과 비용을 덜 들이면서 같은 호두를 깔 수 있다. AI도 마찬가지다.)

따라서 당신이 가만히 앉아 AI의 잠재력을 무시해서는 안 되지만 생각 없이 AI를 도입하는 것은 더 나쁜 일이다. 명확한 비즈니스 요구나 목표를 염두에 두지 않고 AI(또는 다른 기술)를 서둘러 채택해서는 절대 안 된다. 궁극적으로는 비즈니스가 달성하고자 하는 목표가 무엇인지, 비즈니스가 직면한 고유한 과제가 무엇인지 살펴본 후 AI 도입을 통해 잠재적인 해결책을 찾아야 할 것이다.

이것이 바로 당신의 비즈니스 전략이 필요한 부분이다. AI 전략을 비즈니스 전략과 연계하는 것이 AI가 비즈니스에 최대한의 가치를 제공하도록 보장하는 최선의 방법이다. AI 전략은 회사의 진취적인 목표를 달성하고, 가장 긴급한 비즈니스 질문에 답하고, 가장 큰 비즈니스 과제를 극복할 수 있는 지능적인 방법을 찾는 것에 맞춰져야 한다. AI를 활용해 회사 전략을 현실로 만들어야 한다는 얘기다. 만약 AI의 잠재적인 이용이 비즈니스 전략과 연결되지 않는다면, 경보 벨을 울려야 한다. 왜냐하면 당신은 AI를 위해서 AI에 휩쓸릴 위험에 처해 있기 때문이다. 특정 AI 활용이 전략적 목표 달성에 어떤 도움을 줄지 알 수 없다면 AI 가치는 낮을 것이다.

비즈니스 전략이 여전히 적절한지 확인

AI의 최선의 이용을 위해서는 AI가 당신 회사의 전략적 조직 목표와 연결되어 있어야 한다. 그만큼 AI 이용의 목표는 명확해야 한다. 하지만 너무 많은 기업들이 구시대적인 비즈니스 전략이나 무관한 비즈니스 모델에 AI를 적용하려 하고 있다. 예를 들면, 기업들은 변화하는 고객 요구사항에 맞지 않는 비즈니스 프로세스를 자동화하려고 할 수도 있고, 빠르게 쓸모없어지고 있는 제품에 AI를 도입할 수도 있다. 따라서 AI 전략을 개발하기 전에 중요한 비즈니스 전략을 검토해야 한다. "당신 회사의 비즈니스 전략이 인텔리전스 혁명에 여전히 적합한가?"라고 자문해 보아라. 아니라고 답한다면 AI 전략개발에 대한 고민을 하기 전에 비즈니스 전략을 새로 짜야 할 것이다. 인텔리전스 혁명에 있어 애플이 제품 회사에서 스마트 서비스 공급업체로 전환하는 것과 같이, 기업들은 그들의 기본 비즈니스 모델의 변화에 관심을 가져야 할 것이다(제7장 후반부에서 다른 기업들이 비즈니스 모델을 어떻게 변화시켰는지를 설명할 것이다).

그리고 만약 당신 회사의 비즈니스 전략이 여전히 최신이고 적절하다고 확신한다면, 당신 회사는 AI가 어떻게 그 비즈니스 전략을 달성하는 데 도움을 줄 수 있는지 알아낼 수 있다. 여기에서 당신 회사는 AI 활용 기회를 포착할 수 있을 것이다. 제7장에서는 간단한 사례를 설명한 후에 보다 많은 정보를 설명할 것이다.

쉘에서의 AI 기회

로얄 더치 쉘(Royal Dutch Shell)은 내가 AI와 데이터 접근법을 정립하기 위해 함께 일했던 회사 중 하나이다. 쉘은 자기 분야에 진출하는 많은 기술 스타트업이 도전하지 않는 비즈니스를 수행하고 있다(이러한 특성은 제5장에서 보았던 금융산업 분야와는 다르다.). 쉘(Shell)은 다음과 같은 핵심 전략적 목표를 달성하기 위해 AI를 이용하는 것이 중요하다는 점을 인식하고 있다.[01]

- 에너지 전환을 통한 비즈니스 확장
- 세계적 수준의 투자 사례 제공
- 운영을 위한 강력한 사회적 라이선스 유지

쉘의 에너지 전환에 성공하기 위한 전략적 야망을 살펴보자. 현재 에너지 시장은 극적인 변화를 겪고 있으며, 쉘은 AI가 이러한 에너지 전환과 관련된 당면 과제를 극복하는 데 중요하다고 보고 있다. 운전자들에게 내연기관 자동차에서 전기 자동차로의 전환을 권장하는 것은 CO_2 배출량 감소를 위해서가 핵심이다. 여기에는 닭이 먼저냐, 달걀이 먼저냐와 같은 약간의 문제가 수반된다. 운전자들은 전기 충전 단자가 부족하기 때문에 내연기관 자동차에서 전기 자동차로의 전환을 꺼리고, 전기 충전 사업자들은 전기 충전에 대한 수요 부족으로 전기 충전기를 도입하는 것을 더디게 진행하고 있다.

쉘은 전력 수급 문제 극복을 위해 하루 종일 전기 충전 단말기 수요를 모니터링하고, 예측하고, 관리하는 데 도움을 주기 위해 공용 전기차 충전소에 AI를 도입했다. 예를 들면, 만약 많은 운전자들이 출근길에 전기를 충전한다면, 아침 일찍 송전망에 과부하가 발생할 것이다. 결정적으로 태양열 발전은 너무 이른 시간이기 때문에 전기 수요량을 채울 수 없다. 고객의 전기 이용과정을 이해함으로써 쉘은 전기량 부하를 보다 잘 예측할 수 있고, 잠재적으로 고객의 에너지 소비 패턴을 파악해 재생 에너지를 활용할 수 있다(예를 들면, 많은 사람들에게 태양광 발전을 할 수 있는 점심시간에 전기 자동차를 충전하도록 장려할 수 있다). 이것은 태양열로 보다 많은 에너지가 충족될 수 있다는 것을 보여주며, 에너지 전환에 성공하려는 쉘의 야망을 충족시켜 줄 것이다. 또한 전기 자동차에 대한 수요 증가를 장려하는 것은 소비자의 에너지 비용 절감을 돕는다. 리차지플러스(Recharge Plus)라고 불리는 이 프로그램은 지금까지 캘리포니아에서 실행되고 있다.[02]

에너지 수요와 공급 문제 극복 목표 달성을 위해 AI를 활용하겠다는 쉘의 의지가 너무 인상적이어서, 쉘은 기술산업계로부터 칭찬을 받고 있다.[03] 사티아 나델라(Satya Nadella) 마이크로소프트 최고경영자는 2018년 이그니트 콘퍼런스(Ignite Conference)에서 쉘이 AI를 이용하는 것에 대해 "매우 놀랍다"고 표현하며, "이는 AI를 이용하는 매우 적극적인 전략이다"라고 말했다. 그리고 AI 소프트웨어 회사 C3 IoT의 CEO인 톰 시벨(Tom Siebel)은 "쉘이 세계에서 가장 우수한 AI 프로그램 도입을 준비하고 있다"고 말했다. 다른 사람들은 모두 쉘의 AI 구현을 바라보고 있다. 쉘은 비즈니스에 새로운 혁신을 추구하고 있다.[04]

비즈니스에서 AI 활용 기회 포착

AI를 최대한 활용한다는 것은 비즈니스의 가장 중요한 기회를 파악하는 것을 의미한다. 비즈니스의 전략적 목표를 달성하는 데 어떻게 AI가 도움을 줄 수 있는가? 비즈니스에서 가장 중요한 과제를 해결하는 데 어떻게 AI가 도움을 줄 수 있는가? 앞 장에서 논의한 바와 같이 당신은 회사의 비즈니스 전략을 검토한 후에 적절한 AI 전략을 수립하는 준비를 해야 한다. 이 과정은 다음과 같다.

비즈니스에서 AI의 잠재적인 애플리케이션 이용 사례 확인

AI의 잠재적 이용 사례 몇 가지(1~3가지)를 최우선 이용 사례로 선정하고, 1~2가지 빠르게 성공할 수 있는 AI 이용 사례를 결합한다면, 나중에 빠른 성과 창출이 무엇을 의미하는지 자세히 알 수 있다.

1단계: AI 이용 사례 식별

첫 번째 단계에서는 잠재적인 AI 프로젝트나 이용 사례에 국한하지 말아야 한다. 다음 단계에서는 AI 이용 사례를 보다 관리 가능한 수준으로 줄일 수 있다. 지금은 전반적인 비즈니스 전략에 대해 더 많이 생각하고, AI가 이러한 목표를 달성하는 데 어떤 도움을 줄 수 있는지 생각해야 한다. 당신은 이 과정을 돕기 위해 언제든지 AI 컨설턴트를 고용할 수 있다.

당신 회사의 AI 이용 사례는 당신 회사의 비즈니스 전략에 의해 주도되기 때문에, 모든 회사는 고유한 AI 이용 사례를 보유할 것이다. 한 회사의 AI 우선순위는 다른 회사와 관련이 없을 수 있다. 단, 제2부에서 살펴본 바와 같이 조직에서 AI를 이용하는 일반적인 방법은 다음과 같다(이 중 몇 가지가 비즈니스에 적용될 수 있으며, 산업, 비즈니스 과제 등에 보다 특정한 다른 용도를 가질 수 있다).

- 제품을 보다 지능적으로 만드는 방법
- 보다 지능적인 서비스개발
- 고객에 대한 심층적인 이해 구축
- 비즈니스 프로세스 인텔리전트화
- 핵심 비즈니스 기능 자동화
- 시간이 많이 걸리고 반복적이거나 일상적인 작업 자동화

당신 비즈니스에서 AI의 잠재적인 이용 용도를 정확히 파악했으면, 당신은 이제 조금 더 자세히 알아보기를 시작해야 한다. 이를 위해 부록에 제시된 AI 이용 사례 템플릿(AI Use Case Template)을 이용하기 바란다.

AI 이용 사례 템플릿 내에서 당신이 완료해야 할 섹션은 10개이며, 10개의 섹션은 각각 AI 이용 사례를 자세히 정의하도록 설계되어 있다. AI 이용 사례에 대해 템플릿을 작성해 보기 바란다.

AI 이용 사례 템플릿을 작성하는 데 다음의 사항을 고려해야 한다.

전략적 목표에 연결 첫째, AI 이용 사례를 전략적 비즈니스 목표에 연결할 수 있는 것이 중요하다. 이러한 AI 활용이 비즈니스 목표 달성, 성장 및 번영에 어떤 도움이 될 것인가? 다시 말해서 애초에 왜 이런 문제를 겪는 것일까? AI를 위한 AI를 피하길 바란다.

AI 목표 여기서 AI 관련 목표를 좀 더 구체적으로 정의할 수 있다. 특히 이번 AI를 통해 무엇을 달성하고자 하는가? 예를 들면, 특정 비즈니스에서의 중요한 문제를 해결하고, 주요 비즈니스 질문에 답변하고, 수익을 높이고, 직원 이직률을 줄이고, 건강과 안전을 개선하는 등의 방법을 모색할 수 있다.

성과측정지표(KPI) 이 섹션은 "이번 AI 프로젝트의 성공은 어떻게 이루어졌으며, AI 프로젝트의 성공은 어떻게 측정할 것인가?"라는 질문에 답변을 제공한다. 최대한 구체적으로 특정 비즈니스 성과측정지표를 이용해 당신의 AI 프로젝트에 대한 진행 상황을 평가할 수 있을 것이다.

AI 사례 소유자 이용 내 경험에 의하면 만약 당신이 AI 프로젝트에 대해 누군가에게 책임을 묻지 않는다면, 결코 성공적으로 AI 프로젝트가 이루어지지 않을 것이다. 그렇다면 이 AI 이용 사례는 누가 책임질 것인가? 물론 그 AI 이용 사례 소유자는 아마도 다른 사람들의 도움을 받아야 할 것이다(아마도 기업 내부 또는 외부에서). 하지만 중요한 것은 한 사람이 이 프로젝트에 대한 전반적인 소유권을 가지고 있다는 것이다.

AI 접근 방식과 필요한 데이터 제2장에서 설명하였던 것처럼 AI는 여러 세분화된 기술(기계학습, 딥러닝, 컴퓨터비전 등)을 포괄하고, 그 외 많은 기술 트렌드(IoT 기기, 블록체인 등)를 포괄하고 있다. AI 목표를 달성하려면 어떤 접근 방식이 필요하고 어떤 종류의 데이터가 필요한가? 이에 대해 제10장에서 자세히 설명한다.

윤리적 문제와 법적 문제 제9장을 통해 AI의 윤리와 투명성에 대한 필요성을 자세히 설명한다. 이 주제는 매우 중요하다. 당신의 AI 이용 사례(개인정보 동의와 개인정보보호 포함)의 잠재적인 법적 영향뿐만 아니라 윤리적 영향도 고려해야 할 것이다. 다시 말해 어떻게 AI를 이용하는 것이 기업, 직원, 고객들에게 긍정적인 기여를 할 수 있는지 고민해야 한다.

기술과 인프라스트럭처 각각의 AI 이용 사례마다 약간의 기술과 인프라 변경이 필요할 가능성이 매우 높다. 여기서는 AI 목표를 달성하기 위해 어떤 시스템, 소프트웨어, 하드웨어가 필요한지 생각해 보아야 한다. 기술과 인프라에 대한 자세한 내용은 제11장에서 설명한다.

스킬과 역량 특히 중소기업에 있어서 AI는 스킬, 능력, 역량, 자원과 관련된 문제를 유발할 수 있다. 당신은 회사에서 AI 목표를 달성하는 데 방해될 수 있는 기술 격차를 고려해야 할 것이다. 당신은 어떻게 기술 격차를 해결할 것인가? 이 해결책에는 직원교육, 신규 인재 채용, 외부 전문업체와의 제휴가 포함될 수 있다. AI 측면에서 필요한 인재와 스킬에 대한 내용은 제8장에서 자세히 설명할 것이다.

구현 만약 당신이 AI 구현 목표를 실현하고자 한다면, 당신은 AI 구현에 따른 잠재적 문제를 극복해야 한다. 이 문제는 리더십과 관련되어 있고, 나는 이 문제에 대해 제12장에서 자세히 설명할 것이다.

변화관리 변화관리는 일반적으로 AI 구현과 함께 다루지만, 나는 AI와 관련된 변화관리를 신중하게 하는 것이 중요하다는 것을 강조하기 위해 분리하였다. 비즈니스를 어떻게 운영하느냐에 따라 AI는 큰 변화를 유발할 수 있다. 예를 들면, 당신이 AI를 이용해 비즈니스 프로세스를 자동화한다면, 이는 직원들의 업무에 긍정적인 영향을 줄 수 있다. 따라서 긍정적인 AI 문화를 확산하기 위한 노력은 관리적 측면에서 중요하다. 나는 제8장에서 사람과 문화에 대해 자세히 설명할 것이다.

이 프로세스를 반복하고 각각 AI 이용 사례에 대해 템플릿을 작성해 보길 바란다. 이 프로세스를 통해 전략적 중요도 순서에 따라 AI 이용 사례를 평가하고, AI 우선순위를 정할 수 있으며, 이를 통해 다음과 같은 장점을 얻을 수 있다.

2단계: AI 우선순위 과제 해결

비즈니스에 따라 이전 단계에서 최대 10개 또는 15개의 이용 사례를 파악했을 수 있을 것이다. 한 번에 너무 많은 AI 프로젝트에 착수한다면 재앙이 시작될 수 있다. 그러므로 이제 비즈니스에 대한 전략적 중요도에 따라 AI 이용 사례의 우선순위를 매겨야 한다. 이를 통해 당신이 궁극적으로 다음과 같은 결과를 얻기를 바란다.

주요 1~3가지 전략적 활용 사례 현재 당신 회사의 가장 중요한 AI 우선 과제인 AI 이용 사례는 당신 회사의 비즈니스에 가장 큰 기회를 제공하거나 가장 큰 비즈니스 과제를 해결하는 데 도움이 될 것이다. 만약 당신 회사가 중소기업이라면 한 번에 하나의 핵심 AI 우선순위에만 집중하는 것이 좋다. 보다 큰 비즈니스를 위해서는 두세 개 정도는 실행할 수 있어야 한다. 그러나 세 가지 이상의 주요 AI 이용 사례에 우선순위를 매기고자 실행하지 말기 바란다. 즉 적은 수의 AI 활용 과제를 고수한다면 AI 전략이 집중적이고 달성 가능한 상태를 유지할 수 있게 될 것이다.

1~2가지 AI 프로젝트의 '빠른 성과 창출(quick wins)' 나는 비교적 빠르고, 쉽고, 저렴한 한두 가지 단기, 소규모 AI 프로젝트를 확인하는 것이 정말 도움이 된다는 것을 알게 되었다. 당신의 주요 AI 우선순위는 구현하는 데 시간이 걸릴 수 있기 때문에, 당신은 몇 번의 빠른 성과 창출을 통해 AI의 가치를 보여주고 사람들을 설득하는 데 도움을 제공하며 AI 문화의 씨앗을 뿌릴 수 있다.

AI 우선순위를 파악한 후 당신은 해당 AI 이용 사례에서 공통 주제, 문제, 요구사항을 확인해야 한다. 나는 이를 위한 AI 전략 템플릿을 제공하였다. 부록의 AI 전략 템플릿을 참조하기 바란다. 이 AI 전략 템플릿은 당신의 공식적인 AI 전략의 기초를 제공하는 데 도움을 줄 것이다.

AI 전략 템플릿을 보면 가장 시급한 AI 우선순위 1~3가지를 상위권에 포함시킬 수 있는 공간과 1~2가지의 빠른 성과를 창출할 수 있는 공간이 있다는 것을 알 수 있다. 나머지 템플릿은 기술 및 요구사항으로 세분화된다(이 책의 뒤에 나오는 AI 이용 사례 템플릿의 단계를 밟아가면서 익숙해질 것이다.). 제7장의 각 소단원에서는 최우선 활용 사례와 빠른 성공 사례에서 공통적인 과제, 주제, 활동, 문제, 목표를 정확하게 파악하는 것이 핵심이다. 각각의 AI 이용 사례에 대해 우리가 이렇게 하는 이유는, 예를 들면 적합한 데이터에 접근 권한을 부여하는 것처럼 AI 프로젝트는 서로 다르며 몇 가지 공통적인 문제나 과제를 공유해야 한다. 이러한 공유 테마를 조기에 파악함으로써 이를 극복하는 가장 효율적이고 효과적인 방법을 찾을 수 있다.

템플릿의 순서에 따라 다음을 확인하기 바란다.

- **일반적인 데이터 전략 문제:** AI는 데이터 없이는 작동하지 않기 때문에 현시점에서 데이터 전략을 다시 살펴봐야 할 수도 있다. 제10장의 데이터 단원을 자세히 살펴보기 바란다.
- **일반적인 윤리적 · 법적 문제:** 이에 대해 더 자세히 알아보려면 제9장을 참고하기 바란다.
- **공통 기술(technology)과 인프라 문제:** 제11장에서 자세히 설명한다.

- **공통 스킬(skill)과 역량 문제:** 이는 사람과 관련된 이슈로 제8장을 살펴보기 바란다.
- **일반적인 구현 문제:** 일반적인 리더십 과제는 제12장에서 상세히 설명한다.
- **일반적인 변화관리 문제:** 일반적인 리더십 과제는 제12장에서 설명하고, 사람과 기술 고려사항은 제8장에서 상세히 설명한다.

AI 이용 사례 템플릿을 완성하면 AI 우선순위 전반에 걸쳐 공통의 테마, 이슈, 과제를 파악할 수 있을 뿐만 아니라 AI를 통해 달성하고자 하는 목표를 한 페이지에 쉽게 이해할 수 있다. AI 우선순위의 복잡성에 따라 위의 각 고려사항을 장시간 동안 요약한 상세한 서술형 전략 문서를 작성해야 할 수도 있다.

그리고 현재 AI 우선순위가 높지 않은 AI 이용 사례에 대해서는 완전히 폐기하지 말아야 한다. 하나의 AI 프로젝트를 달성하면 다른 AI 이용 사례로 이동할 수 있는 능력이 있음을 알게 될 수도 있고, 또는 전체적인 전략적 AI 우선순위가 바뀌게 될 수도 있다. 이는 이전에 파악한 AI 이용 사례와 더 이상 관련이 없다는 것을 의미한다. 따라서 최소한 1년에 한 번 또는 중요한 비즈니스 전략을 검토할 때마다 AI 이용 사례를 확인하고, AI 우선순위를 정하는 이 프로세스를 반복할 것을 권장한다.

AI 여정에 참여한 다른 기업으로부터 학습

여기에서 일부 다른 기업이 비즈니스 과제를 극복하고 전략적 AI 우선순위를 전달하기 위해 AI를 성공적으로 구현한 방법을 강조한다.

전통적 비즈니스

이 장에서 쉘 사례를 설명했는데, 쉘이 AI 활용을 어떻게 했는지 다시 살펴보자. 쉘은 AI를 활용하는 전략적 야망이 적절한지 확인하기 위해 전반적인 조직 전략을 검토하는 것으로 시작했다. 그런 다음 쉘은 IT 직원뿐만 아니라 다양한 사업부 직원을 대상으로 비즈니스 전반에 걸쳐 일련의 워크샵을 실시하여 AI의 잠재적 활용 기회를 모색하였다. 그 다음에 쉘은 앞에서 설명한 프로세스에서 AI 활용 기회를 보다 상세하게 정의하고 가장 시급한 비즈니스 요구에 따라 AI 이용 사례에 대한 우선순위를 결정했다. 비록 쉘이 인상적인 경영 자원을 가진 대규모 조직임에도 불구하고 쉘은 세 가지 전략적 AI 우선순위를 두었고, 이 중 1~2가지 부분에서 빠른 성과 창출을 계획했다. 왜냐하면 대기업들조차 AI의 흥분에 사로잡혀 그들이 성취하려고 하는 것을 놓칠 위험이 있기 때문이다.

쉘은 오랜 기간 운영된 산업(대규모의 변화를 겪고 있는 산업)에 종사하고 있으며, 1세기 이상 존재한 회사이다. 새로운 비즈니스, 즉 처음부터 기술 중심적인 기업이 인텔리전스 혁명에 어떻게 대처해 왔는가를 살펴보아야 할 것이다.

기술 추적자

아마존과 알리바바는 현재 빅데이터와 AIaaS 분야의 선두주자이다. 하지만 중요한 것은 두 기업은 'AI 네이티브 비즈니스(AI-native business)'로 시작하지 않았다는 것이다. 아마존은 온라인에서 서적을 판매하는 소매업체로 시작하였고, 알리바바는 일반 온라인 소매업체에서 시작하였다. 두 회사는 전자상거래 시작과 함께 모두 처음부터 기술에 초점을 맞추었다. 두 회사는 모두 AI를 핵심으로 사업한 것이 아니라, AI가 발전함에 따라 자연스럽게 AI를 사업 핵심으로 받아들이게 된 것이다.

오늘날 아마존과 알리바바는 그들이 수행하는 모든 비즈니스의 핵심에 AI를 배치했다. 예를 들면, 제4장에서 스마트한 제품으로 알렉사, 에코 등을 소개하였고, 제5장에서 스마트한 서비스로 아마존의 개인화된 고객 추천 서비스를 소개하였다. 그리고 제6장에서는 스마트한 비즈니스 운영 사례로 알리바바의 AI 주도 카피라이팅 도구를 소개하였다.

알리바바는 아마존과 이베이를 합친 것보다 많은 글로벌 매출을 올리는 세계 최대 전자상거래 기업이다.[05] 알리바바는 온라인 판매를 촉진하고 고객 문의를 관리하기 위해 AI를 이용한다.[06] 예를 들면, AI 기반 챗봇인 다이안 샤오이(Dian Xiaoi)는 하루에 350만 명 이상의 고객들에게 서비스를 제공하고, 90% 이상의 문의를 성공적으로 응대한다. 알리바바는 또한 로봇을 이용하여 하루에 100만 대 출하를 처리할 수 있는 자동화된 창고에 주문을 이행하고 있다.[07] 알리바바는 심지어 실제 상점들을 스마트 스토어(smart stores)로 바꾸고 있다. 알리바바는 티몰(Tmall) 브랜드로 사람들이 왕래하는 통행량을 추적하는 열 센서와 같은 AI 기반 앱과 기술을 도입해 약 100만 개의 작은 마트(mom-and-pop shops)와 100개의 대형마트를 정비했다.[08]

마찬가지로 아마존도 AI를 모든 업무의 중심에 배치하였다. 아마존은 AI 시스템인 알렉사의 이용자 요청에 대한 이해와 대응능력을 강화하였다. 예를 들면, 아마존은 고객의 검색 결과로부터 고객이 구입하려는 상품을 예측하는 것에 이르기까지 온라인 쇼핑 경험을 강화하는 시스템을 구축하였다. 그리고 아마존은 클라우드 컴퓨팅 서비스를 제공하는 자회사인 아마존 웹 서비스를 통해 AI를 도입하기 위한 기술, 능력, 역량을 갖추지 못한 기업들에게 AI에 접근할 수 있도록 도움을 제공하고 있다.

이러한 사례들은 기술에 정통한 기업들조차 AI를 중심으로 어떻게 비즈니스를 재편성해야 했는지를 보여준다. 아마존과 알리바바에 대해 정말 인상적인 것은 이들 기업의 서로 다른 부서들이 AI를 배경으로 비즈니스를 수행한 점이다. AI를 성공적으로 도입하기 위해서는 'AI 문화' 구축이 필수적이며, 아마존과 알리바바 모두 이러한 문화가 어떻게 비즈니스 전반에 걸쳐 성공을 촉진할 수 있는지를 잘 보여준다.

AI 네이티브 비즈니스

틱톡(TikTok)과 투티아오(Tutiao) 앱을 만든 회사인 바이트댄스(ByteDance)는 세계에서 가장 가치 있는 스타트업이다.[09] 아마존이나 알리바바와 달리 바이트댄스는 AI 기업으로 출발했는데, 틱톡, 투티아오 등 바이트댄스의 모든 제품이 AI를 활용해 이용자가 가장 보고 싶은 콘텐츠를 전달한다. 바이트댄스의 시스템은 컴퓨터비전, 자연어처리, 기계학습과 같은 AI 기술을 이용하여 작성된 콘텐츠, 이미지, 동영상을 이해하고 분석한다. 그런 다음 시스템이 각 이용자에 대해 알고 있는 내용을 바탕으로 각 이용자가 원한다고 생각하는 콘텐츠를 전달할 수 있다. 이용자가 앱(기사 읽기, 동영상 시청, 댓글 작성 등)과 상호 작용을 많이 할수록 기계학습 알고리즘은 이용자의 선호와 관심사를 더 잘 이해하게 된다.

여기서 중요한 교훈은 바이트댄스가 제품과 서비스에 AI를 구현해 주는 회사가 아니라는 것이다. 바이트댄스의 경우 AI는 비즈니스의 핵심으로 제품이자 서비스이다.

AI 비즈니스로 전환하면 전체 비즈니스 모델이 변화될까?

대부분의 기업은 결코 바이트댄스, 아마존, 알리바바와 같은 회사의 AI 고지에 도달하지 못할 것이며, 이 정도로 큰 규모의 AI에 대처할 필요도 없다. 그런데 흥미로운 것은 많은 기업들이 스스로 AI 비즈니스를 수행하기 시작했다는 점이다. 내가 이미 언급한 애플 사례는 컴퓨터 제조업체에서 스마트 제품을 생산하고 점점 더 스마트한 서비스를 생산하는 회사로 전환했다.

그러나 기술계 밖에서도 AI, 빅데이터, 인텔리전스 혁명은 조직이 운영하는 바로 그 비즈니스 모델에 영향을 미치기 시작하고 있다. 몇 가지 예를 보자.

윔블던: AELTC이 데이터 기반 미디어 조직으로 전환한 방법

제5장에서 나는 IBM의 AI 왓슨 도구가 테니스 경기의 자동 하이라이트를 만드는 데 어떻게 이용되고 있는지 간단히 언급했다. 나는 윔블던(Wimbledon) 테니스 경기를 정말 좋아하는데, 그 예를 좀 더 확대해 설명해 보겠다. 나는 2019년 운 좋게도 AELTC(All England Lawn Tennis Club)와 IBM이 AI를 활용해 훌륭한 이용자 경험을 전달하고 있는 과정을 비하인드 스틸로 엿볼 수 있었다.

2018년에 AELTC는 BBC로부터 윔블던 토너먼트 방송을 인수했는데, 이는 TV 카메라와 방송 출력물이 현재 윔블던 방송 서비스(Wimbledon Broadcasting Services)라고 불리는 운영을 통해 사내에서 통제되고 있다는 것을 의미한다.[10] 이것은 AELTC를 테니스 클럽에서 데이터 중심의 미디어 조직으로 전환하려는 의도적인 움직임의 일환이었다. AELTC는 IBM의 AI 기술과 윔블던 파트너십(Wimbledon's partnership)을 통해 시청자들에게 흥미진진한 디지털 경험을 제공할 수 있게 되었고, 전 세계 시청자들을 위한 맞춤형 콘텐츠 제작과 편집이 가능해졌다.

한 예로, 윔블던은 이제 팬들이 테니스 연습장에서 무슨 일이 일어나는지 볼 수 있게 해주는 온라인 및 앱 기반의 증강현실(AR) 경험을 제공한다. 그리고 제5장에서 설명했듯이 팬들은 이제 비디오 분석과 사운드 분석(본질적으로 플레이어 제스처와 군중 반응과 같은 요소를 바탕으로 하루 경기 중 가장 흥미진진한 부분을 정확히 지적한다)을 이용하여 IBM 왓슨이 큐레이션한 AI가 만든 일일 하이라이트를 볼 수 있다. AI를 이용하면 수백 시간 분량의 영상에서 하이라이트 패키지를 만드는 과정은 이제 경기가 끝난 후 2분

이내에 완료할 수 있다.[11]

더욱이 IBM은 하이라이트가 생성되는 방식에 편견이 없도록 하기 위해 오픈스케일(OpenScale)이라는 새로운 도구를 도입했다. 예를 들면, 특정 경기의 관중 규모가 작을 경우 AI는 하이라이트가 공정하고 균형 잡힌 방식으로 생성되고 흥미로운 순간을 놓치지 않도록 순위 지정 과정에 이를 활용하고 있다.

이런 기술력을 앞세운 AELTC는 자체 동영상 생산량 전권을 가진 AI 추진 미디어 조직으로 빠르게 전환하고 있다.

앱 시대의 은행: 은행이 자사를 소프트웨어 회사로 봄

제5장에서 나는 얼마나 많은 전통적인 은행들이 그들의 영역으로 진출하여 더 멋지고 더 경쟁력 있는 상품을 제공하는 핀테크 스타트업을 퇴치하기 위해 고군분투해 왔는지를 언급했다. 많은 전통적인 은행들은 AI 채택에 다음과 같은 중대한 과제에 직면해 있다.

- 투박한 레거시 IT 시스템
- AI를 크게 강조하지 않는 문화
- 은행 업무가 모든 사람이 필요로 하는 기본적인 효용을 제공하는 방식으로 서비스를 제공함, 단도직입적으로 말하면 일부 은행들이 고객을 위해 실질적인 가치를 더해야 할 필요성을 무시함

그 결과 많은 핀테크 스타트업들이 은행권 거래 비즈니스 영역으로 진출하여, 부가가치 서비스로 고객을 유치할 수 있게 되었다.

예를 들면, 플레오(Pleo)는 당신의 비용을 자동으로 관리하는 앱을 지원하는 비즈니스 카드를 제공한다. 이용자는 영수증 사진을 찍거나 이메일을 통해 영수증이 발송된 경우, 앱이 이를 인지하고 자체적으로 세부정보를 업로드한다. 그런 다음 거래는 적절한 비용 형식으로 자동 분류된다.

예를 들면, AI는 주유소에서의 지출이 음식에 대한 지출인지, 연료에 대한 지출이었는지 여부를 분류한다. 즉 이용자는 더 이상 비용 보고서를 작성하는 데 귀중한 시간을 할애할 필요가 없게 되었다. 새로운 핀테크 금융 앱은 전통적인 금융기관이 제공하지 않았던 돈을 관리하거나 저축하는 부분에서 사람들에게 도움을 주고 있다. 예를 들면, 모바일 앱에 기반을 둔 은행인 몬조(Monzo)는 고객에게 완전한 금융계좌 서비스를 제공하고 있다. 고객에게 환전 서비스를 제공하고, 부가가치 서비스로 환전에서 차액이 생기면 별도의 저축 계좌에 넣어주는 서비스를 제공하고 있다.

일부 전통적인 은행들은 이러한 신흥 핀테크 기업들에 맞서 싸우고 있다. 스페인에서 두 번째로 큰 은행인 BBVA(Banco Bilbao Vizcaya Argentaria)를 예로 들어보자. BBVA는 고객에게 금융 서비스를 제공하는데 AI를 혁신 전략의 중심에 놓았고, 2015년에 이 회사의 전무이사는 "BBVA는 미래에 소프트웨어 회사가 될 것"이라고 주장했었다.[12]

BBVA는 모바일 뱅킹 앱 제품군을 포함한 고객 중심 플랫폼을 만드는 것을 첫 번째 우선순위에 두었다. BBVA는 구글 클라우드와 협업해 비코노미 앱(Bconomy app)을 개발하였다. 이 앱은 고객들이 향후 한 달 동안의 미래 수입과 비용을 예측해 고객의 돈관리를 돕는 기능이 포함되어 있다. 또한 BBVA의 바로라(Valora) 앱은 주택 구입자들에게 판매용 주택에 대한 가격 정보를 제공하고, 근처에서 판매된 유사한 주택의 판매 수치를 비교해 정보를 제공한다. 또한 BBVA는 고객이 음성명령을 활용하여 거래를 완료할 수 있는 AI 기반 인앱 음성비서인 미아(MIA)를 보유하고 있다. 또한 BBVA는 핀테크 기업의 인수합병에 약 10억 달러에 해당하는 상당한 돈을 투자해 왔으며, 현재 디지털 전용 은행인 아톰(Atom)의 최대 주주가 되었다.[13] 이 모든 활동이 성과를 거두기 시작하고 있다. 포레스터 리서치(Forrester Research)는 2018년 보고서를 통해 최고의 글로벌 모바일 뱅킹 앱 서비스를 제공하는 은행으로 BBVA를 선정하였다.[14] BBVA는 단순한 은행 서비스 제공자가 아니라 소프트웨어 회사가 되겠다는 목표를 실현하였다.

핵심사항

이 장에서는 다음의 내용을 설명하였다.

- 성공적인 AI는 기술 자체가 아니라 비즈니스 전략에서 출발한다. 당신 회사의 AI 전략은 중요한 비즈니스 전략과 연계되어야 한다. 즉 AI가 조직의 목표를 달성하는 데 도움이 되어야 한다. 먼저 중요한 비즈니스 전략이 인텔리전스 혁명에 적합한지 확인해야 한다. 시대에 뒤떨어진 비즈니스 전략에 AI를 적용하지 않기를 바란다.
- AI 전략 수립은 두 단계로 시작한다(이 책의 뒤에 나오는 템플릿에 의해 지원됨).
- 비즈니스에서 AI의 잠재적인 애플리케이션(AI 이용 사례)을 확인해야 한다.
- 전략적 중요도에 따라 AI 이용 사례의 우선순위를 지정한다. 1위, 2위, 3위 전략 이용 사례에 AI의 가치를 입증하기 위해 신속하게 구현할 수 있는 1~2번의 빠른 성과 창출이 더해져야 한다.

- 적어도 매년 비즈니스 전략을 검토할 때마다 AI 이용 사례에 우선순위를 정하고 확인하는 프로세스를 반복해야 한다.
- 오랫동안 비즈니스를 수행하는 기업에서 기술 스타트업과 AI 네이티브에 이르기까지 AI가 점점 조직의 중심이 되고 있다. AI, 빅데이터는 조직의 비즈니스 모델에 변화를 제공하고 있다.

당신이 AI 이용에 우선순위를 결정하고 확인하는 것과 그것을 현실로 바꾸는 것은 전혀 별개의 문제이다. 어떤 조직이든 성공적으로 AI를 구현하기 위해서는 AI가 조직에 가져올 수 있는 많은 변화에도 불구하고 AI를 포용하는 문화 구축은 필수적이다. 다음 제8장에서는 AI가 비즈니스에 종사하는 사람들에게 어떤 의미를 제공하고, 어떻게 당신 회사를 인텔리전스 혁명으로 참여시킬 수 있는지 살펴볼 것이다.

참고 자료

01 Shell, Our strategy, https://www.shell.com/investors/shell-and-our-strategy/our-strategy.html(archived at https://perma.cc/8RXL-Q73V)

02 Shell, Shell RechargePlus: Managed smart charging for electric vehicles, https://www.shell.us/business-customers/shellrechargeplus.html(archived at https://perma.cc/GC8N-BK2C)

03 Konathala, S.(2018) Text of Satya Nadella's keynote speech at Ignite Conference 2018, *Medium*, https://medium.com/techinpieces/text-of-satya-nadellas-keynote-speech-at-ignite-conference-2018-4141077384f6(archived at https://perma.cc/4MG4-53YK)

04 *Financial Times*, The week in energy: AI and oil, https://www.ft.com/content/d67962d8-c0d8-11e8-95b1-d36dfef1b89a(archived at https://perma.cc/59R6-K3E6)

05 Cheng, A.(2017) Alibaba vs The World, *Institutional Investor*, https://www.institutionalinvestor.com/article/b1505pjf8xsy75/alibaba-vs-the-world(archived at https://perma.cc/8C5V-KWSZ)

06 Chec, C. and Dai, S.(7017) Alibaba lets AI, robots and drones do the heavy lifting on Singles' Day, *South China Morning Post*, https://www.scmp.com/tech/innovation/article/2119359/alibaba-lets-ai-robots-and-drones-do-heavy-lifting-singles-day(archived at https://perma.cc/7JMF-H7W3)

07 Marr, B.(1028) The amazing ways Chinese tech giant Alibaba uses artificial intelligence and machine learning, *Forbes*, https://www.forbes.com/sites/bernardmarr/2018/07/23/the-amazing-ways-chinese-tech-giant-alibaba-uses-artificial-intelligence-and-machine-learning/#736a9b63117a(archived at https://perma.cc/LWR2-AJPX)

08 Levine, S.(2017) China's AI-infused corner store of the future, *Axios*,

https://www.axios.com/china-alibaba-tencent-jd-com-artificial-intelligence-corner-store-df90517e-befb-40ca-82d5-f37caa738d54.html(archived at https://perma.cc/3KW2-HAL7)

09 Byford, S.(2018) How China's ByteDance became the world's most valuable startup. *The Verge*, https://www.theverge.com/2018/11/30/18107732/bytedance-valuation-tiktok-china-startup (archived at https://perma.cc/ZMT2-YBD9)

10 Nelson, A.(2017) Wimbledon to launch in-house host broadcaster, *SportsPro*, https://www.sportspromedia.com/news/wimbledon-to-launch-in-house-host-broadcaster(archived at https://perma.cc/VQ2G-WQNR)

11 IBM(2019) First serve: Wimbledon daily video highlights curated by IBM Watson, the AI behind The Championships, *Telegraph*, https://www.telegraph.co.uk/tennis/artificial-intelligence/wimbledon-daily-video-highlights/(archived at https://perma.cc/VE22-T9KV)

12 Marr, B.(2019) BBVA, Spain's second-largest bank, is using artificial intelligence to transform itself, https://www.linkedin.com/pulse/bbva-spains-second-largest-bank-using-artificial-transform-marr/(archived at https://perma.cc/GH36-AEN6)

13 Grynkiewicz, T.(2018) A billion dollar bet on the future: Fintech Investment Leader BBVA just showed how to deal with Amazon and Google, https://www.netguru.com/blog/fintech-investment-bbva-amazon-and-google(archived at https://perma.cc/A7DW-ZSNY)

14 Forrester Research(2018) The Forrester banking wave: global mobile apps summary, https://www.forrester.com/report/The+Forrester+Banking+Wave+Global+Mobile+Apps+Summary+2018/-/E-RES144696(archived at https://perma.cc/354R-XXRT)

CHAPTER 08

사람과 문화 요구사항 해결

당신 회사는 적합한 사람들과 문화가 없이는 인텔리전트한 조직이 될 수 없다. AI가 제대로 된 기술과 역량을 갖추지 못하거나 AI와 데이터 이니셔티브를 전사적으로 갖추지 못하면 어떤 비즈니스도 성공할 수 없다. 그래서 나는 제8장이 이 책에서 가장 중요한 단원 중 하나라고 생각한다.

제8장을 시작하기 위해 나는 AI의 발전이 우리가 일하는 방식을 어떻게 변화시킬 것인지에 대해 알아볼 것이다. 당연히 업무 세계가 변화함에 따라 다양한 스킬과 역량 집합은 개인 수준과 조직 수준 모두에서 성공을 위해 더욱 중요해질 것이다. 우리는 단순히 기술 스킬과 역량을 말하려는 것이 아니라(비록 테크니컬 스킬과 역량이 중요하더라도), 소프트 스킬, 즉 변화에 대처하는 능력이나 문제를 해결하고 혁신적인 해결책을 찾기 위해 창의적으로 생각하는 능력과 같은 것들도 말하고 있다.

그리고 조직이 발전함에 따라 어떻게 하면 회사의 모든 수준에서 모든 사람을 AI 여정에 참여시킬 수 있을지 신중하게 생각하는 것이 정말 중요하다. 변화는 결국 사람들을 불안하게 만들기 때문에 조직들은 변화를 관리하고, 두려움을 극복하고, 긍정적인 AI 문화, 즉 AI와 데이터를 성공의 핵심 요소로 받아들이는 문화를 구축하기 위해 열심히 노력해야 할 것이다. AI를 두려워할 것이 아니라 우리 모두가 AI를 활용해 일을 잘할 수 있는 기회로 여기는 문화를 만들어야 한다.

마지막으로 제8장은 조직의 필요성만을 염두에 둔 것이 아니라, 개인으로서의 필요를 염두에 두고 작성하였다. 제8장을 통해 당신은 스킬과 역량 그리고 회사에 가치를 더하고 미래 경력을 강화하기 위해 배우고 발전시켜야 할 분야를 생각해 보기 바란다.

업무 세계가 어떻게 변화할까?

기술은 작업 방식에 새로운 변화를 가져다주었다. 컴퓨터와 디지털 기술(3차 산업혁명)이 우리의 작업 방식에 끼친 영향을 생각해 보라. 그러나 인텔리전스 혁명, 즉 4차 산업혁명은 변화의 속도라는 측면에서 유례없이 혁신적이라는 느낌을 가져다준다. AI가 인간이 하는 일을 근본적으로 변화시킬 것이라는 데는 의심의 여지가 없다(그리고 이 장에서 보겠지만, 4차 산업혁명은 잠재적으로 일에 대한 사고방식을 바꿀 수도 있다.). 그러나 우리는 여기서 세대교체를 말하려고 하는 것이 아니다. 우리는 미래에 당신의 자녀와 손주들이 어떻게 완전히 새로운 일을 할 것인가에 대해 이야기하는 것이 아니라 향후 5년, 10년, 20년 내에 일어날 엄청난 변화에 대해 이야기하려는 것이다. 개인과 조직은 이러한 변화에 대비하기 시작해야 한다.

자동화의 미래 영향

자동화 확대는 "두려워하라: 로봇이 우리의 모든 일을 대신할 것이다"라는 AI의 공통 주제를 설명해 준다. 나는 자동화 확대를 과소평가하고 싶지는 않다. 많은 산업계에서 업무처리에 자동화의 영향이 절실히 느껴질 것이다. 하지만 나는 일반적인 "많은 노동자들의 일자리는 없어지게 될 것이다"라는 그림보다는 AI에 의해 우리 삶이 보다 긍정적으로 바뀔 것이라는 그림을 그리고 싶다.

엄격한 수치에 기반해 AI에 대한 성과를 평가해 보자. PwC 컨설팅은 자동화의 영향을 이해하기 위해 29개국에서 20만 개 이상의 일자리를 분석해 다음과 같은 결과를 얻었다.[01]

- 2020년대 초가 되면 3%의 일자리가 자동화에 따라 위험에 처한다.
- 2020년대 후반에는 자동화에 따른 위험이 거의 20%까지 상승한다.
- 2030년대 중반까지 30%의 일자리가 자동화의 잠재적 위험에 처할 것이다. 교육 수준이 낮은 노동자의 경우 이러한 잠재적 위험은 44%까지 증가한다.
- 이런 일자리 변화에 영향을 받지 않는 업종은 없겠지만 일부 업종은 다른 업종보다 영향이 클 것이다.
- AI, 로보틱스, 자동화는 2030년까지 세계 GDP에 15조 달러의 잠재력을 제공할 수 있다.

이러한 사실은 중요한 사항을 알려준다. 자동화가 기존의 많은 일자리를 대체하겠지만, PwC 컨설팅은 AI가 많은 새로운 일자리에 대한 수요를 창출할 것이라고 예측하고 있다. 다시 말해서 AI는 새로운 일자리와 새로운 기회를 창출할 것이다. 나는 이 주장에 동의하고 싶다. 이전의 산업혁명이 궁극적으로 보다 많은 일자리와 보다 개선된 일자리를 창출했듯이 인텔리전스 혁명은 기존 일자리를 파괴하는 것보다 더 많은 일자리를 창출할 것이다. 그리고 나의 중요한 희망은 AI가 인간에게 보다 좋은 일자리를 만들어 줄 것이라는 것이다.

사실 AI는 '세상이 본 것 중 가장 위대한 직업 엔진'으로 설명되어 왔다. 오히려 이전의 인터넷처럼 말이다.[02] 인터넷은 일부 직업에 부정적인 영향을 끼쳤다(예를 들어, 우리 중 얼마나 많은 사람들이 현재 지역 여행사에 찾아가지 않고, 온라인으로 항공편과 호텔을 예약하고 있는가?). 하지만 인터넷이 얼마나 많은 일자리를 창출했는지 그리고 어떻게 기업들로 하여금 새로운 시장에 진출하고, 새로운 고객들에게 다가가고, 그들의 비즈니스 프로세스를 간소화했는지를 살펴보아야 할 것이다.

왜 우리는 AI와 자동화에 그렇게 신경을 쓰는가? 그 이유는 부분적으로 미래의 직업이 무엇일지 상상이 안 되기 때문이다. 2000년과 Y2K 이전에는 존재하지 않았던 직업을 생각해 보자.

- 데이터 과학자
- 드론 조종사
- 소셜 미디어 인플루언서
- 소셜 미디어 매니저

- 블로거
- 앱 개발자
- 데이터 컴플라이언스 담당자

당신이 2000년으로 되돌아간다면, 소셜 미디어 인플루언서 또는 앱 디자이너가 되고 싶어 하는 사람들에게 어떠한 조언을 할지를 상상해 보라! 그들은 당신이 무슨 말을 하는지 전혀 모를 것이다. 마찬가지로 2040년대의 직업에서도 동일한 현상이 나타날 것이다. 우리는 2040년에 어떠한 직업이 나타날지 상상할 수 없다. 그렇지만 2040년이 다가오고 새로운 직업들은 나타날 것이다.

예를 들어, 거의 1만 달러에 팔린 디지털 드레스(digital dress)에 대한 2019년 뉴스 기사는 우리에게 잠재적인 신산업에 대한 가능성을 보여준다.[03] 이 드레스는 실생활에서 존재하지 않고 온라인에서만 볼 수 있지만, 사진을 바탕으로 당신에게 맞춤 제작이 가능하다. 누군가가 9,500달러에 그것을 샀다고 하자. 이것은 '디지털 패션 디자이너(digital fashion designer)'가 미래에 인기 있는 직업이 될 것이라는 것을 의미하는가? 아마도 그렇게 될 것이다.

그래서 AI와 자동화에 대한 우려는 부분적으로 우리가 미래의 일을 상상하지 못했기 때문에 나타난 현상이다. 또한 자동화 관련 수치 중 일부가 잘못 표기되기도 한다는 점도 일부 원인이다. 일자리의 많은 부분이 자동화의 잠재적인 위험에 있다고 말하는 것이 반드시 모든 일자리가 사라지고 로봇으로 대체된다는 것을 의미하지는 않는다. 경우에 따라 AI를 통해 업무 일부를 자동화하거나 증강할 수 있으며, 이는 그 업무의 성격을 바꿀 수도 있다는 것을 의미한다. 방사선과 의사를 사례로 살펴보자. 의료용 컴퓨터가 이제 환자를 스캔하고, 스캔 자료를 읽고 분석할 수 있다고 해서 더 이상 방사선과 의사가 필요하지 않는다는 뜻은 아니다. 그러나 이것은 방사선과 의사들의 업무가 변화된다는 것을 의미한다. 하루에 많은 시간을 환자의 스캔 자료를 검토하는 대신, 그들은 환자의 스캔 자료를 검토하는 데 시간의 일부만 쓸 수 있게 된다는 것을 의미한다. 즉 의료용 컴퓨터가 더 많은 주의를 기울여야 하는 잠재적인 징후를 표시한 경우, 보다 많은 시간을 환자 치료 및 치료 전략 등을 위해 할애할 수 있다.

캡제미니(Capgemini)의 조사는 AI가 인간 노동자들을 완전히 대체하기보다는 AI를 증강시키는 인간과 협업할 것이라는 사실을 알려준다. 이미 AI 기반 시스템을 구축한 1,000개 조직을 대상으로 한 조사에서 5개 중 4개가 더 많은 일자리를 창출한 것으로 나타났다.[04] 더 자세히 알아보기 위해 나는 설문응답자 중 대형 보험회사 프루덴셜(Prudential)의 임원과 이야기를 나누었다. 이 회사의 글로벌 AI 책임자인 마이클 나투스치(Michael Natusch)는 "인간을 AI로 대체할 방법을 찾는 대신 가장 유익한 보완책을 찾고 있다"고 말했다. 그는 로봇 콜센터 보조원을 사례로 들었다. "분명히 아무도 로봇과 이야기하고 싶어 하지 않는다.[05] 그러나 로봇이 두 번째 벨이 울릴 때 전화를 받고 적절한 순간에 적절한 정보를 제공한다면, 여기에 가치가 존재한다. 우리 회사의 콜센터 요원들은 로봇과의 협업을 높이 평가하고 있다. 콜센터 요원들은 이제 그들의 경험, 창의성, 공감을 필요로 하는 보다 어려운 문제에 집중할 수 있기 때문이다."

이것은 우리에게 중요한 사항을 알려준다. AI에 의해 자동화될 가능성이 가장 높은 업무는 사람들이 하고 싶어 하지 않는 일이다. 기계는 지루하고 평범하며 반복적인 일을 쉽게 반복할 수 있고, 규칙에 기반하며, 다루기 힘든 일들을 자동화하는 데 뛰어나다. AI 시대에 인간은 보다 창의적이고 공감할 수 있으며 대인관계에서 뛰어나다는 것을 인지할 때, 그러한 업무들이 정말 노동자의 시간을 가장 잘 활용하게 할 것이다. 방사선과 의사의 AI를 이용한 업무 변화 사례를 생각해 보자. 방사선과 의사가 CT 스캔 이미지를 보면서 하루 종일 방에서 시간을 보내고 싶어 할까? 아니면 환자 치료에 더 많은 시간을 할애하기를 원할까?

물론 초기지만 AI에 의한 업무 변화 조짐은 고무적이다. 현재 AI 애플리케이션을 이용하고 있는 조직들은 일반적으로 AI가 중복적인 일처리를 한다기보다는 기존 인력을 늘린다는 사실을 깨닫고 있다. 달리 말하면 AI는 사람들이 그들의 일을 보다 효율적으로 처리하고 조직에 보다 많은 가치를 증대하도록 돕고 있다.

직원을 위한 새로운 근무 경험

AI는 이미 우리가 어떻게 살아가느냐의 많은 측면을 변화시키고 있다. AI가 우리의 직장생활도 변화시킬 것을 알 수 있다. 미래의 직원 경험은 겉으로 보이기에는 비기술적인 회사에서도 극적으로 AI 기술을 활용하는 방향으로 변화할 것이다. 즉 모든 회사가 점점 더 AI 기술에 의존하면서, 미래에 비기술적인 회사도 AI에 의존하게 될 것이다. 우선 첫째로, 물리적 로봇과 코봇(협동로봇)은 많은 직장에서 점점 더 많이 사용되고 있다. 우리는 이미 제조와 창고 환경에서 물리적 로봇과 코봇이 업무를 처리하는 현상을 보았다. 머지않아 사무실 환경에서도 직원들은 '동료'로서 AI 도구에 익숙해져야 할 것이다. 신입사원 채용 모집 방식부터 직무에서 학습하고 성장하는 방식, 일상 업무 활동까지 AI 기술과 스마트 머신이 일반인의 직장생활에서 점점 중요한 역할을 하게 될 것이다. 우리 모두가 이메일이나 메시징 앱과 같은 도구에 익숙해졌듯이 또한 우리는 워크플로우와 프로세스를 모니터하고 어떻게 일이 보다 효율적 · 효과적으로 수행될 수 있는지에 대해 지능적인 제안을 하는 도구도 일상적으로 이용하는 데 익숙해질 것이다. AI 도구는 회의 준비와 일지관리와 같은 점점 더 반복적인 관리 작업을 수행할 것이다. 또한 AI 도구는 직원들이 어떻게 일하고 있는지 모니터링하고 누군가가 업무에 어려움을 겪거나 절차를 제대로 따르지 않을 때, 플래그를 표시할 가능성이 매우 높다. 예를 들면, 안전 규칙을 준수하는지 여부를 체크하게 될 것이다.

이것은 AI가 직원 활동과 성과에 대한 훨씬 더 많은 모니터링을 할 수 있다는 것을 의미하며, 일부 사람들은 이를 '직원 감시(employee surveillance)'라고 부른다. 이러한 일들은 이미 일어나고 있다. 가트너(Gartner)의 조사에 따르면 매출액이 7억 5천만 달러 이상인 기업의 50% 이상이 직원 활동과 성과를 모니터링하기 위해 디지털 데이터 수집 도구를 이용하고 있는 것으로 나타났다.[06] 이러한 모니터링의 사례로서 직무분석 전문가 휴머나이즈(Humanyze)는 마이크로폰이 장착된 명찰의 데이터와 함께 직원 이메일과 메시징 데이터를 분석하여 직원 상호 작용을 보다 잘 이해할 수 있게 되었다고 하였다.[07] 이와 같이 AI 도구를 이용하는 것은 자연스럽게 일부 사람들을 분명히 불편하게 하고, 윤리, 신뢰, 투명성의 주제가 더욱 중요해질 것이다(제9장 참조).

이 모두가 의미하는 바는 직원들의 미래가 오늘날과 매우 다를 것을 알려주며, 이러한 변화는 대규모로 빠르게 다가올 것이다. AI 시대에는 인력 운용 방식 자체가 몇 가지 핵심 방식으로 바뀌고 있다. 예를 들면 다음과 같다.

- 노동력이 분산화되고 있다. 많은 직업에서 직원들은 더 이상 같은 위치에 있을 필요가 없으며, 이는 차세대 노동자들이 일이 있는 곳으로 가기보다는 어디에서 일할지를 선택할 수 있다.
- 직무 포지션의 유동성이 높아지고 있다. 긱 경제(gig economy)는 계속 확대될 것이지만, 조직 내부에서도 직원의 입지가 더욱 유동적일 것이다. 사람들은 한 곳에서 여러 가지 역할을 하게 될 것이다.
- 직원들이 평생 학습자가 되고 있다. 기술의 수명은 짧아지고 있으며, 기술은 계속해서 발전할 것이다. 이는 사람들이 업무 처리를 하는 동안 발전하는 기술에 적응해야 한다는 것을 의미한다.

'슈퍼잡'이 떠오른다

나는 기계에 의해 직업의 일부가 자동화되었을 때, 어떻게 하면 인간이 문제해결, 공감, 듣기, 소통, 해석 그리고 협업과 같은 보다 창의적이고 인간 지향적인 일을 자유롭게 하게 될지를 언급해 왔다. 즉 인간이 기계보다 일을 잘할 수 있는 분야에 집중하게 됨을 강조해 왔다. 즉 미래의 직업은 점점 더 인간적인 요소와 소프트 스킬에 집중하게 될 것이다.

중요한 것은 이러한 소프트 스킬은 많은 전통적인 직업에 관련된 일처럼 고정된 일이 아니며, 이것은 미래에 덜 엄격한 직업 역할로 이어질 수 있다. 딜로이트 컨설팅은 2019년 글로벌 인적자본 동향 조사(2019 Global Human Capital Trends survey)에서 AI가 일자리에 미치는 영향을 조사했다. 딜로이트 컨설팅에 따르면 기계가 일상적이고 반복적인 일을 떠맡을수록 일자리는 더 인간적이 되어 직장 내 사람들의 업무와 기여가 더욱 가치 있고 중요하게 된다고 하였다. 다음은 2019년 조사 결과에 의해 나타난 사실이다.[08]

- 62%의 응답자가 자동화를 이용하여 트랜잭션 작업 제거 및 반복 작업을 대체했다.
- 기존 작업 관행을 개선하고 생산성을 높이기 위해 47%가 자동화를 이용하고 있다.
- 36%는 자동화의 결과로 '재디자인 작업(redesigning work)'을 수행했다.

이러한 직무에서의 '재디자인 작업'이 실제로 의미하는 바는 무엇일까? 사람들이 다양한 직업 역할, 팀, 프로젝트를 통해 일하는 것을 인지하면서, 조직구조는 결과적으로 보다 유연하고 유동적으로 변화할 것이다. 딜로이트 컨설팅에 의하면 이것은 다음과 같은 새로운 직무 범주를 만들었다.

표준 잡(Standard jobs) 일반적으로 반복 가능한 업무와 표준화된 프로세스에 초점을 맞춘 표준 직업에서는 구체적이고 협소한 기술을 이용한다.

하이브리드 잡(Hybrid jobs) 이러한 역할에는 기술 및 소프트 스킬의 조합이 필요하며, 전통적으로 동일한 직무에서 결합되지 않았다.

슈퍼 잡(Super jobs) 이는 여러 전통적 직업의 업무와 책임을 결합한 역할로서, 기술은 업무의 범위를 확대하거나 넓히기 위해 이용되며, 여기에는 기술과 인간의 기술이 더 복잡하게 결합되어 있다.

가트너의 분석으로 볼 때, AI 시대에 성공하기 위해서는 직원들과 조직들이 테크니컬 스킬과 소프트 스킬을 모두 개발해야 할 것이 분명하다. 이 장 후반부에서 성공을 위한 테크니컬 스킬과 소프트 스킬에 대해 상세히 설명한다.

도전과 기회에 대비하기

새로운 일의 세계는 도전적인 영역으로 다가오고, 모든 사람이 우리 앞에 다가오는 변화를 준비하거나 순조롭게 적응할 수는 없을 것이다. 나는 AI가 일자리와 경제 그리고 인간이 하는 일에 미칠 전반적인 영향에 대해 낙관적이지만, 모든 것을 긍정적으로 보지는 않는다. 어떤 사람들은 일자리를 잃게 될 것이고, 새로 생겨나는 직업들 중 일부는 수준 높고, 보람 있고, 창의적인 일이 아닐 것이다. 2035년에는 우리 모두가 '슈퍼 잡'을 수행하지는 않을 것이다.

한 예로 AI와 빅데이터의 발전으로 마이크로태스크(microtasks)[09]와 '유령노동자(ghost workers)'[10]가 생겨났다. 극단적으로 말하면, 유령노동자는 빅테크 기업들을 위한 데이터셋을 정리하거나 이미지에서 사물을 식별하는 등 AI 경제를 움직이는 일상적이고 반복적인 작업을 하는 사람이다. 일반적으로 이러한 업무는 급여가 낮은 노동자들이 수행하는 업무 영역으로 AI 기술의 진보에 의해 나타나게 되었다.

그럼에도 불구하고 AI는 인간의 일을 향상시킬 수 있는 많은 흥미로운 기회를 제공한다는 것이다. AI를 최대한 활용하려면 조직과 조직에서 일하는 사람들이 변화하는 업무에 대처하는 데 필요한 테크니컬 스킬과 소프트 스킬을 모두 개발해야 할 것이다. AI는 많은 조직들을 위한 문화적 변화를 요구할 것이다. 우선 기술력부터 시작해 인텔리전스 혁명의 성공에 필요한 기술을 살펴보자.

적합한 테크니컬 스킬 구축

내가 사람들에게 AI, 빅데이터, 인텔리전스 혁명에 대해 이야기할 때, 사람들은 종종 우리가 어떤 기술을 개발해야 하는지 알고 싶어 한다(개인적인 수준과 조직적인 수준에서 모두). 우리가 앞으로 다가올 변화에 대비하기 위해서 말이다. 테크니컬 스킬은 우리 모두가 개발해야 하는 핵심 영역이며, 이는 데이터 과학과 같은 더 복잡한 범위의 끝에서부터 더 기술력이 떨어지는 것과 같은 덜 복잡한 영역에 이르기까지 다양할 수 있다.

조직과 개인이 요구하는 지식과 스킬 수준은 산업 특성과 업무 역할에 따라 달라질 것이다. 나는 모든 사람들이 기술을 중심으로 일정한 수준의 편안함을 개발해야 할 것이라고 믿는다. 4차 산업혁명은 AI, 빅데이터, 블록체인, 가상현실 등 기술 혁신에 의해 추진된다는 사실에서 벗어날 수 없다. 대부분의 직원들은 데이터에 접속하고 데이터가 알려주는 것을 토대로 어떤 조치를 취해야 하는지 파악해야 할 것이다. 그리고 모든 사람들은 새로운 기술이 그들의 산업, 회사 그리고 직업에 미치는 잠재적인 영향을 이해할 수 있어야 한다.

자동화 편향성 방지

비즈니스에서 가정은 위험한 것일 수 있다. 빅데이터와 AI의 장점은 사람들이 가정, 편견, 직감보다는 하드 데이터를 기반으로 의사결정을 내릴 수 있는 도구를 제공한다는 점이다. 그러나 모두 장밋빛은 아니다. 사실 AI와 자동화의 급속한 발전은 잠재적으로 매우 골치 아픈 기업 편향성, 즉 자동화 편향성을 유발할 수도 있다.

자동화 편향성이란 정확히 무엇인가? 누군가 맹목적으로 내비게이션을 따라 바다 또는 산 중턱으로 차를 몰고 올라가 꼼짝 못하게 되었다는 이야기를 읽은 적이 있는가? (사실 내가 이 책을 쓰고 있는 동안, 라디오에서 한 코미디언이 자신과 그의 파트너가 어떻게 프랑스 남부로 차를 몰고 갔는지를 묘사하고 있었다. 그들이 내비게이션의 안내로 북쪽으로 향하기 시작했을 때, 그 코미디언은 프랑스 남부가 분명히 북쪽이 아니었기 때문에 그것이 잘못되었을 수도 있다고 지적했다. 그러나 운전석에서는 그의 파트너가 아랑

곳하지 않고 계속 운전했다. 그들은 결국 프랑스 남부에서 수백 킬로미터 떨어진 벨기에에 도착했다.)

분명히 내비게이션이 잘못된 방향으로 이끌었지만, 어느 누구도 이에 주의를 기울이지 않는 것은 자동화 편향성의 한 사례일 뿐이다. 즉 자동화 편향성은 사람들이 자동화된 시스템을 신뢰하고, 자신의 판단 이상으로 시스템에 의존하는 인간의 경향이다. 우리는 의사결정을 기계에 아웃소싱하고, 기계가 우리에게 지시하는 대로만 한다. 결과적으로 우리는 부정확한 자동화된 정보 때문에 올바른 의사결정을 무효화할 수 있다. 앞서 살펴본 벨기에로 운전해서 간 사례처럼!

점점 더 자동화가 진전되는 세상에서 위험은 기업과 근로자들이 자동화된 시스템을 맹목적으로 따르려 하는 것이다. 하지만 우리가 기억해야 할 것은 AI와 자동화된 시스템은 그들이 훈련받은 데이터, 그들이 계속 공급받았던 데이터 그리고 그들이 따르도록 프로그램된 알고리즘만큼 우수하다는 것이다. 데이터, 교육, 분석에 문제가 생기면 결과에도 문제가 생긴다. 그렇기 때문에 조직들은 인간이 단순히 기계에 의해 이끌리는 것이 아니라 기계와 인간이 함께 일하는 것을 최대한 활용할 수 있도록 테크니컬 스킬과 함께 비판적 사고, 추리, 공감과 같은 인간의 핵심 기술을 우선시해야 한다. 제8장의 후반부에서는 성공을 위한 필수적인 소프트 스킬에 대해 더 자세히 설명한다.

좋은 거버넌스(good governance)는 자동화 편향성에 대해 대응할 수 있어야 한다. 즉 좋은 거버넌스는 데이터 자체가 편향되지 않거나 특정 편향성이 존재하지 않도록 개발된 시스템이어야 한다. 다음 제9장에서 AI의 윤리적 이용에 대해 자세히 설명할 것이다.

조직 구성원들은 기술적 한계에 따라 자동화 편향성이 발생할 가능성이 있다는 것을 알아야 한다. 이에 따라 조직 구성원들은 보다 높은 데이터 활용을 확보할 필요가 있다. 우리는 자동화된 시스템이 왜 그러한 의사결정을 내리는지 그 이유를 충분히 이해할 수 있어야 한다.

조직 전체에 걸쳐 데이터 활용도를 높여야 하는 필요성

데이터 과학자(data scientists)가 아닌 사람들도 AI 기술이 기본적으로 어떻게 작동하는지, AI 기술로 할 수 있는 일은 무엇인지, AI 기술로 어떻게 의사결정을 지원하는지, AI 기술의 한계는 무엇인지를 이해할 수 있어야 한다. 만약 사람들이 데이터 이용능력을 개선한다면, 사람들은 AI가 알려주는 것을 맹목적으로 따르는 것이 아니라, AI보다 더 분석적인 능력을 갖게 될 것이다.

데이터 이용능력의 진정한 목표는 모든 사업부서가 올바른 데이터에 접근하여 비즈니스 성공으로 이어질 더 나은 의사결정을 내릴 수 있도록 하는 것이다. 이것은 단순히 숫자와 차트를 읽을 수 있는 것이 아니라, 데이터로부터 유용한 의미를 추론하고, 데이터가 의미하는 것에 대해 비판적으로 생각하고, 그 통찰력을 실행에 옮길 수 있는 것이다.

조직 수준에서 데이터 이용능력 수준은 '디지털 IQ(digital IQ)'로 측정될 수 있으며, 이는 조직의 기술 활용과 수익능력을 의미한다. PwC 컨설팅의 2017년 조사에 따르면 대부분의 기업의 디지털 IQ는 디지털에 할애하는 자원이 전반적으로 증가했음에도 불구하고 증가하지 않고 감소했다고 한다.[11] 이것은 아마도 빠른 기술 진보 때문에 기업들이 따라잡기 힘들었기 때문일 것이다. 하지만 이러한 어려움에도 불구하고 기업들이 디지털 IQ를 높이는 데 투자하지 않는다면 뒤처질 위험이 있다. 이것은 모든 비즈니스, 모든 산업에 적용된다.

당신 조직의 데이터 이용교육이 높아질수록(디지털 IQ를 더 높일 수 있음) 결과는 더 좋아질 것이다. PwC 컨설팅의 조사는 디지털 IQ를 향상시키기 위해 정책과 관행을 수용하는 조직이 재정적으로 최고 성과를 창출한다는 것을 밝혀내면서 이를 뒷받침하고 있다. 21세기에 데이터 이용능력은 20세기에 그랬던 것처럼 비즈니스 추진력과 성공을 촉진할 것이다.

데이터 이용능력이 뛰어난 인력을 보유한다는 것은 직원들이 데이터와 AI를 활용하여 일상적인 활동과 결정에 영향을 주고 업무를 더 잘 수행하며 전사적 성과에 기여할 수 있다는 것을 의미한다. 이는 모든 사람이 자신의 업무를 성공적으로 수행하는 데 필요한 데이터에 접근할 수 있다는 것을 의미한다. 결정적으로 데이터 과학자가 데이터를 해석할 때까지 기다릴 필요가 없다는 것을 의미한다. 그리고 그것은 직원들이 데이터의 중요성과 그것을 적절하게 처리하는 방법을 이해하게 된다는 것을 의미한다. 이는 또한 직원들이 현재 보안 침해의 40%를 책임지기 때문에, 데이터 침해의 수를 줄일 수 있는 추가적인 이점이 있어야 한다.[12]

데이터 이용능력을 구축하는 방법

관련 당면 과제에도 불구하고 조직에서 데이터 이용능력을 향상시키면 경쟁우위를 확보하는 데 도움이 될 것이다. 기업과 함께 작업할 때 데이터 이용능력을 증진하고 향상시키기 위해 다음과 같은 단계를 권고한다.

- 현재의 데이터 이용능력을 확립하라.
- 데이터 옹호자를 식별하라.
- 데이터 활용이 중요한 이유를 커뮤니케이션하라.
- 데이터에 대한 접근을 보장하라.
- 데이터 이용교육 프로그램을 작성하라.
- 소규모로 시작하여 지속적으로 니즈를 평가하라.
- 사례로 리드하라.

각 단계를 차례로 살펴보자.

현재의 데이터 이용능력을 확립하라

여기에는 관리자들이 현재 관련 데이터에 의해 뒷받침되는 새로운 이니셔티브를 제안할 수 있는지와 같은 질문들이 포함될 수 있다. 아니면 얼마나 많은 팀이 정기적으로 데이터를 이용하여 의사결정을 내리는가? 당신이 지금 어디에 있는지 알면 당신에게 성과개선이 이루어질 수 있는 아이디어를 제공해 준다.

데이터 전문가를 파악하라

강력한 데이터 리더가 될 수 있고, 데이터 이용능력 교육 프로그램을 만드는 데 도움이 될 수 있는 직원들을 정확히 파악하라. 이들은 데이터 이용능력의 이점을 옹호하고, 데이터 이용능력 격차를 파악하며, 데이터 이용능력 프로그램을 위한 그룹의 우선순위를 정할 수 있는 다양한 비즈니스 기능을 수행할 수 있는 직원들이다. 결정적으로 그들은 모든 직원들이 이해하기 쉬운 방법으로 데이터를 '말할(speak)' 수 있어야 한다. 데이터 분석가는 데이터를 이해하고 작업하는 데 탁월하지만, 데이터의 의미를 커뮤니케이션하는 것은 완전히 또 다른 기술이다. 데이터 전문가는 데이터 분석가와 비즈니스 그룹 간의 격차를 해소하고 데이터 이용 방법을 최대한 활용할 수 있는 '변환자(translators)' 역할을 할 수 있어야 한다.

데이터 이용이 중요한 이유를 커뮤니케이션하라

어떤 새로운 시도와 마찬가지로 사람들이 '이유'를 이해하면 그것을 지지할 가능성이 더 높다. 당신 회사의 데이터 전문가들은 왜 데이터 이용능력이 조직의 성공을 위해 필수적인지 설명해야 할 것이다.

데이터에 대한 접근을 보장하라

직원들이 데이터를 운용하고, 정보를 추출하고, 통찰력을 공유하기 위해 데이터 전문가에게 의존할 필요가 없도록, 데이터에 대한 광범위한 접근을 허용하는 시스템과 도구를 갖추는 것이 중요하다. 이를 위해서는 데이터 관리 대시보드와 데이터 시각화 도구(data visualization tool)와 같은 셀프 서비스 도구(self-service tools)가 필수적이다.

데이터 이용교육 프로그램을 작성하라

데이터 중요성과 데이터 도구를 원하는 대로 이용하는 방법에 대해 직원들을 교육하는 것은 물론 자동화 편향성을 피하기 위해 팀에 데이터에 대해 비판적으로 생각하는 방법을 가르치는 것이 중요하다. 모든 직원은 "이 데이터는 어떻게 수집되었는가?" "이 데이터로부터 무엇을 배울 수 있는가?" "이 데이터가 얼마나 신뢰할 수 있는가?"와 같은 질문을 던져야 한다. 직원들은 또한 데이터의 안전하고 윤리적인 취급에 대한 교육을 받아야 한다. 데이터 이용교육을 최대한 재미있고 일상적인 교육 및 참여형 교육으로 만들어야 한다.

소규모로 시작하여 지속적으로 니즈를 평가하라

데이터 이용능력은 반복적인 과정이지 하루 아침에 달성할 수 있는 것이 아니다. 그러므로 모든 직원들이 한꺼번에 하는 것이 아니라 한 번에 한 사업부로 교육 프로그램을 시작해야 한다. 교육이 가장 필요한 그룹의 우선순위를 정한다. 한 비즈니스 그룹을 교육하여 배운 내용을 이용하여 다음 번에 프로그램을 조정할 수 있다. 시간이 지남에 따라 데이터 이용능력 교육이 더욱 효과적이 될 수 있도록 무엇이 효과가 있고, 무엇이 효과가 없는지에 대해 그룹으로부터 피드백을 받아야 한다.

사례로 리드하라

조직의 리더는 자신의 업무에서 데이터 통찰력의 우선순위를 정하여 데이터와 AI가 의사결정과 일상적인 운영에 얼마나 중요한지 보여 줄 필요가 있다. 즉 "내가 말한 대로 행동하라"가 아닌 "내가 행동한 것처럼 행동하라"는 것이다. 예를 들어, 새로운 제품이나 서비스에 대한 제안은 이러한 아이디어를 지원하기 위한 데이터 및 분석으로 백업되어야 한다고 주장할 수 있다. 시간이 지남에 따라 이러한 노력은 데이터와 AI의 문화(문화에 관한 더 많은 내용은 이 장 후반부에 나온다)를 만드는 데 도움이 될 것이다.

새로운 작업 방식과 마찬가지로 데이터 이용능력을 개선시키는 데 장애물이 있음은 의심의 여지가 없다. 내 경험상 가장 큰 장벽은 다음과 같다.

- 조직문화
- 두려움
- 데이터

각각에 대해 차례대로 살펴보자.

조직문화

'조직문화'라는 단어가 있다. 만약 직원들이 데이터 이용능력을 진지하게 생각한다면, 리더는 그들이 설교하는 것을 실천해야 한다. 이 접근법은 변화를 수용해야 하는데, 이는 직원들에게 도전적일 수 있다. 그러나 변화에 대한 저항과 새로운 기술의 채택은 종종 데이터가 회사의 이익에 어떻게 이용될 수 있는지에 대한 인식 부족으로 귀결된다. 직원들이 혜택을 볼 수 있을 때 변화를 지지할 가능성이 더 높다. 제8장 뒷부분에서 조직문화에 대해 자세히 설명한다.

두려움

의심할 여지없이 AI와 자동화는 직원들을 불안하게 만든다. 조직 내 직원들은 보다 기술에 정통한 다른 사람들로 대체되는 것을 두려워할 수 있다(그들은 심지어 기계로 대체되는 것을 두려워할 수도 있다.). 아니면 그들은 필요한 새로운 기술을 채택하는 데 실패할 것을 두려워할지도 모른다. 이를 극복하기 위한 열쇠가 AI 혁명이 모든 사람이 데이터 과학자가 되어야 한다는 것을 의미하지 않는다는 것은 분명하다. 즉 데이터 이용능력이 데이터 과학자 수준이 되어야 한다는 것은 아니다. 이는 데이터의 가치를 이해하고 데이터를 해석할 수 있으며, 데이터를 이용하여 업무를 더 잘 수행할 수 있어야 한다는 것을 의미한다.

데이터

그렇다. 데이터 자체는 데이터 이용능력에 장애가 될 수 있다. 예를 들어, 조직은 많은 데이터를 수집하고 있지만, 적절한 데이터를 수집하지 않거나 데이터에 결함이 있는 경우, 가능한 한 의사결정에 대한 정보를 제공할 수 없을 것이다. 모든 데이터가 조직에 동등하게 가치가 있는 것은 아니라는 점을 기억하라. 만약 직원들이 적절한 시기에 적절한 데이터에 접근할 수 없다면 데이터 이용능력을 향상시키기 위한 노력이 손상될 수 있다.

조직 내 데이터와 AI 기술 격차 해소

기초적인 데이터 이용능력을 넘어 보다 발전된 데이터와 AI 기술에 관련된 대부분의 조직은 상당한 기술 격차에 직면해 있다. 내가 설명하는 것은 대부분의 조직들이 4차 산업혁명에서 살아남고 번창하는 데 필요한 AI와 데이터 기술을 가지고 있지 않다는 것이다. 따라서 조직은 기술 격차를 해소하고 보다 발전된 기술력을 구축하는 데 초점을 맞출 필요가 있다. 이 작업은 다음을 통해 수행할 수 있다.

- 기존 인력 충원
- 신규 AI 및 데이터 인재 채용
- 인수 채용
- 외부 제공업체와의 제휴 및 AIaaS 솔루션 도입

단일 접근 방식에 의존하기보다는 이러한 전략의 조합이 필요할 것이다. 각 옵션을 간략히 살펴보도록 하자.

기존 인력 충원

AI와 빅데이터가 발전한 것을 고려하면 데이터 분석가나 AI 인재들이 턱없이 부족한 상황이다. 오늘날 구글, 애플, 마이크로소프트, IBM 등과 같은 거대 기업들이 AI와 빅데이터 분야의 인재를 원한다. 다른 분야에서도 적절한 AI와 빅데이터 인재를 찾는 것은 정말 어려운 일이다.

따라서 기존 직원들의 숙련도를 높이는 것은 기업들에게 좋은 방안이다. 예를 들어, AI와 데이터 사이언스 관련 스킬 개발을 돕기 위해 고안된 무크(MOOC: Massive Open Online Courses)의 활용은 직원의 숙련도를 높이는 데 좋을 것이다. 또한 경험이 많은 동료나 멘토를 통해 짝지어 학습을 수행하는 것도 실전 경험을 쌓는 데 좋을 것이다.

신규 AI 및 데이터 인재 채용

AI 및 데이터 스킬(data skills) 확보는 인재 부족을 감안할 때 비용이 많이 들고 어려울 수 있다. 만약 채용을 통해 기술 격차를 줄이기를 원한다면 당신은 주문형 인재들이 당신의 회사에서 일하고 싶어 하도록 만드는 명확한 USP(Unique Selling Proposition)[13]를 정의하는 것이 필수적이다. 예를 들어, 당신은 주요 문제를 해결하고, 세상을 보다 나은 곳으로 만들고, 사람들의 삶을 향상시키거나 채용 후보자들이 가치 있다고 생각하는 다른 결과들을 성취하기 위해 일하고 있는가? 이에 대한 해답을 찾아야 할 것이다.

인수 채용

기술 인력을 강화하는 방안으로 인재 채용이나 기존 인력의 역량을 개선하는 것은 현실적으로 좋은 선택안은 아니다. 이 경우 당신은 기술과 능력을 조직 밖에서 찾기 시작해야 한다. 조직의 기술 인력 충원을 위한 획득(acquisition)과 고용(hiring)의 합성어인 인수 채용(acquihiring)은 많은 기업에서 인기 있는 해결책임이 입증되고 있다.

인수 채용이란 용어는 AI 역량을 끌어올려야 할 기업들이 소규모 AI나 기술 스타트업만 인수하는 신흥 트렌드를 의미한다. 소규모 스타트업을 인수함으로써 취득자는 AI 모델을 구축하고, 훈련 경험이 있는 데이터 엔지니어와 과학자를 빠르게 확보해 조직의 AI 진척도를 가속화할 수 있다.

그러나 모든 기업 합병(acquisition)과 마찬가지로 이 인수 채용 접근 방식에는 함정이 있다. MIT의 연구에 따르면 무려 33%의 인재들이 기업을 합병한 후 첫 해에 떠난다고 하는데, 이는 조직 전환을 주의 깊게 관리하고 자신의 조직과 잘 맞는 문화적인 조직 합병을 수행하는 것의 중요성을 알려준다.[14]

외부 제공업체와의 제휴 및 AIaaS 솔루션 도입

외부 기술을 활용할 수 있는 또 다른 선택권은 필요한 기술을 보유한 회사들과 제휴하거나 AIaaS(AI-as-a-Service) 솔루션을 도입하는 것이다. 제5장에서 AIaaS 솔루션에 대해 간단히 언급했다. 간단히 말해서 이 용어는 값비싼 인프라나 신규 채용에 투자하지 않고도 거의 모든 기업들이 AI를 이용할 수 있도록 하는 준비된 AI 도구를 제공한다.

AI 공급업체 플랫폼은 매우 많으며, 가장 잘 알려진 플랫폼은 다음과 같다.

- IBM 왓슨
- 아마존 웹 서비스
- 구글 클라우드 플랫폼
- 마이크로소프트 애저

이와 같은 AI 플랫폼은 사내 데이터 과학자팀을 고용하거나 AI

역량을 위해 소규모 기업을 인수할 필요 없이 AI를 활용하려는 기업에 진입장벽을 낮추어 주었다.

기업들이 외부 스킬(external skills)을 습득하는 또 다른 방법은 기술 인큐베이터(incubator) 또는 혁신 거점(innovation hubs)을 구축하는 것이다. 이러한 방법은 기업들이 외부 산업 영역에서 인재를 확보하고, AI 전문가와의 협업을 육성하는 좋은 방법이다. 예를 들면, 버드와이저(Budweiser), 스텔라 아르투아(Stella Artois), 코로나(Corona)를 제조하는 세계에서 가장 큰 양조회사인 AB 인베브(AB InBev)는 AI와 같은 첨단 기술을 이용해 그들의 업무를 개선하기 위해 실리콘밸리(Silicon Valley)에 비어 가리지(Beer Garage)라는 혁신 거점을 구축하였다. AB 인베브는 비어 가리지에서 기술 솔루션을 연구, 개발, 테스트하였고, 실리콘밸리 지역의 방대한 기술 기업과 벤처캐피탈리스트들과 밀접한 네트워크를 구축하였다. 이와 같은 노력은 지역 스타트업과의 협업을 촉진하고 혁신을 추진하는 데 도움이 되었다. AB 인베브는 기술 전문가들과 함께 일함으로써 많은 것을 배울 수 있었다고 하였다.[15]

소프트 스킬 구축

인텔리전스 혁명에 있어서 테크니컬 스킬(technical skills)과 데이터 이용능력은 분명히 중요하다. 하지만 우리는 로봇이 잘할 수 없는 인간의 업무 측면에서 초점을 맞출 필요가 있다. 우리가 AI 기술에 대해 논의하다 보면, 인간적 측면의 소프트 스킬(soft skills)은 종종 간과된다. 그러나 사실 소프트 스킬은 인텔리전스 혁명을 준비하고 성공하는 데 있어 중요한 부분을 차지한다. 로봇, 컴퓨터, 기계들이 일상적이고 반복적이며 쉽게 자동화된 업무를 더 많이 떠맡게 되면서 인간에게 남겨진 업무는 다양한 스킬(즉 창의성)을 필요로 하는 업무들이다. 그러므로 인간의 업무가 보다 인간적이 되려면 사람들을 인간적으로 만드는 스킬을 개발하는 것이 이치에 맞을 것이다. 그렇다면 정확히 어떤 기술을 개발해야 하는 것일까?

모든 조직과 직원은 9가지 소프트 스킬에 초점을 맞춰야 한다. 인텔리전스 혁명에 있어서 다음의 소프트 스킬은 실제로 중요한 역할을 한다.

창의성

로봇은 현재 발명, 창조, 상상 그리고 꿈을 꾸는 우리의 능력에 관해서 인간과 경쟁할 수 없다. 미래에 노동자들은 우리에게 다가오는 모든 새로운 것들(신제품, 신기술, 새로운 작업 방식 등)의 이점을 완전히 실현하려면 창의적인 사고를 이용해야 할 것이다. 즉 미래의 일터는 새로운 사고방식을 요구할 것이며, 인간의 창의성이 그 열쇠이다.

감성지능

감성지능(정서적 IQ와 같은)은 다른 직원의 감정을 인지하고 통제하며 표현하는 능력뿐만 아니라 자신의 감정을 인지하고 통제하고 표현하는 능력을 의미한다. 공감능력, 성실성 입증, 타인과의 원활한 협력은 모두 높은 감성지능을 가진 직원에게 나타나는 특성이다. 그리고 기계가 다른 직원들과 실제로 연결될 수 있는 사람의 능력을 쉽게 대체할 수 없기 때문에 감성지능이 높은 직원들은 미래에 훨씬 더 큰 수요가 있을 것이다.

비판적 사고

비판적 사고력을 가진 직원들은 혁신적인 해결책과 아이디어를 내놓고,(감정이나 직감에 의존하지 않고) 추리와 논리를 이용하여 복잡한 문제를 해결하고 주장을 평가할 수 있다. 그들은 상황의 장단점을 따져보고 가능한 최선의 해결책에 대해 열린 마음을 유지할 수 있다. 우리가 인간과 기계 사이의 변화하는 노동의 분업을 탐색함에 따라 분석적으로 생각하는 이러한 능력은 더욱 소중해질 것이다.

성장 마인드를 갖춘 능동적인 학습

근로자의 스킬은 일하는 방식보다 빠르게 노후화될 것으로 보이며, AI는 근로자를 위해 필요한 학습을 빠르게 할 것이다. 성장 마인드를 가진 사람은 자신의 능력과 지능을 개발할 것이고, 그들은 스킬을 구축하기 위한 노력으로 높은 성취를 얻을 것이다. 그들은 미래의 업무를 위해 필요한 지식을 적극적으로 확장하고 실수로부터 학습하고 새로운 도전을 할 것이다.

그리고 조직 차원에서 회사들은 지속적 학습을 위한 능동적 학습 환경을 조성해야 할 것이다.

판단과 의사결정

나는 미래의 직장에서 인간의 의사결정과정이 보다 복잡해질 것이라고 믿는다. 이것은 당신에게 놀랄 만한 일일 수도 있다. 왜냐하면 지능화된 기계는 이미 인간이 처리할 수 없었던 데이터를 수집해서 분석함으로써 정보와 통찰력을 제공하고 있다. 그러나 궁극적으로 조직에서 중요한 의사결정을 수행하는 데 책임이 있는 사람들은 다양한 비즈니스 영역과 개인 영역에서 AI를 이용한 의사결정의 영향력을 설명해야 할 것이고, 더불어 도덕성과 같은 다양한 인간적 요인의 영향력에 대해 설명해야 한다. AI 기술이 사람들의 평범하고 사소한 업무를 빼앗아가면서, 사람들은 보다 높은 수준의 의사결정에 집중할 수밖에 없게 될 것이다. 데이터 이용능력 수준은 인간이 이러한 복잡한 의사결정과 광범위한 시사점을 인식하는 데 도움을 줄 것이라는 것은 의심할 여지가 없다.

대인관계 의사소통 기술

사람들 사이에 정보와 의미를 교환하는 능력은 앞으로 중요한 기술이 될 것이다. 인간은 다른 인간들과 효과적으로 의사소통할 수 있는 능력을 연마해야 한다. 인간은 자신의 메시지를 분명하게 전달하기 위해 적절한 어조와 몸짓 언어를 이용하여 적절한 커뮤니케이션을 할 수 있다.

리더십 기술

우리가 흔히 리더십과 연관시킬 수 있는 특성들은— 영감을 주고 다른 사람들이 자신의 최고의 버전이 되도록 돕는 것과 같은 —

미래의 일터에 필수적일 것이다. 오늘날의 전형적인 계층적 조직도가 일반적이지 않을 수도 있고, 프로젝트 기반 팀과 유동적인 조직구조가 더 일반적일 수도 있는 것은 사실이지만, 이것이 리더십의 중요성을 낮추지는 않는다. 개인들은 여전히 프로젝트 팀의 리더 역할을 맡거나 다른 직원들과 함께 문제를 해결하고 해결책을 개발해야 할 것이다.

다양성과 문화지능

세계화에 따라 직장은 점점 더 다양해지고 개방적으로 변화되고 있다. 이것은 개개인이 인종, 문화, 언어, 나이, 성별, 성적 지향, 정치적 또는 종교적 신념 등의 차이에도 불구하고 다른 사람들을 이해하고, 존중하며, 함께 일할 수 있는 능력을 가지고 있다는 것을 의미한다. 세상을 다른 시각으로 인식하는 다른 사람들을 이해하고 적응하는 능력은 회사 내에서 사람들이 상호 작용하는 방식을 개선할 뿐만 아니라, 기업의 제품과 서비스를 보다 포괄적이고 성공적으로 만들 가능성이 있다.

변화를 수용하는 방법

놀라운 기술 변화의 속도 때문에 사람들은 민첩해야 하고 변화를 수용할 수 있어야 한다. 우리의 뇌는 융통성이 있어야 할 뿐만 아니라 변화하는 일터, 기대감, 기술에도 적응할 수 있어야 한다. 인텔리전스 혁명 시대에 필수적인 기술은 변화를 부담이 아닌 성장과 혁신의 기회로 보는 능력이다.

만약 당신이 이 단원에서 알아야 할 중요한 사항이 있다면, 인간의 두뇌는 놀랄 만한 능력을 가지고 있다는 것이다. 인간의 두뇌는 우리가 상상할 수 있는 어떤 AI보다도 강력하고 복잡하다. 우리는 AI가 사회와 기업에 미치는 영향에 대해 위협을 느낄 필요가 없다. 대신에 우리는 독특한 인간의 능력을 잘 활용해야 할 것이다. AI를 활용하는 분야에서 조직 구성원들은 미래 업무를 위해 인간의 능력을 최대한 발휘하도록 노력해야 할 것이다.

하지만 AI 시대의 성공은 단지 소프트 스킬과 테크니컬 스킬에 의해서만 이루어지는 것은 아니다. 또한 조직문화 성공을 위해 중요한 역할을 한다. 조직의 리더들이 업무 확대와 자동화에 대한 사람들의 두려움을 해소하고, 변화를 성공적으로 관리하며 AI 옹호자로 가득 찬 일터를 구축하는 등 AI 여정에 함께 나아가는 것이 중요하다.

조직에서 AI 문화 구축

내가 생각할 때, AI 문화를 만드는 것은 제8장에서 설명한 다양한 요소들을 함께 모으는 환경을 만드는 것을 의미한다. 그것은 변화하는 업무에 대한 준비, 성공을 위한 적합한 테크니컬 스킬, 역량 그리고 소프트 스킬을 구축하는 것이다.

인텔리전스 혁명에 대비하기 위한 4단계

지금까지 설명한 내용을 다시 정리해 보면, AI 조직문화 구축과 인텔리전스 혁명에 대비한 간단한 체크리스트(checklist)와 로드맵

(roadmap)을 만든다면 다음과 같다.

1단계: 조직 내 업무와 사람의 역할을 재정의하라

향후 당신 회사의 업무는 어떻게 될 것인가? 오늘날 대부분의 작업은 특정한 기능을 수행하는 것에 맞춰져 있다. 그러나 이는 조직구조가 유동화되면서 바뀔 가능성이 높다. 반복해야 하는 특정 과제보다는 프로젝트와 성과로 초점이 옮겨갈 것이다. 조직 내 사람들은 이에 대처하기 위한 기술과 사고방식을 개발해야 하지만 혼자서는 할 수 없다. 이러한 전환이 가능한 한 원활하게 이루어지도록 하기 위해서는 훈련과 지원이 필수적이다.

2단계: 기술력을 개선하라

이미 논의한 바와 같이 우리는 미래에 데이터 과학자나 AI 전문가가 될 필요는 없지만, 우리는 어느 정도 데이터 이용능력이 필요하다. 조직들은 직원들이 AI와 데이터를 이용할 수 있도록 데이터 이용능력 프로그램을 개발해야 하며, "어떻게 하면 이 새로운 기술을 업무 성공과 성능 향상을 위해 이용할 수 있을까?" "어떻게 하면 우리가 그것을 정확하고 윤리적으로 이용할 수 있을까?" "우리가 재작업하고 있는 데이터는 얼마나 정확한가?"와 같은 질문의 해답을 찾도록 해야 할 것이다. 또한 조직들은 데이터를 이해하도록 돕는 상업용 AI 도구를 이용하거나 사내 인재의 역량을 향상시키기 위해 보다 진보된 기술능력을 강화할 필요가 있다.

3단계: 인간의 잠재력을 개발하라

기계가 사람들에 의해 처리되는 일을 보다 많이 처리하게 됨에 따라 사람들은 창의적 노력, 상상력, 비판적 사고, 사회적 상호 작용 등과 같은 기계를 능가하는 업무 영역의 일처리를 하는 데 집중해야 한다. 기업들이 인적자원과 기계를 모두 최상으로 활용하려면, 조직 훈련과 교육은 인간의 내재된 능력(창의적 노력, 상상력, 비판적 사고, 사회적 상호 작용 등)을 간과하면 안 된다.

4단계: 지속적인 학습 사이클에 집중하기 위한 학습을 재정의하라

델 테크놀로지스(Dell Technologies)와 미래연구소(Institute for the Future)의 보고서에 의하면 2030년에는 현재 일자리 중 85%의 일자리가 존재하지 않을 것이라고 예측하였다.[16]

사람들에게는 더 이상 진로를 위한 경력개발이 필요하지 않을 것이며, 단지 특정한 역할을 수행할 수 있는 분야에서만 경력이 필요할 것이라고 하였다. 또한 사람들 중 상당수는 10년 내에 다른 직업을 찾아야 할지도 모른다. 그래서 사람들에게 단순한 학습이 아니라 지속적인 학습이 중요해졌다. 업무의 세계가 계속 발전함에 따라 사람들은 교육, 학습, 훈련을 위한 지속적인 노력을 해야 할 것이다.

AI 주도 조직으로 전환

조직문화는 AI를 성공적으로 활용하여 의사결정을 유도하고 성과를 개선시키며 비즈니스 성공을 끌어낼 수 있는 AI 주도 조직의 핵심 원동력이다. 올바른 조직문화가 정착되면 프로젝트, 프로세스가 아닌 비즈니스 전반에서 AI를 광범위하게 채택할 수 있다.

그러나 전체 조직문화를 재연결하는 것은 쉬운 일이 아니다. 그리고 그것은 확실히 하룻밤 사이에 진행되는 과정이 아니다. AI를 성공적으로 채택하려면 세심하고 장기적인 변화가 필요하다. 그러면 어떤 장기적 측면의 변화를 말하는 것일까? 우리가 생각하는 업무의 세계가 어떻게 변할 것인가에 기초하여, 기업들은 다음을 고려해 보아야 할 것이다.

- 교차 기능 협업을 수용하라.
- 전면 데이터 중심 의사결정 및 조치를 활성화하라.
- 실험을 장려하라.

교차 기능 협업을 강화하라

미래의 가장 성공적인 조직들은 광범위한 협력적인 사고방식을 요구하는 협업 비즈니스에 있어서 일상 프로세스와 활동에 AI를 적용할 것이다. 이를 지원하기 위해 당신 회사는 AI를 이용해 전략적 우선순위를 결정하고, 조직의 중요한 문제를 해결하기 위해 IT 전문가와 데이터 전문가들이 참여하는 교차 기능팀(cross-functional team)을 만들어야 할 것이다.

전면 데이터 중심 의사결정 및 조치를 활성화하라

조직들이 각각 비즈니스 레벨의 의사결정자가 데이터와 AI를 활용해 의사결정을 강화하고, 데이터의 통찰력을 바탕으로 긍정적 조치를 취하도록 하는 것이 목표이다. 그러나 이를 위해서는 조직에서 데이터 활용도를 높이고, 팀이 이러한 결정에 실제로 대응할 수 있는 권한을 갖도록 해야 한다. 예를 들어, 직원들이 통찰력에 따라 행동하기 전에 모든 것이 관리자들에 의해 승인되어야 한다면, 그것은 기업가정신을 빠르게 없애게 될 것이다.

실험을 장려하라

급변하는 세상에서 미래에 가장 성공적인 조직들은 새로운 시도를 위해 데이터와 AI를 실험하고 있다. 비록 어떤 이니셔티브가 실패를 하더라도 도전하고 있다는 말이다. 전통적으로 경직되고 위험을 회피하는 과거의 비즈니스 모델은 잊어버려야 한다. 미래 비즈니스는 위험을 감수하고, 빠르게 실패하며, 경험을 통해 배우고, 새로운 노력으로 나아가는 능력이 중요하게 될 것이다.

성공적인 변화관리

우리는 변화가 고통스러울 수 있고, 잘못된 변화관리는 직원들의 사기와 시스템 성능을 떨어뜨리고, 궁극적으로 새로운 관행이나 기술의 채택을 방해할 수 있다는 것을 알고 있다. 기업들이 AI 주도 조직으로 전환하려면 변화를 세심하게 관리해야 한다. 모든 회사는 다음의 사항을 수행해야 할 것이다.

- AI를 주도하는 조직에 대한 비전을 커뮤니케이션하라.
- 확신을 제공하라.
- 통합을 위해 신중하게 예산을 책정하라.
- 속전속결로 업무성과를 창출하라.

AI를 주도하는 조직에 대한 비전을 커뮤니케이션하라

사람들이 왜 변화가 일어나는지 이해하지 못할 때 그들은 변화에 저항할 가능성이 훨씬 더 높다. 따라서 중요한 리더는 AI가 조직의 성공에 왜 그렇게 중요한지, 그리고 AI의 구현이 조직 내 사람들에게 어떤 혜택을 줄 것인지(예를 들어, 특정 프로세스를 자동화하면 개인이 더 어렵고 흥미로운 작업을 할 수 있게 된다)를 전달하는 것이다. AI 이니셔티브와 조직의 핵심 전략 우선순위 사이에 명확한 연관성을 입증하는 것은 성공 사례를 보여주는 것과 마찬가지로 도움이 된다. 당신 회사가 AI 여정의 초기단계에 있다면 당신 회사는 AI를 성공적으로 구현한 다른 기업의 사례를 보아야 할 것이다.

확신을 제공하라

많은 사람들은 기업의 자동화 도입이 일자리 감소로 이어질 것이라고 생각하지만, 앞 장에서 설명했듯이 나는 반드시 그렇지는 않을 것이라고 생각한다. 나는 AI가 사람의 일자리를 대체하는 것보다 더 많은 일자리를 만들 것이라고 생각하고, 자동화의 영향을 받는 직업도 완전히 사라지기보다는 변화할 것으로 생각한다. 기업에서 AI 도입을 주장하는 사람들은 AI가 자신이 하는 일을 개선시킬 것이라는 믿음을 가지고 있다. 이러한 토론에 많은 사람을 참여시키는 것은 핵심 활력소가 될 것이다.

통합을 위해 세심하게 예산을 책정하라

기업들이 AI 도입과 관련한 예산 지출을 생각할 때 기술 자체나 신입사원 채용에 집중하는 경향이 있다. 그러나 교육, 커뮤니케이션, 잠재적으로 재설계 활동을 포함한 기술 통합과 기술 채택을 위한 상당한 예산이 필요하다. 내 경험으로 볼 때 이러한 기술 도입 및 추진 활동 예산은 전체 AI 예산의 절반 정도를 차지할 것이다.

속전속결로 업무성과를 창출하라

기업들이 AI 중심 조직문화로 전환하려면 많은 시간이 걸리며, 오래된 관행을 점진적으로 줄이는 과정을 거친다. 그렇기 때문에 나는 기업과 협력하여 AI 전략을 정의할 때, AI의 가치를 비교적 작은 프로젝트로 빠르게 목표를 달성해 입증할 것을 제안한다. 이것은 장기적 변화를 위한 모멘텀과 열정 유지에 도움을 줄 것이다.

핵심사항

이 장에서는 다음의 내용을 설명하였다.

- AI, 특히 자동화는 조직 구성원들의 일하는 방식을 전환시킬 것이다. 그러나 일하는 방식이 변한다고, 조직 구성원들은 AI를 두려워하거나 AI에 의해 위축될 필요는 없다. 대신에 조직 구성원들은 AI를 내재한 기계가 지루하고 일상적인 일을 맡아서 처리하는 새로운 업무처리 방식을 받아들여야 한다. 이에 따라 AI는 조직 구성원들에게 업무를 보다 잘 처리할 수 있는 기회를 가져다줄 것이다.
- 조직 구성원들은 다가오는 변화에 준비를 해야 할 것이다. 이를 위해 조직 구성원들은 테크니컬 스킬과 역량을 구축하고, 더불어 독특한 인간의 소프트 스킬을 개발하고, AI를 포용하는 기업문화를 구축해야 할 것이다.
- 테크니컬 스킬과 역량을 구축하는 데 있어, 기업들이 기술 격차를 해소하기 위해 노력해야 할 것이다. 이를 위해 기업들은 외부 AI 기업들과 제휴하고 AIaaS 솔루션을 도입하면서 AI 역량을 확보해야 할 것이다.

- 인텔리전스 혁명 시대에 조직 구성원 모두가 데이터 과학자가 될 필요는 없지만, 조직 구성원들은 데이터 이용능력을 확보한 사람이 되도록 노력해야 한다. 조직의 목표는 모든 조직 구성원들이 비즈니스 성공을 실현하기 위해 보다 개선된 의사결정을 내릴 수 있도록 필요한 데이터를 활용할 수 있도록 하는 것이다. 예를 들면, 조직에서의 데이터 이용능력 프로그램은 조직 구성원들이 자동화 편향성을 피하기 위해 데이터와 AI에 대해 비판적으로 생각하도록 가르쳐야 할 것이다.
- 사람들의 독특한 인적 역량(감성지능, 창의력, 타인과의 소통능력 등)은 인텔리전스 혁명 시대에 비즈니스를 수행하는 데 보다 큰 가치를 부여할 것이다. 인텔리전스 혁명 시대에 이러한 소프트 스킬의 중요성은 더욱 강조될 것이다.
- 문화는 강력한 AI 조직을 구축하는 핵심이다. 긍정적인 AI 문화를 구축하는 회사들은 성공적으로 변화를 추구할 것이고, 지속적으로 AI를 이용한 비즈니스를 수행하는 데 조직의 모든 구성원들과 함께 참여할 것이다.

AI를 최대한 활용하는 것이 적절한 기술과 조직문화를 구축하는 것만은 아니다. 핵심 기업은 데이터와 AI를 윤리적으로 활용하고, 고객과 직원과 신뢰를 쌓고 투명하게 운영한다. 다음 제9장에서는 인텔리전스 혁명의 윤리적 함의와 AI 윤리를 심각하게 받아들이지 않는 기업들에 대한 문제점에 대해 살펴본다.

참고자료

01 PricewaterhouseCoopers(nd) How will automation impact jobs? https://www.pwc.co.uk/services/economics-policy/insights/the-impact-of-automation-on-jobs.html(archived at https://perma.cc/QUK6-5UQR)

02 Reese, B.(2019) AI will create millions more jobs than it will destroy. Here's how, *SingularityHub*, https://singularityhub.com/2019/01/01/ai-will-create-millions-more-jobs-than-it-will-destroy-heres-how/amp/(archived at https://perma.cc/43GS-V6E3)

03 Fingas, J.(2019) A digital 'dress' sold for $9,500, *Engadget*, https://www.engadget.com/2019/05/27/fabricant-blockchain-digital-dress/(archived at https://perma.cc/NH27-C5BU)

04 Capgemini(nd) Artificial intelligence-where and how to invest, https://www.capgemini.com/service/digital-services/insights-data/data-science-analytics/artificial-intelligence-where-and-how-to-invest/(archived at https://perma.cc/6VYC-GUVV)

05 Marr, B.(nd) Instead of destroying jobs artificial intelligence(AI) is creating new jobs in 4 out of 5 companies, https://bernardmarr.com/default.asp?contentID=1194(archived at https://perma.cc/Y3EY-WJD3)

06 Belton, P.(2019) How does it feel to be watched at work all the time? *BBC News*, https://www.bbc.com/news/business-47879798(archived at https://perma.cc/BYT7-EAJV)

07 Humanyze, https://www.humanyze.com/(archived at https://perma.cc/52HK-AFHB)

08 Volini, E. et al(2019) From jobs to superjobs: 2019 Global Human Capital Trends, *Deloitte*, https://www2.deloitte.com/us/en/insights/focus/human-capital-trends/2019/impact-of-ai-turning-jobs-into-superjobs.html(archived at https://perma.cc/2BP3-PVJL)

09 [역주] 마이크로태스크는 각각의 특정 업무 분야에서 미세업무를 추진하는 전문가를 의미한다.

10 Gaskell, A.(2019) The ghost workers powering the AI economy, *Forbes*, https://www.forbes.com/sites/adigaskell/2019/09/02/the-ghost-workers-powering-the-ai-economy/#2ac089bb43eb(archived at https://perma.cc/PX7B-YS5D)

11 PricewaterhouseCoopers(2017) A decade of digital: keeping pace with technology, https://www.pwc.co.uk/consulting/assets/documents/global-2017-digital-iq-report.pdf(archived at https://perma.cc/428Q-PB8B)

12 Whittle, S.(2001) The top five internal security threats, *Zdnet*, https://www.zdnet.com/article/the-top-five-internal-security-threats/(archived at https://perma.cc/N6C2-3Y3B)

13 [역주] 광고회사 테드베이츠(Ted Bates)의 로서 리브스(Rosser Reeves) 회장이 제안한 개념으로, UPS(Unique Selling Proposition)란 상품과 서비스 기능 중에서 소비자에게 제시되는 핵심 제안을 의미한다.

14 Somers, M.(2019) Your acquired hires are leaving. Here's why, *MIT Sloan School*, https://mitsloan.mit.edu/ideas-made-to-matter/your-acquired-hires-are-leaving-heres-why(archived at https://perma.cc/67QB-SANQ)

15 Marr, B.(2019) The amazing ways the brewers of Budweiser are using artificial intelligence to transform the beer industry, *Forbes*, https://www.forbes.com/sites/bernardmarr/2019/09/09/the-amazing-ways-the-brewers-of-budweiser-are-using-artificial-intelligence-to-transform-the-beer-industry/#1e349beb422c(archived at https://perma.cc/55MG-3A5A)

16 Dell Technologies and Institute for the Future(2017) The next era of human-machine partnerships, https://www.delltechnologies.com/content/dam/delltechnologies/assets/perspectives/2030/pdf/SR1940_IFTFforDellTechnologies_Human-Machine_070517_readerhigh-res.pdf(archived at https://perma.cc/9BSF-JY36)

CHAPTER 09

윤리, 신뢰, 투명성의 필요성

스포티파이(Spotify)에서 듣는 음악으로부터 당신의 성향을 예측하거나 또는 페이스북에서 어떤 밴드나 아티스트를 좋아하는지를 기준으로 당신의 성향을 예측할 수 있는 회사들에 대해 어떻게 생각하는가? 심리학 연구자들에 따르면 이미 이것은 가능하다고 한다.[01] 아마도 이것이 당신에게 해롭지는 않은 것 같다. 하지만 회사들이 당신의 페이스북 좋아요(Likes) 버튼 클릭을 기반으로 당신의 성적 지향성, 종교적 견해, 지능, 중독성 물질의 이용을 정확하게 예측하는 것에 대해서는 어떻게 생각하는가? 이것 또한 가능한 일이다.[02]

이제 우리는 직접적으로 관련성이 적은 데이터에 접근할 수 있기 때문에, 흥미롭고 민감한 통찰력을 쉽게 얻을 수 있게 되었다. 하지만 단지 일부 데이터 접근과 분석을 통해 정보 획득이 가능하다고 해서 그것이 반드시 적합하다는 것을 의미하지는 않는다.

AI 기술 발전 덕분에 많은 양의 개인정보를 수집할 수 있는데, 대부분의 사람들은 과도한 개인정보가 수집되고 있는 것을 깨닫지 못하고 있다. 하지만 AI를 이용한 과도한 개인정보 수집은 앞으로는 어려울 것이다. 실제로 제9장에서 설명하겠지만, 과거에는 AI의 이용에 대한 규제가 거의 없었다. 하지만 이제 이러한 시대는 거의 끝나가고 있다. 그러므로 인텔리전스 혁명 시대에 기업이 번창하기 위해서는 기업들은 AI를 윤리적인 방법으로 이용해야 할 것이다. 기업들은 AI와 데이터의 이용에 대해 투명해야 할 것이다. 그리고 기업들은 고객들과 직원들과의 신뢰관계를 개발해야 할 것이다. 제9장에서는 AI 이용에 있어 윤리적으로 발생할 수 있는 문제점에 대해 살펴보고 미래 윤리적 AI 주도 조직으로 전환하기 위한 사례를 제시할 것이다.

AI의 위험한 측면: AI가 어떻게 악용될 수 있는가?

여느 기술과 마찬가지로 AI는 중립적이다. AI는 좋은 방향으로 쓸 수 있고 나쁜 방향으로도 쓸 수 있다. 윤리적으로 AI를 이용하려는 선도 기업들은 AI가 오용될 가능성을 알아야 한다. 한쪽에서는 기업들이 당신의 데이터를 어떻게 이용하려고 하는지 말하지 않는 의심스러운 관행이 있고, 다른 한쪽에서는 우리가 알고 있는 개인, 사회 그리고 심지어 인간의 삶까지도 해치는 데 사용되는 기술이 있다.

AI 군비경쟁

제4장에서 설명한 것처럼 군비 분야에서 AI 이용이 나타나고 있다. 대표적으로 자율무기의 개발 사례를 살펴보자. 평화단체인

팍스(Pax)의 보고서에 따르면 미국, 중국, 영국, 러시아 같은 나라들은 AI 군비경쟁을 가속화하고 있다.[03] 이 보고서에서는 한 사례로 '차세대 AI 기술 물결(the next wave of AI technologies)'을 개발하기 위해 5년간 20억 달러를 지출하겠다는 미국 국방부의 발표를 인용했다.

특히 드론 군집(Drone swarms)(자기들끼리 의사결정을 내릴 수 있는 자기 조직형 드론의 집단)은 미국 정부가 개발하는 기술 분야 중 하나이다. 미국 국방고등연구계획국(DARPA: Defense Advanced Research Projects Agency)은 2018년 '예상치 않은 위협에 최소로 대응하고 적응'할 수 있는 능력을 갖춘 드론 부대를 개발했다고 확인했다.[04] 즉 통제관과의 통신이 두절되었을 때, 드론은 여전히 살아있는 객체로 통제관의 개입 없이 임무 목적을 위해 서로 협력할 수 있다. 이러한 무인기 집단을 도입하고자 하는 것은 미국만의 일은 아니다. 영국 정부는 영국군이 향후 그러한 '스웜 비행대(swarm squadrons)'를 이용할 것이라고 하였다.[05]

그러나 우리는 이론상으로는 통제관의 개입 없이 목표물을 식별하고 무기를 도입할 수 있는, 그들만의 전술적 결정을 내릴 수 있는 드론 군집을 정말로 개발하기를 원하는가? 이런 기술을 개발하려는 경쟁이 인류 전체에 심각한 위협이라고 생각하는 사람은 나뿐만이 아니다. 영향력 있는 AI 연구자와 로봇공학 연구자들은 자율무기개발 금지를 요구하는 공개 서한에 서명했다.[06] 이러한 반자율적 무기개발에 대응하기 위하여 미국 국방부는 2019년에 AI를 감독할 윤리학자를 모집하려고 했었다. 적어도 대부분의 사람들이 자기 조직화 무기(self-organizing weapons)에 대해 섬뜩하다는

사실을 인정하였다.[07]

걱정스러울 정도로 설득력 있는 가짜

우리는 요즘 가짜뉴스와 딥페이크에 대해 많이 듣는다. 하지만 내 경험상 기술이 얼마나 영리한지 그리고 기술이 우리 모두에게 얼마나 심각한 위협인지 이해하는 사람은 거의 없다.

제2장에서 나는 누군가의 목소리를 3초간의 오디오에서 복제할 수 있는 바이두의 기술을 언급했다. 또한 온라인에서 스칼렛 요한슨(Scarlett Johansson)과 같은 유명인사들이 등장하는 딥페이크 포르노 비디오도 유포되었는데, 그 배우의 얼굴은 포르노 배우의 몸과 실감나게 합성되었다. 지금은 없어진 딥누드(DeepNude) 앱은 완전히 옷을 입은 여성의 이미지를 옷을 벗은 이미지로 변환하여 합의되지 않은 포르노를 만드는 기능을 제공했다. 버락 오바마(Barack Obama) 대통령과 마크 저커버그(Marc Zuckerberg)의 딥페이크 동영상은 누군가가 원하는 대로 말하는 동영상을 어떻게 만들 수 있는지를 보여준다. 그리고 낸시 펠로시(Nancy Pelosi) 미국 하원의장이 술에 취해 말을 더듬는 조작 동영상은 도널드 트럼프(Donald Trump) 대통령이 리트윗했다.[08]

이용자가 원하는 말을 입력하기만 하면 동영상의 대본을 편집해 발언자의 입에서 나오는 단어를 변경할 수 있는 소프트웨어가 존재한다.[09] 스탠포드 대학교(Stanford University)의 딥비디오 포트레이트 시스템(Deep Video Portraits system)으로 대상자의 얼굴 표정을 조작하고 머리를 움직이게 누군가의 사진을 애니메이션화할 수 있다.[10] 그리고 오픈AI(OpenAI)에 의해 구축된 AI 시스템은 이제 가짜뉴스를 만들어낼 수 있게 되었는데, 이는 가짜뉴스가 너무 위험하고 악의적으로 활용된다는 점을 고려해 제작자들이 보다 광범위한 실험을 위한 완전한 모델을 내놓기를 거부하고 있다.[11]

걱정스럽게도 가트너(Gartner)는 2022년까지 사람들이 진실보다 더 많은 거짓을 접할 것이라고 예측하였다.[12] 무엇이 진짜이고 무엇이 인위적인 것인지 분별하는 것은 이미 점점 더 어려워지고 있으며, 당신의 목소리가 단 몇 초의 오디오로 복제될 수 있다는 사실은 우리 모두를 잠시 생각에 잠기게 할 것이다. 즉 구글 어시스턴트(Google Assistant)를 유명인의 목소리와 대화하도록 무해하게 프로그램할 수 있는 것과 같은 종류의 기술이 당신에게 불리하게 이용될 수 있다.

우리는 기술이 무엇을 할 수 있고 얼마나 정교한지에 대한 인식을 높일 필요가 있다. 그리고 우리는 정보를 평가하고 그 타당성을 검증할 때 좀 더 비판적일 필요가 있다(비판적 사고에 대해 더 자세히 알아보려면 제8장을 다시 살펴보기 바란다).

AI는 인간이 이러한 가짜 콘텐츠를 생성하는 것을 가능하게 했을 뿐만 아니라, 미래에 가짜 콘텐츠를 발견하는 데 도움을 줄 수도 있다. 워싱턴 대학교(University of Washington)의 과학자들은 그로버(GROVER)라고 불리는 AI 시스템을 만들었는데, 이 시스템은 헤드라인만을 기반으로 믿을 수 있는 가짜뉴스를 만들 수 있다. 하지만 이 시스템은 인터넷을 선전물로 채우도록 고안된 것이 아니다. 이 시스템을 만든 팀에 따르면 이 시스템은 가짜뉴스에 대한 가장 효과적인 방어 수단이며, 가짜뉴스를 탐지할 수 있다.[13] 이 시스템은 기존의 다른 시스템보다 더 견고하다. 그것은 확실히 고무적이지만, 이 기술이 결코 잘못 이용되지 않아야 할 것이다.

사람에 대한 잘못된 AI 이용

마지막으로 우리는 정부뿐만 아니라 기업의 AI 이용에 대해서도 경계해야 한다. AI가 고객에게 어떤 혜택을 줄 수 있을지 고민하는 기업들보다는 AI를 활용해 고객과 이용자를 최대한 착취한 기업들이 많다. 한 사례로 도박 웹사이트에서 AI를 이용하는 경우가 있는데, 여기서 AI를 이용하여 이용자의 행동을 예측하고, 더 많은 돈을 쓰도록 유도할 수 있다. 본질적으로 AI는 이용자에게 보다 좋고 가치 있는 서비스를 제공하기보다는 사람들을 매료시키고 계속 유지시키는 데 이용되고 있다.[14] 내게 있어 AI의 윤리적인 이용의 큰 부분은 AI와 데이터를 이용하여 고객, 이용자, 직원들에게 실질적인 가치를 제공하는 것이다. 그렇게 할 수 있다면 사람들에게 '꼼수'나 '덫'을 놓을 필요 없이 보다 큰 충성도를 높일 수 있을 것이다. 그러나 윤리적인 AI 기업이 된다는 것은 AI와 데이터를 어떻게 이용하는지에 대해 사람들에게 투명하게 공개하는 것을 의미하기도 한다. 이것은 과거 많은 유명 기업이 하지 않았던 일이다.

개인의 사생활을 짓밟고 투명하지 못하던 시대는 끝났다

나와 함께 일하는 어떤 회사든, 나는 그들이 AI와 데이터를 어떻게 이용하는지에 대해 투명해지라고 항상 충고한다. 장기적으로 볼 때 윤리적이고 투명한 접근 방식은 비즈니스에 진정한 가치를 더하고 특히 사람들이 점차적으로 AI의 비윤리적인 이용에 대해 인식하면서 고객과 이해관계자들의 신뢰를 구축하는 데 도움이 될 것이다.

페이스북 사례를 통한 교훈

페이스북의 비콘 프로그램(Beacon programme) 사례는 프라이버시 보호의 중요성에 대한 교훈을 준다. 페이스북 비콘 프로그램은 이용자들이 다양한 외부 사이트의 데이터를 검색하고 온라인으로 구매 내용을 페이스북 담벼락(wall)에 게시하게 해준다. 비콘 프로그램의 목표는 소매업체들의 판매 촉진을 돕는 것이었다. 그런데 대부분의 이용자들은 페이스북이 이용자들의 온라인 구매 데이터를 수집하고 있다는 사실을 전혀 모르고 있었다는 것이었다. 만약 전자상거래 기업인 오버스톡(Overstock)에서 커피 테이블을 구입한 여성 고객이 페이스북 담벼락에 게시한 구매 내용을 본다면, 이것은 상대적으로 해롭지 않을 것이다. 반면 또 다른 사례로, 한 남자가 다이아몬드 반지를 온라인으로 주문했고, 페이스북이 모든 친구들과 가족들에게 담벼락을 통해 한 남자의 프로포즈가 임박했다는 사실을 알린 사례가 있다.[15] 페이스북은 그 이후로 비콘 프로그램을 활용하는 것을 중단했고, 프라이버시법 위반으로 950만 달러의 합의금을 지불하라는 명령을 받았다.[16]

페이스북은 케임브리지 애널리티카(Cambridge Analytica) 스캔들 이후 프라이버시를 보다 의식해야 한다는 압박감을 크게 받고 있었다. 그래서 2019년에 페이스북이 안면인식 기술의 이용을 바끈다고 발표한 사실은 놀랄 만한 일은 아니다. 이후 페이스북에서 사진 속 사람들을 자동으로 태그하는 데 이용되었던 안면인식 기술은 마침내 페이스북 이용자들이 옵션에서 이 기능의 작동을 위해 선택해야 하는 설정사항으로 바뀌었다.[17] 페이스북의 이러한 결정은 이용자의 안면인식 데이터 이용에 대한 항소심 재판이 패소한 후에 이루어졌다. "이용자의 동의 없는 안면인식 기술을 이용한 안면 템플릿 개발은 개인의 사생활을 침해한다"[18]는 항소심 재판 판결은 페이스북이 이용자의 안면 데이터 수집에 대한 이용자의 동의를 얻지 못한 것에 대하여 거액의 손해배상금을 지불하도록 했다.

게다가 AI가 뒷받침하는 안면인식 기술의 광범위한 이용은 많은 사람들을 경계하게 하는 영역으로, 일부 도시들은 이를 금지했다. 안면인식 기술이 치안과 보안에 제공하는 장점에도 불구하고 많은 사람들은 안면인식 기술이 개인의 사생활에 위협이 된다고 느낀다.[19] 안면인식 기술의 잠재적인 단점을 과소평가해서는 안 된다. 우선 안면인식 기술은 어떤 경우에는 유색인종이나 여성보다 백인을 더 잘 식별하여 사람들을 잘못 식별할 수 있다는 우려를 낳기도 한다.[20] 사생활뿐만 아니라 정확성에 대한 우려로 국회의원들은 안면인식 기술의 규제를 요구하고 있다.[21]

심지어 집도 생각하는 것처럼 더 이상 사적인 공간이 아니다

심지어 우리가 생활하고 있는 집도 더 이상 우리가 생각하는 것처럼 안전한 사적 공간이 아니다. 2019년에 아마존 알렉사와 구글의 어시스턴트를 이용하는 고객들은 아마존과 구글의 요구사항을 듣고 격분했다. 아마존과 구글은 고객들에게 스마트 홈 어시스턴트 디바이스로부터 익명화된 고객 음성 파일을 수집하는 계약을 하겠다고 알렸다. 두 회사는 이러한 계약은 음성인식 시스템을 훈련시킴으로써 스마트 어시스턴트의 능력을 개선하기 위함이라고 강조했다. 여전히 고객들은 누군가가 그들의 음성 데이터를 들을 수 있다는 사실을 모르고 있다.

아마존은 최근 특허 출원으로 프라이버시 옹호자들 사이에서 적지 않은 원성을 듣고 있다. 아마존은 카메라를 이용해 이웃을 감시하고 의심스러운 행동을 하는 이웃을 경찰에 신고하는 스마트 초인종을 발표했다. 나는 이 제품에 대해 꽤 불안감을 느낀다.[22] 이웃의 스마트 초인종이 누군가를 감시한다는 것을 좋아하는 사람이 있는가? 특히 아마존 서비스를 이용하지 않거나 가정에서 스마트 제품을 가지고 있지 않은 사람들에게는 이웃의 스마트 초인종 장치가 그들의 활동정보를 수집하고 있을 수 있다는 사실에 불쾌감을 느낄 것이다.

물론 우리가 집에서 이용하는 스마트 홈 디바이스는 하루 종일 많은 데이터를 수집하고 있다. 구글 스마트 홈 제품도 마찬가지다. 또한 우리가 방문하는 웹사이트들도 그렇고, 우리가 가지고 있는 휴대폰도 마찬가지다. 일반적으로 말하면 데이터를 수집하거나 이용하는 것이 문제가 되는 것은 아니다. 소비자들의 반발은 이전에 사람들이 자신의 데이터가 기업에서 이용되고 있다는 것을 몰랐을 때와 개인정보 제공에 대한 선택권이 주어지지 않았을 때 발생하는 경향이 있다(마치 스마트 초인종을 가진 누군가의 옆집에 사는 사람들의 정보를 수집하는 것처럼!).

하지만 프라이버시의 흐름은 변화하고 있다. 내가 이 책을 집필할 때 아마존은 알렉사 설정에 '사람 검토 없음(no human review)' 옵션을 도입했다. 이 옵션은 알렉사 설정에서 이 서비스 이용자가 자신의 오디오를 아마존에서 검토하는 것을 막을 수 있는 기능이다. 이와 같은 서비스 이용자의 옵션 설정은 프라이버시 문제를 점점 더 의식하게 하면서 더욱 일반화될 것이다.[23] 바꾸어 말하면 기업들은 더 이상 사람들의 데이터(오디오 데이터, 페이스 데이터, 온라인 활동 데이터 등)를 자유롭게 활용하고, 그 데이터에 AI를 적용할 수 없다. 앞으로 기업들은 데이터와 AI를 어떻게 이용하는지에 대해 100% 투명하게 공개해야 하며, 그러한 데이터와 AI 이용에 대해 고객의 동의를 얻어야 할 것이다.

AI 블랙박스 문제

점점 더 많은 일상적인 의사결정이 AI에 의해 결정되고 있다. 내가 이 책을 집필할 때 오타를 교정하는 철자 검사기(spellchecker)에서부터 차에서 길을 안내하는 내비게이션에 이르기까지 AI가 적용되고 있다. 우리는 이러한 시스템들에 대해 강한 신뢰를 가지고 있으며, 시스템이 어떻게 작동하고 있는지를 생각하지 않고, 그 시스템을 이용해 의사결정과 활동을 지시한다. AI는 그런 면에서 소시지와 같다. 우리 대부분은 소시지가 어떻게 만들어지는지 모르는 편이 나을 것이다. 우리는 단지 그것을 먹고 싶을 뿐이다.

AI 내부에서 무슨 일이 벌어지는가?

문제는 우리가 AI가 어떻게 결정하였는지 이해하고 싶을 때조차도 그 설명을 듣지 못할 수도 있다는 것이다. 그것은 우리가 AI가 어떻게 결정을 내리는지, 특히 진보된 딥러닝 AI를 항상 이해할 수 없기 때문이다. 우리는 AI 시스템에 데이터를 입력하고, 다른쪽 끝에서 최종 결정을 하게 된다. 그리고 그 사이에 무슨 일이 일어나는지 정확히 이해하기는 어렵다. AI 시스템의 보닛 아래, 다시 말해서 그 안을 들여다만 볼 수는 없다. AI 기술자도 자기만의 AI 시스템이 어떻게 작동하는지 항상 이해할 수 없다.

AI 알고리즘이 얼마나 진보된 의사결정을 하는지 이해할 수 없다면, AI 이용에 심각한 영향을 미친다. 예를 들어, 유럽의 개인정보보호법인 GDPR(General Data Protection Regulation)은 개인이 자동화 시스템이 자신에게 영향을 미치는 의사결정을 어떻게 내리는지를 설명할 권리가 있다고 주장한다.[24] 예를 들어, 자동화 시스템의 의사결정에 따라 주택담보대출 신청을 거절당했다고 가정하면, GDPR은 왜 당신이 거절당했는지에 대한 의사결정이 내려지기까지의 내용을 알 권리가 있다고 말한다. 만약 회사들이 그들의 AI 시스템이 어떻게 의사결정에 도달하는지 설명할 수 없다면, 회사는 본질적으로 불법적으로 행동하고 있는 것이다.

또 다른 예로, 뉴욕(New York) 마운트 시나이 병원(Mount Sinai Hospital)의 연구원들은 70만 명의 의료 기록에서 학습한 후 질병을 예측할 수 있는 딥러닝 프로그램을 만들었다. 딥페이션트(Deep Patient)라고 불리는 이 프로그램은 조현병 같은 복잡한 정신질환의 발생을 성공적으로 예측하는 등 상태를 예측하는 데 상당히 능숙하다는 것을 증명했다. 조현병은 의사들이 예측하기 어렵기로 악명 높았던 병으로, 이 시스템은 임상의사들을 어리둥절하게 만들었다.[25] 이 시스템은 조현병 예측에 대한 근거를 전혀 제시하지 못했다. 그렇다면 만약 이 시스템이 당신이 조현병에 걸릴 것으로 예측했다고 해보자. 당신은 딜레마에 직면할 것이다. AI 시스템의 진단결과를 어떻게 신뢰할 수 있을까? 그렇다. 이 시스템이 아주 정확하게 조현병을 예측할 것 같지만, 환자들은 예측 근거를 확인할 방법이 없다. 의사들은 진단과정을 설명할 수 없는 AI 의사결정에 기초하여 환자의 약물을 변경할 수 있을까? 만약 그 의사결정이 잘못되었다면 누가 책임을 져야 할 것인가?

AI 시스템의 신뢰 문제

AI에 대한 이해 부족은 책임과 신뢰 그리고 정확성에 대한 큰 문제를 제기한다. 만약 우리가 AI 시스템이 어떻게 작동하는지 이해하지 못한다면, 어떻게 AI를 통해 어디에서 고장날 것을 확인하거나 예측할 수 있을까? AI의 의사결정과정을 설명할 수 없다면 AI를 믿어야 할까? 아니면 언제 AI를 믿어야 할지, 언제 믿지 말아야 할지를 구분할 수 있는 직관적인 방법을 찾을 수 있을까?(인간에 대해 그렇듯이) 지금으로서는 그 의문들이 풀리지 않은 채 남아 있다.

그나마 다행인 것은 AI 기업들이 AI 블랙박스 문제의 심각성을 파악하고 있는 것으로 보인다는 점이다. 예를 들어, 2019년에 IBM은 딥러닝 AI의 의사결정과정을 설명하기 위해 고안된 새로운 도구를 발표했다.[26] AI 360 익스플레이너빌리티(AI 360 Explainability)

라고 불리는 이 도구는 AI 의사결정을 해석하는 데 어느 정도 도움이 되지만, 모든 부분을 해결해 주지는 못했다.

자동화된 AI 시스템을 맹목적으로 따르는 인간의 성향을 고려할 때 우려감은 두 배로 높아진다. 이것이 제8장에서 언급한 '자동화 편향성' 문제이다. 기업이 AI를 성공적으로 구축하려면 자동 의사결정의 설명 가능성을 고려해야 할 뿐만 아니라 자동화 편향성의 위험성에 대응할 전문인력 확보가 필요할 것이다. 사람들은 자동화 시스템을 맹목적으로 따르지 않도록 훈련받아야 한다. 그들은 AI 시스템이 어떻게 결정을 내리고, 그러한 의사결정을 내리는 데 어떤 데이터가 이용되는지에 대해 비판적으로 생각하고 질문하는 법을 배워야 한다. 따라서 일반 데이터 이용능력 증가는 자동화 편향성을 극복하는 데 중요한 부분이다. 자동화 편향성, 비판적 사고, 데이터 이용능력 증진에 대한 자세한 내용은 제8장을 참조하기 바란다.

편향된 AI 피해

AI가 가지고 있는 다양한 장점 중 하나는 편향성을 줄일 수 있는 잠재력을 가지고 있다는 것이다. 의사결정이 AI 시스템에 의해 증강되거나 자동화되면 사람들은 의사결정과정에 발생하는 부담감의 일부를 제거할 수 있다. 이에 대한 한 가지 좋은 사례가 인력 채용 과정이다. 만약 AI가 초기 응용 프로그램을 평가하는 데 이용될 수 있다면 차별을 없애고 비즈니스 현장의 다양성을 향상시키는 역할을 할 수 있을 것이다.

어쨌든 데이터의 특성 문제에 대해 고민해야 할 것이다. 현실은 AI 알고리즘이 훈련된 데이터만큼만 우수하다는 것이다. 편향된 데이터를 이용해 학습하면 AI 시스템이 편향될 것이다. 과거 대통령들의 역사적 자료만을 근거로 미국의 차기 대통령을 예측하는 기초적인 AI를 만든다고 하자. 차기 대통령이 노년의 백인이 될 것이라고 예측하는 것은 매우 쉬운 일이다. 그것은 훈련용 데이터에 많은 인종과 성별 편향성이 내재되어 있기 때문이다.

왜 데이터가 편향될 수 있는가?

데이터가 편향되었다고 데이터 과학자나 개발자들이 편향되었다는 것을 의미하지 않는다. 그것은 표현력 부족으로 인한 의도하지 않은 편향성일 가능성이 더 높다. 즉 그것은 어떤 개인의 편향성이 고개를 들기보다는 아마도 내재된 편향성일 것이다.

역사적으로 대통령에 대한 나의 가상의 데이터베이스는 편향성을 보여주는 하나의 사례이다. 또 다른 실제 사례를 보면 피고인들의 재범 위험을 평가하기 위해 결함이 있는 시스템을 이용하는 것이다. 한 재범 위험분석 도구를 보다 면밀히 조사했을 때, 연구자들은 백인 피고인들보다 흑인 피고인들이 재범 위험성이 높은 것으로 잘못 판단할 가능성이 훨씬 더 높다는 것을 발견했다. 한편 백인 피고인들은 위험성이 낮은 것으로 잘못 판단할 가능성이 더 높았다.[27]

데이터의 편향성 위험 줄이기

그렇다면 데이터에 내재된 편향성을 피하기 위해 우리가 할 수 있는 일은 무엇인가? 가장 분명한 방법은 이용 중인 데이터의 과소 표시 또는 과대 표시를 확인하는 것이다. 이 문제를 해결하기 위해 추가 데이터가 필요할 수 있다. 예를 들어, 나는 앞에서 안면인식 시스템이 백인 남성을 식별하는 데 더 뛰어나고, 여성이나 유색인종을 식별하는 데 그리 정확하지 않다는 것을 발견했다고 설명했다. 안면인식 시스템에 이용되는 훈련용 데이터셋에 백인 남성 데이터가 75~80% 이상일 것으로 추정되었기 때문이다.[28]

또한 사람들은 AI를 통해 자동화되는 의사결정에 대해 비판적으로 생각하는 법을 배우고 맹목적으로 이 의사결정을 따르지 않아야 한다. 이는 모든 조직에서 데이터 이용능력과 비판적 사고능력을 개선해야 한다는 점을 강조한다(제8장 참조).

회사에서 데이터 편향성을 다루지 않으면 심각한 문제를 유발할 수 있다. 이는 당신 회사에 부정확한 의사결정이나 평판과 신뢰의 상실을 유발할 것이다. 데이터의 편향성은 어떤 조직에서도 나쁜 결과를 유발할 것이다. 하지만 산업에 따라 데이터의 편향성 결과는 훨씬 더 심각할 수 있다. 환자 치료에 대한 의사결정이 편향적이거나 불완전한 데이터 집합에 기초해 이루어진다면 어떻게 될 것인지 상상해 보자. 이것은 심각한 법적 파장이 발생할 수 있다는 것을 상상하는 것은 어렵지 않을 것이다.

AI 보안 및 해킹 관련 문제

제6장에서 나는 어떻게 AI를 활용하여 IT 보안을 향상시키고 피싱 사기(phishing scams)를 탐지할 수 있는지를 강조했다. 불행히도 AI와 자동화는 해커들의 이익에도 이용될 수 있다. 예를 들면, 보안 문제가 있는 사이트를 자동으로 추적하는 AI봇은 한 번에 다수의 랜섬웨어(ransomware) 공격을 자동으로 수행하는 데 악용될 수 있다. AI 덕분에 해커들의 공격이 그 어느 때보다 쉬워질 것이다.

기술은 항상 악의적으로 이용될 가능성이 있다. 이러한 현상은 새로운 현상이 아니다. AI의 급속한 발전은 우리가 생각한 것 이상 훨씬 큰 위협에 직면해 있다. 예를 들어, 피싱(Phishing) 탐지가 훨씬 어려워질 가능성이 있다. 피싱은 가짜 웹사이트를 방문하도록 사람들을 속이고 보안 세부사항을 포기하도록 고안된 사실적으로 보이는 메시지에 의존한다. 이론적으로 AI는 이러한 메시지들을 더욱 사실적으로 만들기 위해 이용될 수 있다. 당신은 파트너로부터 당신 은행계좌의 로그인 세부 정보를 알려달라는 가짜 메시지를 받을 수 있다. 상상해 보라. AI는 당신의 파트너가 쓰는 것과 같이 메시지를 당신이 읽을 수 있게 한다. 이러한 이야기가 억지스럽게 들리는가? 챗봇 기술이 이미 매우 현실적이어서 사람과 챗봇을 구분하는 것이 매우 어렵다. 또한 우리는 가짜 오디오와 비디오를 포함한 가짜 콘텐츠를 만드는 것이 점점 더 쉬워지고 있다는 것을 알고 있다. 해커들이 동료의 음성을 속일 수 있고, 이를 이용해 직원들을 속여 시스템 비밀번호를 포기하게 하는 것은 상상할 수 없는 일이 아니다.

IT 보안을 향상시키는 기술은 조직들의 직원들에 의해 채택될 수 있다. 그렇다면 조직들은 스스로를 보호하기 위해 무엇을 해야 할까? 모든 조직들에 정기적으로 업데이트되는 강력한 IT 보안 정책이 필요하다는 것은 두말할 나위도 없다. 나에게 있어 보안의 중요성 인식은 항상 방어선의 첫 번째에 있다. 조직들은 끊임없이 변화하는 위협 상황을 인지해야 하며, 직원들에게 잠재적인 보안 위협에 대해 교육하고 모든 직원들이 회사의 보안 정책을 숙지하도록 최선을 다해야 한다.

AI로 인한 기후 영향 대응

AI는 다양한 시스템을 운영하는 데 이용되기 때문에 에너지를 소비한다. 오늘날 AI는 보다 효율적으로 에너지를 이용하는 데 도움을 제공한다.

AI와 윤리 문제를 논의할 때 AI와 에너지 이용의 연관성을 제기하는 사람은 거의 없다. 스마트 자동온도조절기와 같은 AI를 이용한 도구들은 모두가 에너지 효율을 높이는 데 도움이 될 수 있다. 그리고 그것은 훌륭하다. 그러나 AI가 작동하려면 엄청난 컴퓨팅 능력을 필요로 하고, 결국 엄청난 양의 전기를 필요로 한다는 사실도 잊어서는 안 된다. 오늘날 우리가 이용하는 에너지의 많은 부분이 여전히 석탄과 석유에서 나온다는 사실을 고려하면, AI는 엄청난 탄소발자국을 줄이고 있다는 것을 의미한다.

클라우드 컴퓨팅과 AIaaS(AI-as-a-service)와 같은 기술 발전은 이 문제(즉 에너지 소비 문제)를 간과하기 쉽게 한다. 데이터 스토리지를 클라우드로 아웃소싱하고, 클라우드 기반 소프트웨어를 이용하는 경우 관련된 에너지 소비 문제를 무시하기 쉽다. 결국 클라우드 환경에서의 분석 기능을 강화하는 데 복잡한 데이터 센터가 필요하지 않다. 하지만 클라우드는 추상적인 개념이 아니다. 그것은 실제적이고 기능을 수행하기 위해 컴퓨팅 능력에 의존한다. 단지 당신이 다른 사람들의 컴퓨팅 능력, 즉 마이크로소프트나 아마존의 컴퓨팅 능력을 이용하고 있는 것이다.

아이러니한 것은 세계에서 가장 규모가 크고, 환경에 민감하고, 환경보호 의식이 강한 기업들 중 일부는 최첨단 기술의 저충격 건물과 캠퍼스를 가지고 있으며, AI를 이용하여 전기를 소비하고 있다.[29] 이는 어떤 영향을 의미하는 것일까? 지난 1년 동안 AI 시스템을 훈련하는 데 평균적으로 미국인이 발생시킨 탄소배출량(carbon emissions)보다 17배 많은 탄소배출량을 발생시켰다. 그리고 2012년 이후 AI 시스템 훈련에 필요한 연산 전력은 3.5개월마다 2배씩 증가하고 있다.[30] 이러한 놀라운 성장으로 인해 2025년까지 AI가 전 세계 전력 이용량의 10분의 1을 차지할 것으로 예측되고 있다.[31] (만약 우리가 암이나 빈곤, 말라리아 확산 등 세계 최대의 문제를 해결하고, 모든 사람을 위한 저렴한 의료 서비스 부족 문제나 기후 변화의 영향 문제를 해결하는 데 이 에너지 소비 문제를 적용한다면, 우리는 어떤 성과를 얻을 수 있을까 고민해 보자.)

진실은 기술 발전이 후퇴할 수 없다는 것이다. 이제 AI가 대기업이든 중소기업이든 대부분의 기업에게 점점 더 현실적인 선택지라는 점은 돌이킬 수 없다. 기술 발전은 한 방향으로만 진행되며, 미래의 가장 성공적인 비즈니스는 AI가 주도하는 조직이 될 것이라는 데 의심의 여지가 없다. 그래서 내가 전달하려는 메시지는 AI가 이용하는 에너지의 양 때문에 AI를 피하자는 것이 아니라, AI가 이용하는 에너지에 대해 우리 모두 좀 더 알아야 한다는 것이다. 기업은 클라우드 서비스 제공자의 에너지 이용량도 고려해야 한다. 그 일환으로 빅테크 기업들은 AI가 지구에 미치는 피해에 대해 훨씬 더 솔직하게 말할 필요가 있다.

또한 나는 모든 조직들이 AI의 이용을 우선시하는 법을 배워야 한다고 믿는다. AI를 통해 어떤 것을 분석하거나 자동화할 수 있다고 해서 그렇게 해야 하는 것은 아니라는 얘기다. AI를 윤리적으로 이용하는 방법은 비즈니스 및 이해관계자에게 많은 장점을 제공하는 곳에만 AI를 이용하는 것이다.

윤리적 인간-로봇 관계

잠시 좀 더 미래 지향적으로 생각해 보자. AI 로봇이 일상과 직장에서 흔한 부분이 되면서, 미래의 로봇과의 관계 그리고 로봇과의 상호 작용이 실제로 인간이 상호 작용하는 방식을 어떻게 바꿀 수 있는지 고려해 볼 필요가 있다.

예일대 니콜라스 크리스타키스(Nicholas A. Christakis) 사회학 교수는 그의 로봇 활용 실험에서 로봇 동료의 존재는 인간과 상호 협력을 통해, 인간을 보다 편안하게 만들고 도움을 제공한다고 하였다. 크리스타키스 교수의 실험에서 업무 중 실수를 인정하고 사과하도록 프로그래밍된 기민한 로봇과 짝을 이룬 인간 집단들은 로봇과 서로 보다 잘 소통하고 협력하는 것으로 밝혀졌다.[32] 반대로 크리스타키스 교수는 또 다른 실험에서 이기적인 방법으로 온라인 게임을 하는 로봇들은 관대한 인간 플레이어들이 비슷하게 이기적인 행동을 하도록 만든다는 실험 결과를 제시하였다. 그러므로 로봇의 존재는 인간의 행동에 영향을 미칠 수 있다. 이러한 사실은 로봇을 고용하는 사람들이 고려해야 할 흥미로운 사항이다.

다가올 미래를 살펴보면 로봇들이 잠재적으로 보다 더 생명체와 비슷해질 것이고, 인간과 같은 사고과정을 수행할 수 있게 될 것이며, 이에 따라 로봇들이 기계가 되는 것을 멈추고 새로운 생명체가 되는 시점이 올 것이라는 것을 예측할 수 있게 될 것이다. 만약 그렇게 된다면 인간과 로봇들은 어떻게 상호 작용을 할 것인가? 로봇들은 어떤 권리를 가질 수 있게 될까? 어떻게 하면 로봇들이 윤리적이고 공정한 대우를 받을 수 있을까? 이와 같은 질문들은 흥미로운 고민거리가 될 것이다. 하지만 지금은 나는 SF 영화인 〈블레이드 러너(Blade Runner)〉에 나타난 것을 상상하지 않으려고 한다. 나는 당신 회사에서 AI 기술을 보다 윤리적으로 이용하기 위한 방안을 알아보는 데 집중하고자 한다.

모든 것을 실천에 옮기기: 비즈니스에서 윤리적으로 AI를 이용

앞 장에서 언급한 페이스북을 상대로 한 소송은 AI를 둘러싼 윤리적 이슈에 대해 대중들이 어떻게 각성하기 시작했는지를 보여준다. 이러한 대중의 인식과 반발 잠재력은 증가할 뿐이며 정책 입안자와 규제 당국은 의심할 여지 없이 AI에 대한 관심을 증가시킬 것이다. 따라서 AI의 윤리적 이용을 추구해야 한다.

이는 조직이 다음 사항을 수행해야 한다는 것을 알려준다.

- 고객 및 직원과의 신뢰관계를 구축하라.
- 블랙박스 문제를 예방하라.
- 비판적으로 생각하라.
- 데이터 편향 여부를 확인하라.

각 영역을 차례대로 간략히 요약해 보자.

신뢰 구축

조직은 고객, 직원 그리고 기타 이해관계자에게 AI와 데이터를 어떻게 이용하였는지를 투명하게 공개해야 한다. 페이스북과 같은 회사들이 지금까지 이 일을 잘하지 못했고 아마도 이용자들에게 그들이 무엇을 하고 있는지 말하지 않고 일처리하였다. 규제 당국이 빅테크 기업들을 대상으로 AI와 데이터 이용 투명성에 보다 면밀히 조사를 시작함에 따라, 빅테크 기업에서 투명하지 않은 AI와 데이터 이용 접근법은 위험한 방법이 되었다. 기업들은 고객으로부터 수집한 데이터를 활용하기에 앞서, 어느 누구도 읽지 않는 긴 전문용어가 포함된 수많은 약관의 세부사항을 질문하기보다는 고객과 관련된 어떤 데이터를 수집하고, 어떻게 데이터를 분석하며, 왜 데이터를 분석하였는가를 고객들이 보다 잘 이해하도록 간단한 방식으로 알려야 할 것이다.

투명하고 윤리적인 AI 주도 기업들은 사람들의 데이터 수집에 대한 사전동의(informed consent)를 구해야 하며, 가능한 경우 사람들에게 그 정보에 대한 옵트아웃(opt out) 선택권을 주어야 한다.

기업이 AI 이용과 관련해서 신뢰 구축은 또 다른 핵심 가치이다. AI 주도 조직은 사람들을 착취하거나 고객들에게서 돈을 뜯어내는 것이 아니다. 가능한 그들에게 실질적인 가치를 더하는 것이다. 따라서 AI가 어떻게 보다 개선된 제품을 만들고, 보다 스마트한 서비스를 제공하고, 고객의 문제를 해결하고, 직원들의 근무생활을 개선하는 등의 도움을 줄 수 있는지 생각해 보아야 한다. 사람들은 일반적으로 그 대가로 뭔가 값진 것을 얻고 있는 것이 분명할 때, 그들의 데이터가 이용되는 것에 만족할 것이다.

블랙박스 문제 피하기

만약 당신이 AI 시스템이 의사결정에 어떻게 도달하는지 설명할 수 없다면, 다시 한 번 AI 시스템에 대해 재고해 보아야 한다. 조직들은 AI가 하는 일에 대한 자세한 사항을 AI 제공자와 전문가들에게 질문해야 한다. 만약 그들이 당신에게 AI의 의사결정과정에 대해 설명할 수 없다면, 당신은 이해관계자들에게 어떻게 설명하겠는가? 그리고 당신은 어떻게 AI의 의사결정을 믿을 수 있을까? 앞서 언급한 IBM 도구처럼 설명 가능성을 높이는 AI 도구를 찾아보아야 한다.

비판적 사고

AI가 의사결정을 강화하거나 자동화할 수 있다고 해서 우리가 모든 의사결정을 포기해야 한다는 뜻은 아니다. 오히려 정반대의 의미가 있다. AI가 주도하는 의사결정이 많아지면서 AI 시스템에 대해 사람이 비판적으로 생각할 필요성이 그 어느 때보다 중요해지고 있다. 실제로 이것은 조직 내 사람들에게 AI에 대해 교육하고, AI 의사결정에 대한 질문(관련 데이터, 의사결정 방법 등)을 유도하는 것을 의미한다. 자동화 편향성을 극복하는 데 필요한 도구를 사람들에게 제공하는 것이 중요하다(제8장 참조).

데이터와 알고리즘의 편향성 확인

조직은 AI 시스템을 훈련하는 데 이용되는 데이터, 특히 데이터가 특정 요인을 과대 반영 또는 과소 반영하는지 여부를 살펴보고, 더불어 알고리즘의 잠재적 편향성을 살펴보아야 한다. 물론 데이터와 AI 알고리즘을 실제 심층적으로 조사하려면 전문가의 안목이 필요하다. 조직들은 데이터와 AI 알고리즘이 편향성이 없다고 맹목적으로 신뢰하기보다는 AI 제공자들에게 궁금한 사항에 대해 질문해야 할 것이다.

활용 가능한 베스트 프랙티스 만들기

위에서 설명한 팁 외에도 책임감 있는 AI 이용을 장려하는 몇 가지 베스트 프랙티스 지침과 국제 비영리단체가 있다. 나는 특히 다음 사항을 적극적으로 추천하고 싶다.

AI에 대한 파트너십[33] 이 파트너십은 AI에 대한 베스트 프랙티스, 연구, 공개 대화를 형성하기 위해 노력하고 있다. 여기에 참여하는 기업에는 아마존(Amazon), 구글(Google)과 같은 회사, BBC와 같은 미디어 회사, 유니세프(Unicef)와 같은 비영리 단체가 포함된다.

NIST(National Institute of Standards and Technology)에서 발표한 미국의 AI 리더십[34] 명확한 규칙 집합보다 AI 표준개발을 위한 고수준 로드맵이 많지만, AI의 책임 있는 이용을 촉진하기 위한 잠재적 이니셔티브가 있다. 향후 AI 표준이 어디로 갈지 조망하는 데 유용하다.

유럽위원회(European Commission)가 발표한 신뢰할 수 있는 AI를 위한 윤리 지침(Ethics Guidelines for Trustworthy AI)[35] 이 지침은 AI 시스템이 신뢰할 수 있는 것으로 간주하기 위해 충족해야 하는 핵심 요건을 규정하고 있다.

경제협력개발기구(OECD: Organization for Economic Co-operation and Development)가 발표한 AI 관련 원칙[36] 개인적으로 이것은 내가 가장 좋아하는 AI 가이드라인이다. 나는 모든 회사들에 이러한 베스트 프랙티스 국제 AI 표준 준수를 강력히 권장하고 싶다. OECD의 지침은 42개국이 공식적으로 채택했다.

간단히 설명하면 AI의 책임 있는 이용에 대한 OECD의 원칙은 다음과 같다.

- AI는 사람과 지구에 이익이 되어야 한다.
- AI는 법, 인권, 민주적 가치와 다양성을 존중하는 방향으로 설계되어야 한다.
- 사람들이 AI에 기반한 결과를 이해하고 도전할 수 있도록 투명성이 확보되어야 한다.
- AI는 지속적으로 평가 및 관리되는 위험과 함께 안전하고 안전한 방식으로 운영되어야 한다.
- AI를 도입하는 조직은 이러한 원칙에 따라 적절한 기능에 대한 책임을 져야 한다.

마지막으로 나는 이러한 가이드라인이 올바른 AI 이용을 위한 감시의 시작에 불과하며, 우리는 새로운 표준이 제때에 제정될 것을 기대한다. 따라서 조직들은 변화하는 베스트 프랙티스와 법률에 대해 최신 정보를 유지하는 것이 중요하다.

핵심사항

이 장에서는 다음의 내용을 설명하였다.

- 윤리적인 AI 기업이 된다는 것은 AI와 데이터를 활용해 고객, 이용자, 직원에게 실질적인 가치를 제공하는 것을 의미한다.
- 고객, 직원 및 기타 이해관계자가 데이터 및 AI 이용 방법에 대해 알 수 있도록 100% 투명하게 비즈니스를 운영해야 한다.
- AI가 매우 복잡해 어떻게 작동하는지 정확히 알 수 없기 때문에, 기업들이

AI 운영에 대해 설명해야 하는 것은 중요한 핵심 과제이다. 그러므로 사람들은 AI 시스템에 대해 비판적으로 생각하는 법을 배워야 하고, AI가 어떻게 결정을 내리는지에 대해 의문을 가져야 한다.

- AI를 이용해 공격의 정교함, 용이성, 확산성을 높일 수 있기 때문에 보안 이슈는 또 하나의 중요한 핵심 과제이다. 기업들은 강력한 보안 전략을 수립하고 유지하며 위협에 대한 인식을 높이는 것이 중요하다.
- 당신은 최신 베스트 프랙티스에 대한 지침과 새로운 법률 정보를 확인해야 한다.

윤리적인 문제와 잠재적인 AI 위험만이 기업들이 AI 여정에서 극복해야 할 장애물은 아니다. 일부 기업에서는 AI에 적합한 데이터를 찾는 것이 과제가 될 수 있다. 다음 제10장에서는 AI와 데이터의 관계를 살펴보고, 필요한 데이터를 수집하거나 액세스하는 방법을 설명한다.

참고자료

01 Nave, G. et al(2018) Musical preferences predict personality: evidence from active listening and Facebook likes, *Psychological Science*, https://journals.sagepub.com/doi/abs/10.1177/0956797618761659(archived at https://perma.cc/2BUU-XJPF)

02 Kosinski, M, Stillwell, D. and Graepel, T.(2013) Private traits and attributes are predictable from digital records of human behaviour, *Proceedings of the National Academy of Sciences of the United States of America*, https://www.pnas.org/content/110/15/5802.full(archived at https://perma.cc/R4US-TTJS)

03 Pax(nd) State of AI: Artificial intelligence, the military, and increasingly autonomous weapons, http://www.reprogrammingwar.org/(archived at https://perma.cc/DX2G-Z2LG)

04 DARPA(2018) CODE Demonstrates Autonomy and Collaboration with Minimal Human Commands, https://www.darpa.mil/news-events/2018-11-19(archived at https://perma.cc/3R9Q-5E7U)

05 McMullan, T.(2019) How swarming drones will change warfare, *BBC News*, https://www.bbc.com/news/technology-47555588(archived at https://perma.cc/7RBU-UE3H)

06 Future of Life Institute(2015) Autonomous weapons: An open letter from AI & robotics researchers, https://futureoflife.org/open-letter-autonomous-weapons/(archived at https://perma.cc/UQ7V-M42N)

07 Smith, D.(2019) Pentagon seeks 'ethicist' to oversee military AI, *Guardian*, https://www.theguardian.com/us-news/2019/sep/07/pentagon-military-artificial-intelligence-ethicist#(archived at https://perma.cc/589C-KNLU)

08 Reuters(2019) Trump retweets doctored video of Pelosi to portray her as having 'lost it', https://www.reuters.com/article/us-usa-trump-pelosi/

trump-retweets-doctored-video-of-pelosi-to-portray-her-as-having-lost-it-idUSKCN1SU2CB(archived at https://perma.cc/LLP3-6B94)

09 Vincent, J.(2019) AI deepfakes are now as simple as typing whatever you want your subject to say, *The Verge*, https://www.theverge.com/2019/6/10/18659432/deepfake-ai-fakes-tech-edit-video-by-typing-new-words(archived at https://perma.cc/32HA-2BLM)

10 Stanford University(2018) Deep Video Portraits

11 Wakefield, J.(2019) 'Dangerous' AI offers to write fake news, *BBC News*, https://www.bbc.com/news/technology-49446729(archived at https://perma.cc/JMQ5-WXTY)

12 Panetta, K.(2017) Gartner top strategic predictions for 2018 and beyond, *Gartner*, https://www.gartner.com/smarterwithgartner/gartner-top-strategic-predictions-for-2018-and-beyond/(archived at https://perma.cc/8WY7-5GGQ)

13 Robitzski, D.(2019) New AI generates horrifyingly plausible fake news, *Futurism*, https://futurism.com/ai-generates-fake-news(archived at https://perma.cc/A6XR-8L8R)

14 Busby, M.(2018) Revealed: how bookies use AI to keep gamblers hooked, *Guardian*, https://www.theguardian.com/technology/2018/apr/30/bookies-using-ai-to-keep-gamblers-hooked-insiders-say(archived at https://perma.cc/9T5A-EK76)

15 CNN Money(2010) 5 data breaches: From embarrassing to deadly, https://money.cnn.com/galleries/2010/technology/1012/gallery.5_data_breaches/3.html(archived at https://perma.cc/7VBT-QJWQ)

16 Kravets, D.(2010) Judge approves $9.5 million Facebook 'Beacon' Accord, *Wired*, https://www.wired.com/2010/03/facebook-beacon-2/(archived at https://perma.cc/6RHN-D7BL)

17 Samuel, S.(2019) Facebook will finally ask permission before using facial recognition technology on you, *Vox*, https://www.vox.com/future-perfect/2019/9/4/20849307/facebook-facial-recognition-privacy-zuckerberg(archived at https://perma.cc/PP4D-3EYT)

18 Lecher, C.(2019) Facebook could pay billions after losing facial recognition privacy appeal, *The Verge*, https://www.theverge.com/2019/8/8/20792326/facebook-facial-recognition-appeals-decision-damages-payment-court(archived at https://perma.cc/6MRP-6KWJ)

19 Ehrenkranz, M.(2019) Another U.S. city moved to ban facial recognition, citing threats to free speech and civil rights, *Gizmodo*, https://gizmodo.com/fourth-u-s-city-bans-facial-recognition-citing-threat-1836858623 (archived at https://perma.cc/R9NV-P485)

20 Marr, B.(2019) Facial recognition technology: here are the important pros and cons, *Forbes*, https://www.forbes.com/sites/bernardmarr/2019/08/19/facial-recognition-technology-here-are-the-important-pros-and-cons/#2ea6b09914d1(archived at https://perma.cc/7VF7-H87H)

21 Dellinger, A.(2019) Lawmakers call for regulation of facial recognition tech, *Engagdet*, https://www.engadget.com/2019/05/22/congress-committee-facial-recognition-tech-regulation/(archived at https://perma.cc/8RAN-6VTS)

22 Christian, J.(2018) A New Amazon camera patent is straight out of "1984", *Futurism*, https://futurism.com/new-amazon-patent-1984(archived at https://perma.cc/R4ZF-8RXN)

23 Lomas, N.(2019) Amazon quietly adds 'no human review' option to Alexa settings as voice AIs face privacy scrutiny, *TechCrunch*, https://techcrunch.com/2019/08/03/amazon-quietly-adds-no-human-review-option-to-alexa-as-voice-ais-face-privacy-scrutiny/(archived at https://perma.cc/7APC-RVF6)

24 De la Torre, L.(2019) The 'right to an explanation' under EU data protection law, *Medium*, https://medium.com/golden-data/what-rights-related-to-automated-decision-making-do-individuals-have-under-eu-data-protection-law-76f70370fcd0(archived at https://perma.cc/7P27-BBXR)

25 Knight, W.(2017) The dark secret at the heart of AI, *Technology Review*,

https://www.technologyreview.com/s/604087/the-dark-secret-at-the-heart-of-ai/(archived at https://perma.cc/C8WG-G92T)

26 Ray, T.(2019) IBM offers explainable AI toolkit, but it's open to interpretation, *ZDNet*, https://www.zdnet.com/article/ibm-offers-explainable-ai-toolkit-but-its-open-to-interpretation/#ftag=CAD-03-10abf5f(archived at https://perma.cc/3VUL-RJVK)

27 Larson, J. et al(2016) How we analyzed the COMPAS recidivism algorithm, *ProPublica*, https://www.propublica.org/article/how-we-analyzed-the-compas-recidivism-algorithm(archived at https://perma.cc/69VC-JU3G)

28 Taulli, T.(2019) How bias distorts AI, *Forbes*, https://www.forbes.com/sites/tomtaulli/2019/08/04/bias-the-silent-killer-of-ai-artificial-intelligence/#260abf2e7d87(archived at https://perma.cc/V5AU-WEKP)

29 Vanjani, K.(2019) The rise of artificial intelligence comes with rising needs for power, *MarketWatch*, https://www.marketwatch.com/story/the-rise-of-artificial-intelligence-comes-with-rising-needs-for-power-2019-08-21(archived at https://perma.cc/T43X-WA2G)

30 OpenAI(2018) AI and Compute, https://openai.com/blog/ai-and-compute/(archived at https://perma.cc/5Y7F-C5JQ)

31 Giles, M.(2019) Is AI the next big climate-change threat? We haven't a clue, *Technology Review*, https://www.technologyreview.com/s/614005/ai-computing-cloud-computing-microchips/(archived at https://perma.cc/EM7T-JJZD)

32 Christakis, N.(2019) How AI will rewire us, *The Atlantic*, https://www.theatlantic.com/magazine/archive/2019/04/robots-human-relationships/583204/(archived at https://perma.cc/P47K-JPNR)

33 Partnership on AI, https://www.partnershiponai.org/partners/(archived at https://perma.cc/7XV8-PA34)

34 NIST(2019) U.S. leadership in AI, https://www.nist.gov/system/files/documents/2019/08/10/ai_standards_fedengagement_plan_9aug2019.pdf(archived at https://perma.cc/85WZ-7VQW)

35 European Commission(2019) Ethics guidelines for trustworthy AI, https://ec.europa.eu/digital-single-market/en/news/ethics-guidelines-trustworthy-ai(archived at https://perma.cc/2VAP-KRVV)

36 OECD(2019) OECD Principles on AI, https://www.oecd.org/going-digital/ai/principles/(archived at https://perma.cc/JF34-JMHT)

CHAPTER 10

AI는 많은 데이터가 필요하다

지능형 기계(intelligent machines)는 매우 많은 데이터를 필요로 한다. 이 의미는 AI를 구현하는 데 데이터가 없다면 AI를 구현할 수 없다는 것을 알려준다. 제2장에서 혁신 기술로서 설명한 기계학습은 그 어느 때보다 더 많은 데이터를 필요로 한다.

그러므로 인텔리전스 혁명에 있어서 데이터는 필수적인 자산이 되었다. 어떤 기업에게는 데이터가 그들이 가지고 있는 가장 중요한 자산이다. 그러나 데이터는 많은 기업에게 당면 과제를 제시한다. 즉 어떤 종류의 데이터가 필요한가, 그리고 어떻게 데이터에 접속하거나 생성할 수 있는가? 제10장에서는 대규모 데이터셋에 대한 AI의 요구사항과 비즈니스 인텔리전트화에 필요한 데이터를 파악하는 방법을 설명한다.

정확히 말하면 데이터는 활발한 연구 주제는 아니다. 데이터는 종종 무미건조하고 지나치게 기술적인 이슈일 수 있다. 당신은 제10장을 건너뛰고 싶은 유혹에 빠지지 말기 바란다. 가능한 한 흥미를 유발하는 주제를 만드는 것이 이 장의 목표이다. 이 장의 목표는 당신이 데이터 사이언스(data science)에 대한 배경 지식이 없어도 데이터를 이해하고 최대한 활용할 수 있도록 하는 것이다.

놀라운 데이터 증가에 대한 재고찰

AI 알고리즘이 데이터에 목말라 있다는 사실은 부담스러워 보일 수 있다. 그렇지만 비즈니스 리더들은 이미 이전보다 훨씬 더 많은 데이터를 보유하고 있다는 사실에서 용기를 낼 수 있다. 더불어 보다 중요한 것은 제한적인 데이터셋을 확보하고 있다면, 당신이 AI 알고리즘을 운영하는 데 생각보다 덜 힘들 것이다.

데이터 가속

오늘날 우리가 가지고 있는 대부분의 데이터는 최근에 만들어졌다. 사실 오늘날 세계에서 이용 가능한 데이터의 90%는 지난 2년 동안 생성되었다.[01] 또한 2년마다 이용 가능한 데이터의 양은 두 배로 늘어나고 있다.[02] 빅데이터는 근본적으로 점점 더 커지고 있다. IDC는 전 세계 데이터양이 2018년 33제타바이트(zettabytes)에서 2025년 175제타바이트로 증가할 것이라고 추정하고 있다.[03] 그것은 엄청나게 방대한 데이터이다. DVD에 175제타바이트를 저장해 보면, 지구를 222번 둘러쌀 수 있을 정도로 높게 DVD를 쌓아둘 수 있을 것이다.

나를 정말로 흥분시키는 것은 현재 이용 가능한 데이터의 아주 작은 부분만을 분석하고 있다는 것이다. AI는 복잡하고 다루기 힘든 데이터(예: 비디오 데이터)를 훨씬 쉽고 빠르게 분석하는 프로세스를 제공한다. 따라서 AI가 지능화됨에 따라 기업들은 생성되는 방대한 양과 다양한 유형의 데이터를 보다 잘 활용할 수 있게 될 것이다.

그런데 데이터는 어디서 생성되는 것일까? 제2장에서는 간단한 일상활동에서 어떻게 데이터가 생성되고 있는지를 간략하게 설명하였다. 휴대전화를 소지하고 다니거나 산책하는 동안 사진을 찍거나 피트니스 트래커(fitness tracker)를 착용하거나 심지어 산책하는 것과 같은 아날로그적인 것에서조차도 데이터가 생성된다. 우리 삶의 가속화되고 있는 디지털화에 대해 생각해 보면, 우리가 생성하는 데이터의 양이 2년마다 두 배씩 증가하고 있다는 것은 그리 놀라운 일이 아니다.

2019년 단지 1분 안에 인터넷에서 나타난 현상은 다음과 같다.[04]

- 1분 안에 페이스북에 로그인한 사람이 100만 명
- 1분 안에 구글 검색 요청 380만 건 접수
- 1분 안에 1억 8,800만 건의 e-메일이 전송
- 1분 안에 450만 건의 유튜브 동영상 시청
- 1분 안에 왓츠앱(WhatsApp)과 메신저로 4,000만 건 이상의 메시지 발송

미래에 많은 데이터가 필요하지 않은 이유

흥미롭게도 AI는 우리에게 데이터를 이해하는 데 큰 기회를 제공해 준다. 미래에 AI는 보다 적은 데이터셋을 필요로 할 것이다. 이 사실은 당신을 다소 혼란스럽게 할 수도 있다. 즉 이 사실은 AI가 지능화되면 AI가 보다 적은 데이터셋으로 운영 가능하다는 것

을 알려준다.

현재 AI는 학습할 수 있는 대규모 데이터셋을 필요로 한다. 이것을 훈련용 데이터라고 한다. 하지만 시간이 지나면서 AI는 더 제한된 훈련용 데이터로부터 더 잘 학습할 수 있게 될 것이다. AI는 일반 추론에서 보다 개선될 것이고, 인간처럼 적은 양의 데이터를 기반으로 개념을 이해할 수 있게 될 것이다. 이와 관련된 사례는 다음과 같다. 누군가에게 처음으로 길들여진 고양이(domesticated cat)의 사진을 보여준 다음, 그들에게 스라소니(lynx)의 사진을 보여준다고 하자. 그들은 현존하는 모든 다른 종류의 고양이들은 말할 것도 없이 스라소니를 고양이의 한 종류로 인식할 것이다. 인간의 선천적인 지능과 추리는 고양이의 일반적인 개념을 다른 종류의 고양이들에게 적용할 수 있다는 것을 의미한다. 정확하기 위해 대량의 데이터를 훈련해야 하고 익숙하지 않은 상황에서 쉽게 포기할 수 있는 오늘날의 AI와 비교해 보자. 아이폰X의 안면인식 시스템이 우리가 처음 일어났을 때 부은 듯하고 피곤해 보이는 '아침 얼굴(morning faces)'을 인식하지 못하는 것이 한 가지 좋은 예다.[05] 그러나 시간이 지나면서 AI는 인간이 뛰어나다는 일반적인 추론에서 보다 나아질 것이고, 이는 다시 대규모 훈련용 데이터셋에 대한 필요성을 줄일 것이다.

데이터의 필요성 감소에는 강화학습(reinforcement learning)과 생성적 적대 네트워크(GAN: Generative Adversarial Networks) 기술 발전이 큰 역할을 하였다. 강화학습은 본질적으로 AI가 인간 프로그래머에 의해 학습되는 것이 아니라 시행착오의 과정을 통해 스스로 학습하는 것을 의미한다. 이를 통해 AI는 이전에 상상할 수 없었던 문제에 대한 해결책을 도출할 수 있게 된다(제2장 참조). 그리고 GAN은 간단한 의미로 이해도를 높이기 위해 서로 경쟁하는 두 개의 네트워크를 결합하는 것을 포함한다. 예를 들면, 사진 속의 고양이를 인식하는 경우, 한 네트워크는 가짜 고양이 사진과 실제 고양이 사진을 구분하는 작업을 할 수 있는 반면, '경쟁(competing)' 네트워크는 첫 번째 네트워크를 속이기 위해 고양이처럼 보이지만 그렇지 않은 이미지를 만들 수 있다. 이 과정을 통해 두 네트워크는 고양이의 일반적인 개념을 더 잘 이해할 수 있고, 이 시스템이 고양이에 대한 믿을 수 있는 사진을 자체적으로 생성하기 때문에 학습할 만큼 많은 실제 데이터를 필요로 하지 않는다.

따라서 미래에는 기계에서 강화된 추론과 상식을 볼 수 있게 되어, 적은 수의 사례로부터 일반화할 수 있게 될 것이다. 지금은 AI가 데이터 없이는 아무 일도 할 수 없다. 하지만 AI가 실제 지능과 비슷해짐에 따라 항상 그렇지는 않을 것이다. 그리고 AI를 구현하는 데 데이터 수요 감소는 기업에서 AI에 보다 쉽게 접근할 수 있게 만들 것이다.

어떤 유형과 얼마나 많은 데이터가 필요한가?

불행히도 모든 비즈니스에 적용되는 경험 법칙은 없다. 필요한 데이터양과 필요한 데이터 유형은 달성하려는 목표에 따라 달라진다. 필요한 데이터의 양은 문제를 얼마나 복잡하게 해결하느냐에 따라 달라지며, 다른 분석 방법에도 다른 데이터가 필요하다는 것을 기억해야 한다. 예를 들면, 컴퓨터비전을 위한 비디오 데이터나 자연어처리 시스템을 위한 대화 데이터가 있다.

다음 가이드라인 원칙은 필요로 하는 데이터를 평가하는 데 도움이 될 것이다.

- 데이터는 AI 전략과 연결되어야 한다.
- 기존의 데이터 유형을 넘어서야 한다는 점을 명심하라.
- '10의 법칙'은 데이터양을 결정하는 데 도움이 될 수 있다.

각 요점을 차례대로 탐구해 보자.

AI 전략에 따른 데이터 요구 충족

우리는 데이터가 중요한 비즈니스 자산이라는 것을 안다. 그러나 나는 일부 IT 공급업체들이 기업들로 하여금 어떠한 데이터도 낭비하지 않고, 가능한 모든 데이터 포인트를 수집하도록 강요하고 있다는 것에 우려를 표한다. 구글과 같은 회사의 무한한 자원을 가지고 있다면 괜찮지만, 대부분의 회사들은 그들이 할 수 있는 모든 데이터를 모을 필요가 없다. 많은 데이터를 수집하려면 비용, 기술, 인프라가 필요하다. 비즈니스 요구사항에 가장 중요한 데이터에 집중하는 것이 좋다.

여기에서 당신 회사의 AI 전략이 나온다(제7장 참조). AI 이용 사례를 다시 살펴보자. 그리고, AI 우선순위 결정은 당신 회사에 필요한 데이터를 결정하는 데 도움을 줄 것이다. 만약 당신 회사가 미래에 유용하게 이용될 경우를 대비해서, 필요 이상의 다른 데이터를 수집할 수 있는 수단과 기회가 생긴다면, 당신 회사는 AI 우선순위를 고려해야 할 것이다. 항상 먼저 당신 회사의 AI 구현의 전략적 필요에 따라 데이를 확보를 시작할 필요가 있다.

다시 말해, 당신이 데이터에 대한 균형 잡힌 접근 방식을 찾고 있다면, 한 가지 방안은 당신 회사의 AI 이용 사례에 대한 데이터 이용 우선순위를 정하는 것이다. 그러나 당신 회사가 전반적인 비즈니스 자산으로 데이터에 접근하는 관점을 가지고 있다면, 합리적으로 데이터를 확보할 수 있는 곳에서 데이터를 확보할 수 있다. 이러한 접근법은 내가 기업들에게 그들의 데이터 요구에 대해 조언할 때 취하는 접근법이다.

기존 데이터 이상을 살펴보기

오늘날 우리가 데이터를 생각할 때 대부분은 데이터베이스와 같은 전통적인 구조화된 데이터를 생각한다. 하지만 이제 선택할 수 있는 데이터 옵션들이 너무나 많다. 예를 들면, 우리는 사운드 데이터, 이미지 데이터, 텍스트 데이터, 활동 데이터, 기계 대 기계 데이터, 센서 데이터 등 다양한 데이터를 확보할 수 있게 되었다.

다시 말하지만 전통적인 정형 데이터 또는 비디오 데이터와 같은 복잡한 비정형 데이터 등 필요한 데이터 유형은 해결하려는 문제나 의사결정에 따라 달라진다. 데이터 유형을 평가할 때 다음과 같은 사항을 살펴볼 필요가 있다.

- 특정 목적과 관련된 데이터의 유형은 무엇인가? 방대한 양의 데이터를 마음대로 가질 수 있지만, 구체적인 목표나 답변이 없는 비즈니스 질문과 관련하여 의미 있는 답변을 제공하지

않는다면 그다지 유용하지 않다.

- 만약 당신이 마법 지팡이를 흔들 수 있다면, 어떤 데이터를 갖고 싶은가? 제10장 뒷부분에서 설명하겠지만 특정 데이터가 없다고 해서 다른 방법을 통해 데이터에 접속하거나 데이터를 시뮬레이션할 수 없는 것은 아니다.
- 데이터의 다양성이 중요하므로 내부 데이터와 외부 데이터를 결합하는 등 최상의 통찰력을 얻기 위해 서로 다른 출처의 데이터를 결합해야 할 가능성이 높다. 이 점을 염두에 두고 어떤 데이터 출처의 조합이 귀사의 요구에 가장 적합한가에 대해 생각해야 한다.

데이터가 얼마나 많은가? '10의 법칙' 소개

AI 모델을 개발하려면 다양한 작업을 수행하거나 특정 결정을 내릴 수 있도록 AI 알고리즘을 훈련하는 데 이용되는 데이터셋이 필요하다. 현재 훈련용 데이터셋은 매우 큰 경향이 있다. 왜냐하면 그것은 AI가 작동을 위해 학습하기 때문이다.

AI 모델에서 훈련용 데이터셋의 크기를 추정하는 일은 쉽지 않다. 본질적으로 AI 모델이 복잡할수록, AI 모델에서 고려할 요인이 많을수록 많은 데이터를 필요로 한다. 다수의 전문가들은 10의 법칙(rule of 10)을 일반적으로 이용한다. 10의 법칙은 AI 모델에서 자유도보다 10배 많은 데이터를 필요로 한다(자유도는 결과에 영향을 미치는 파라미터이다.). 그러나 10의 법칙은 AI 모델에서 필요로 하는 데이터를 매우 빠르게 추정하는 데 약간의 유용성을 제공해 줄 뿐이다. 예를 들면, 간단한 AI 알고리즘(즉 AI 모델)은

10의 법칙이 알려주는 것보다 훨씬 적은 데이터를 필요로 한다.

또한 AI 모델은 별도의 테스트용 데이터셋이 필요하며, 테스트용 데이터셋이 훈련용 데이터셋보다 훨씬 작은 경향이 있지만 AI 알고리즘이 얼마나 잘 작동하는지 테스트할 수 있어야 한다.

적합한 데이터를 찾는 방법

그렇다면 이 모든 데이터는 어디에서 생성되는 것일까? 데이터 소싱에는 여러 가지 옵션이 있으며, 주요 옵션은 다음과 같다.

- 직접 새로운 데이터 수집
- 공개된 데이터 이용
- 외부 데이터 구입
- 외부 데이터 크라우드소싱
- 기존 데이터 증가
- 합성 데이터 생성

각각의 옵션을 차례로 살펴보겠다. 그러나 새로운 데이터를 조달하기 위한 옵션을 탐색하기 전에 첫 번째 단계는 이미 보유하고 있는 데이터를 파악해야 한다.

내부 데이터 감사

내 경험상 대부분의 회사들은 그들이 인식하는 것보다 더 많은 데이터를 가지고 있다. 단지 데이터가 서로 다른 시스템에 분산될 수 있고, 그 이점을 최대한 활용하지 못할 수 있다. 따라서 이미 가지고 있는 데이터가 무엇인지 이해하는 것은 큰 진전이다.

내부 데이터는 다음과 같다.

- 과거 거래 기록
- 고객이 제품 또는 서비스를 이용하는 방법에 대한 데이터
- 웹사이트 이용자 활동 데이터
- 재무 데이터
- 인적자원(HR) 데이터
- 제조기계로부터 산출된 데이터

대부분의 회사들은 말 그대로 1,000개의 서로 다른 데이터셋을 가지고 있다.

당신 회사의 내부 데이터는 귀사의 비즈니스에 매우 한정되어 있기 때문에, 특히 풍부한 데이터 조달 원천이다. 다른 데이터 소스(특히 외부 소스)와 결합되어 내부 데이터는 믿을 수 없을 정도로 상세하고 가치 있는 통찰력을 제공할 수 있다.

예를 들면, 고객 구매 및 지출에 대한 데이터를 이용하여 고객의 평생가치를 계산할 수 있으며, 이를 통해 비즈니스에 가장 큰 가치를 가져오는 기존 고객에게 마케팅 지출과 활동을 집중할 수 있다. 이러한 지식을 외부 제공업체의 데이터와 결합하면 성공을 더욱 높일 수 있다. 따라서 내부 데이터를 통해 가장 높은 가치를 지닌 고객이 비즈니스 반경 10마일 내에 거주하는 50대 이상이라는 사실을 알게 되면 소셜 미디어와 같은 외부 데이터를 이용하여 더 많은 고객을 대상으로 할 수 있다. 또는 구글 트렌드(Google Trends)

데이터를 이용하여 핵심 인구통계학적 트렌드를 알아볼 수 있다.

내부 데이터를 최대한 활용하려면 상이한 내부 데이터를 하나의 데이터로 결합하거나 회사의 다양한 데이터 사일로(silos) 간에 링크를 생성해야 한다. 이 부분에서 기술력을 얻을 수 있으므로 내부 데이터 전문가 또는 데이터 컨설턴트와 함께 원하는 옵션을 살펴보아야 한다.

다른 많은 회사에서 내부 데이터 활용으로 전략적 목표를 달성하는 데 어느 정도 도움을 받을 수 있지만(제7장 참조), 원하는 모든 것을 달성하기에는 충분하지 않다. 이때 새로운 데이터를 수집하거나 액세스하기 위한 옵션을 탐색해야 한다. 주요 옵션들을 차례대로 살펴보자.

직접 데이터 수집

기존 내부 데이터를 보완하기 위해 새로운 내부 데이터를 수집하는 것이 좋다. 이는 CRM 시스템에 공급되는 데이터를 변경하는 것만큼 간단할 수도 있다. 예를 들면, 제조기계를 새 센서를 포함하도록 업그레이드하는 것을 의미할 수도 있다.

요즘 데이터를 수집하는 새로운 방법들이 많이 있기 때문에 필요한 데이터가 무엇이든 그 데이터를 생성할 수 있는 좋은 기회가 있다. 다음 두 사례는 외부 고객의 특성을 반영해 새로운 내부 데이터를 생성한 사례이다.

- 크루즈 운영사인 로얄 캐리비안 크루즈(Royal Caribbean Cruises)는 탑승 선박의 고객 경험을 보다 잘 이해하고 개선하기 위해 몇 가지 흥미로운 새로운 데이터 수집 방법에 투자

했다. 기존 선박용 CCTV 카메라는 컴퓨터 비전 모니터링 시스템과 연계한 스마트 기술로 개조되었다. 현재 CCTV 카메라로부터 수집된 데이터 덕분에 회사는 사람들이 배 주위를 돌아다니면서 넘어지는 것을 추적할 수 있고, 대기 행렬이 늘어나는 것을 감시할 수 있으며, 심지어 식당에서 테이블 회전 시간까지 측정할 수 있다.[06]

- 디즈니(Disney)는 리조트 주변의 고객 여정을 이해하기 위해 웨어러블 기술을 이용했다. 파크 투숙객에게는 승차권, 호텔 객실 키, 결제 기기 등의 역할을 하는 매직밴드(MagicBand) 손목밴드가 발급된다. 이 밴드는 고객들이 리조트 주변을 이동할 때 센서와 통신한다. 이 밴드는 디즈니가 고객이 어디에 있고 무엇을 하고 있는지를 정확히 알게 해준다.[07] 예를 들면, 이 밴드는 고객이 놀이기구에 승차할 때 운영 팀에게 실시간으로 데이터를 전송하며, 운영 팀은 이 데이터에 기반해 공원 내 특정 구역에 직원을 추가하는 결정을 내릴 수 있고, 고객들이 다른 구역에서 다양한 매력을 경험하도록 도움을 제공할 수 있다. 이 기술은 고객들에게 공원을 보다 효율적으로 이용할 수 있게 해준다.

내부 데이터로 업무 효율성을 개선할 수 있는 기회가 많지만, 적절한 내부 데이터를 수집하지 못할 수도 있다. 이 경우 업무 목표를 달성하기 위해 추가적으로 외부 데이터(예를 들면, SNS 데이터, 인구통계 데이터, 날씨 데이터 등)를 수집할 필요가 있다. 외부 데이터를 확보하기 위한 선택권은 다음과 같다.

공용 데이터 이용

이는 사람들이 자유롭게 이용할 수 있는 외부 데이터(유료 서비스로 제공되는 외부 데이터와 달리 나중에 더 많이 제공됨)이다. 무료 공공 데이터에 액세스하는 데는 다음과 같은 옵션이 있다.

- 영국 데이터 서비스(UK Data Service)는 특정 인구 자료의 요구를 이해하는 데 도움이 될 수 있는 다수의 데이터셋을 제공한다.[08]
- 영국의 공공데이터 포털사이트(Data.gov.uk)는 시장 및 소비자 통찰력을 위한 훌륭한 자원이며, 영국 중앙 정부, 지방 당국 및 공공 기구의 데이터를 포함한다.[09] 미국 정부 데이터에 대해서는 Data.gov[10]를 참조하고, 유럽공공 데이터셋(European public datasets)에 대해서는 EU 개방 데이터 포털(EU Open Data Portal)을 참조하라.[11]
- 세계은행 오픈 데이터(World Bank Open Data)는 전 세계 인구 통계와 경제지표를 위한 데이터셋을 제공한다.[12]
- 캐글(Kaggle)에는 런던의 자전거 공유 데이터에서부터 브라질 산불 데이터에 이르기까지 수많은 공개 데이터셋이 포함되어 있다.[13]
- 마이크로소프트 리서치 오픈 데이터(Microsoft Research Open Data)는 출판된 연구 조사의 데이터셋을 제공한다.[14]
- AWS(Amazon Web Services)는 검색이 용이하고 이용 사례가 많은 풍부한 공공 데이터에 대한 액세스를 제공한다.[15]
- 구글은 이름별로 데이터셋을 검색할 수 있는 데이터셋 검색엔진을 통해 공공 데이터를 더욱 쉽게 검색 가능하게 만들기 위

해 노력하고 있다.[16]

- 구글 트렌드(Google Trend)는 전 세계의 웹 검색 활동과 경향 주제에 대한 데이터를 분석할 수 있다.[17]
- 열린 이미지 데이터의 경우 이미지넷(ImageNet)에는 수천 개의 범주에 걸쳐 수백만 개의 이미지가 포함되어 있다.[18] 또는 구글 오픈 이미지 데이터셋(Google Open Images Dataset)[19]이 있다. 유튜브(YouTube 8M)에는 동영상 데이터가 있다.[20]

공개 데이터를 이용하는 것의 주요 단점은 모든 사람들이 데이터에 접근할 수 있다는 것이다. 개방형 데이터는 또 다른 개방형 데이터 또는 유료 데이터와 독특한 방식으로 결합하거나 자체 내부 데이터와 함께 이용할 수 있는 경우에만 경쟁우위를 제공하는 경향이 있다. 또 하나 유의해야 할 점은 공공 데이터에 대한 접근은 언제든지 철회될 수 있다는 점이다. 간단히 말해서 만약 당신이 필요로 하는 데이터가 당신의 일상적인 비즈니스 운영에서 절대적으로 중요하다면, 공개적으로 이용할 수 있는 데이터에만 의존하는 것을 경계해야 할 것이다.

외부 데이터 구입

자유롭게 이용할 수 있는 외부 데이터뿐만 아니라 데이터에 대한 접근을 판매하는 많은 제공자들이 있다. 점점 더 많은 기업들이 데이터를 포장하고 판매하고 있으며, 이 활동은 가까운 미래에 엄청나게 증가할 것이다. 일부 기업의 경우 데이터에 대한 접근을 판매하면 추가적인 수익 흐름을 제공한다. 농부들을 위해 데이터 관련 애드온 서비스(add-on services)를 제공하는 존디어가 좋은 예다(제3장 참조). 또는 데이터를 수집하고 판매하는 것이 회사의 주요 비즈니스 활동이 될 수 있다. 이러한 기업은 데이터 브로커로 알려져 있다.

데이터 브로커들은 수십 년 동안 마케팅이나 신용 평가 목적으로 소비자 활동에 관한 데이터베이스를 구축해 왔다. 그러나 우리 세계의 데이터화가 증가함에 따라 데이터 브로커들은 훨씬 더 풍부하고 통찰력이 풍부한 정보의 흐름을 이용하도록 적응해 왔다. 대형 데이터 브로커는 다음과 같다.

- 액시엄(Acxiom)은 직접 마케팅 데이터, 특히 미국 가정에 관한 데이터 분야에서 세계적인 선두주자이다.
- 닐슨(Nielsen)은 시장 조사, 소비자 행동 및 평가 데이터에서 큰 비중을 차지하고 있다.
- 익스페리언(Experian)은 사람들의 신용 평가와 마케팅 전문지식을 결합하여 단순한 금융이 아닌 다양한 업종에 걸쳐 데이터 서비스를 제공한다.
- 에퀴팩스(Equifax)는 신용점수로 시작한 또 다른 기업이지만 현재 8억 명 이상의 소비자, 거의 9천만 개 이상의 기업, 5천 명 이상의 고용주의 직원 데이터 등을 보유하고 있다.

이러한 데이터 브로커 외에도 단순한 API(애플리케이션 프로그래밍 인터페이스로 본질적으로 두 애플리케이션이 서로 대화할 수 있는 도구를 의미한다)를 통해 기상회사, 위성회사, 통신회사, 신용카드 공급자 및 소셜 미디어 플랫폼의 데이터에 접속할 수 있다.

개발자는 API를 이용하여 데이터셋에 연결하고 데이터셋을 조회할 수 있다. 예를 들면, 웨더2020(Weather2020) API는 정확한 장거리 예보를 통해 예측 기상분석을 제공한다. 예를 들면, 소매업체는 이러한 날씨 데이터와 내부 판매 데이터를 결합하여 제품에 대한 수요를 보다 정확하게 예측하고 계획 결정을 지원할 수 있다. 또 다른 예로, 트위터와 같은 소셜 미디어 회사들은 이용자들이 그들의 데이터를 조회할 수 있도록 돕기 위해 다양한 프리미엄 API를 제공한다.

크라우드소싱 데이터

다양한 형태의 데이터가 존재하지만, 당신이 필요로 하는 데이터를 얻기란 쉽지 않다. 뿐만 아니라 당신이 원하는 형태로 깔끔하고 정제된 데이터셋은 찾기 어렵다. 크라우드소싱 데이터(Crowdsourcing data)는 현재 만들어져 있지 않지만, 여러 사람의 참여로 만들어지는 데이터셋으로 당신에게 외부 데이터를 수집할 수 있는 방법을 제공한다. 크라우드소싱 데이터 활용에 대한 보스턴시(City of Boston)의 사례를 보자. 보스턴시는 주민들이 도로의 포트홀을 신고할 수 있게 해주는 앱을 만들었다. 그래서 보스턴시는 이 앱을 이용하는 여러 사람들의 참여로 도로의 포트홀 상황에 대한 데이터를 훨씬 쉽게 수집할 수 있게 되었다.

AI 시대에는 특히 머신비전(machine vision) 기술 발전 덕분에 데이터 수집이 훨씬 쉬워졌다. 비영리 단체인 와일드미(Wild Me)는 소셜 미디어에서 야생동물의 목격담을 수집하여 야생동물의 멸종을 방지하기 위해 머신비전을 이용한다. 와일드미 AI는 소셜 미디어를 스크롤하고 소셜 미디어 게시물, 사진, 동영상 등에서 동물을 인식할 수 있다. AI는 이미지에서 동물을 인식하고, 그 동물을 전에 본 적이 있는지 확인하고, 동물의 위치를 파악할 수 있다. 이것은 추적기를 설치하지 않고 야생동물을 감시할 수 있는 기발한 새로운 방법을 제공하는데, 이는 모두 크라우드소싱의 힘 덕분이다.

기존 데이터 증가

제9장에서는 기계가 더 지능화되고 작은 데이터셋에서 보다 잘 학습하기 때문에 AI가 앞으로 보다 적은 데이터를 필요로 할 가능성이 있다고 언급하였다. 하지만 현재 AI 모델의 훈련은 여전히 거대한 데이터셋에 의존하고 있다. 데이터가 AI를 훈련시킬 만큼 크지 않다면 어떻게 하겠는가? 데이터 증가는 기존의 소규모 데이터셋에서 보다 많은 데이터와 데이터 변형을 만드는 방법을 제공한다. 새로운 데이터를 수집할 필요 없이 AI를 위한 훈련용 데이터셋의 다양성을 높일 필요가 있다면, 이는 유용한 방법이다.

통합 데이터 생성

기존 실생활 데이터를 증강하는 것은 물론 AI 알고리즘을 교육하는 데 활용할 수 있는 완전한 합성 데이터(synthetic data)를 만들 수 있다. 합성 데이터는(실제 상황에서 수집된 것과는 대조적으로) 컴퓨터가 인위적으로 생산한 모든 데이터지만, 실제 세계에서 수집된 데이터의 속성에 가능한 한 가까이 있는 데이터다.

이것은 여러 가지 면에서 유용하다. 우선 그것은 실제 데이터 수집에 수반되는 시간, 비용 및 위험을 줄인다. 그것은 또한 AI를 적절하게 훈련시킬 수 있는 실제 데이터가 충분하지 않거나 개인 정보보호를 위해 실제 데이터를 이용할 수 없을 때 도움을 줄 수 있다. 궁극적으로 합성 데이터는 AI를 민주화하고 매일 대량의 데이터를 생성하지 않는 기업에 개방하는 데 도움이 될 수 있다. MIT의 연구에 따르면 실제 데이터와 같은 합성 데이터를 이용하여 동일한 결과를 얻을 수 있다고 한다.[21]

디지털 세계의 합성 데이터가 실제 세계에서 잘 활용되고 있는 사례를 보자. 프린스턴 대학교의 한 팀은 비디오 게임 그랜드 테프트 오토(Grand Theft Auto)를 이용하여 AI가 정지 신호에 대해 학습할 수 있도록 도왔다. 예를 들면, 표지판이 다른 불빛에서 어떻게 보이는지, 진흙과 눈으로 뒤덮였을 때 어떻게 보이는지, 부분적으로 가려졌을 때 어떻게 보이는지 등을 AI 시스템에 학습시켰다.[22] AI는 자율주행 자동차가 실제 도로에서 탐색하는 법을 배우도록 돕는 데 이용될 수 있다. 이와 유사하게 구글의 자율주행차 웨이모(Waymo)는 실제 도로에서 800만 마일, 모의 도로에서는 50억 마일을 주행하며 자율주행 역량을 시험했다.[23]

데이터 이용 적합성 확보

필요한 데이터를 수집하고 액세스한 다음에 우리는 무엇을 해야 할까?

제대로 준비된 데이터

AI는 적절한 양의 데이터뿐만 아니라 적절한 품질의 데이터를 필요로 한다. 그래야 AI가 데이터 분석을 통해 정확하고, 일관된 통찰력을 제공하고, 결과를 도출할 것이다. 이것은 요리하는 과정과 비슷하다. 맛있는 음식을 만들기 위해 좋은 식재료를 준비하는 것은 필수 단계이다. 이것은 AI 데이터 분석과정에서도 마찬가지다. 특히 데이터가 다양한 출처에서 나온다면, 아마도 분석 결과는 예상하기 힘들 것이다. 당신이 냄비에 다양한 식재료를 넣고 마지막에 맛있는 음식이 만들어지기를 바라면 안 된다. 당신은 모든 준비를 철저하게 하고, 함께 조화를 이루도록 해야 할 것이다.

AI 프로젝트가 다양하기 때문에 프로젝트가 필요로 하는 데이터가 상이할 가능성이 높다. 그렇기 때문에 명확히 고정된 체크리스트는 없다. 따라서 요리하기 전에 적절한 재료가 있는지를 확인하고, 그 식재료로 무엇을 해야 할지를 확인하는 것처럼, 당신은 AI 프로젝트에서 이용하는 데이터와 고유한 워크플로우를 확인해야 할 것이다. 일반적으로 다음과 같은 단계를 고려해야 한다.

데이터 정제(data cleansing) 부정확하거나 손상 또는 손상된 데이터를 제거하거나 누락된 데이터를 확인해 정제하는 과정을 의미한다. 완벽한 데이터셋은 없다. 따라서 데이터의 품질은 결과의 품질에 영향을 미치기 때문에 데이터를 정리하는 것이 중요하다. 여기에는 데이터의 편향성 여부를 점검하는 것도 포함되어야 한다.

메타데이터 생성(metadata creation) 기본적으로 데이터 레이블을 지정하여 분석 시스템이 데이터로 무슨 분석을 해야 할지 쉽게 알 수 있도록 하는 것을 의미한다.

데이터 변환(data transformation) 분석 시스템이 작동하기 위해 데이터를 올바른 형식으로 변환해야 한다.

데이터 표준화(data standardization) 모든 날짜가 6자리 형식이 아닌 8자리 형식으로 표시하는 등 데이터 포인트를 동일하게 표시해야 한다.

데이터 증강(data augmentation) 이 장의 앞에서 언급한 바와 같이 이미 알려진 정보를 바탕으로 추가 정보를 추론하는 데 이용할 수 있다.

일반적으로 AI는 많은 데이터를 이용하기 때문에 이 모든 것을 수동으로 할 수 있는 것은 아니다. 따라서 데이터 준비 도구(data preparation tools)에 대한 거대한 시장이 나타났으며, 그중 많은 도구들은 최소한의 데이터 사이언스 지식을 필요로 한다.

소유권, 윤리 그리고 프라이버시에 대한 고려

당신이 이용 중인 모든 데이터를 소유할 필요는 없다. 예를 들면, 외부 날씨 데이터에 접근하거나 소셜 미디어 API에 접속할 수 있다. 그러나 데이터가 경쟁우위의 원천이 될수록 소유권은 점점 더 중요해진다. 핵심 비즈니스 운영에 절대적으로 중요한 모든 데이터에 대해 가능하면 언제든지 직접 해당 데이터를 소유해야 한다(즉 외부 소스에 의존하지 않고 데이터를 수집하기 위해 새로운 시스템에 투자해야 할 수도 있다.). 그렇다고 외부 데이터가 중요하지 않다는 것은 아니다. 사실 외부 데이터는 믿을 수 없을 정

적합한 데이터를 확보하는 것은 AI 여정의 장애물을 극복하기 위한 중요한 일이며, 기술적 개선을 가능하게 해줄 것이다. 다음 제11장에서는 AI의 기술 측면을 자세히 살펴본다.

참고 자료

01 Hale, T.(2017) How much data does the world generate every minute? *IFL Science*, https://www.iflscience.com/technology/how-much-data-does-the-world-generate-every-minute/(archived at https://perma.cc/H5RC-PYQE)

02 Khvoynitskaya, S.(2018) The future of big data: 5 predictions from experts, *itransition*, https://www.itransition.com/blog/the-future-of-big-data(archived at https://perma.cc/PW3C-UHMH)

03 Reinsel, D. et al(2018) Data age 2025: the digitization of the world, *IDC*, https://www.seagate.com/files/www-content/our-story/trends/files/idc-seagate-dataage-whitepaper.pdf(archived at https://perma.cc/B9CL-73BU)

04 Statista(2019) A minute on the internet in 2019, https://www.statista.com/chart/17518/internet-use-one-minute/(archived at https://perma.cc/8X5L-JY3D)

05 Withers, R.(2018) The iPhone's face ID struggles in the morning, *Slate*, https://slate.com/technology/2018/07/iphone-face-id-struggles-to-recognize-people-in-the-morning. html?via=gdpr-consent(archived at https://perma.cc/AW56-WJ2V)

06 Marr, B.(2019) AI on cruise ships: the fascinating ways Royal Caribbean uses facial recognition and machine vision, *Forbes*, https://www.forbes.com/sites/bernardmarr/2019/05/10/the-fascinating-ways-royal-caribbean-uses-facial-recognition-and-machine-vision/#7f41e4b91524 (archived at https://perma.cc/HYK2-YLH3)

07 Marr, B.(2017) Disney uses big data, IoT and machine learning to boost customer experience, *Forbes*, https://www.forbes.com/sites/bernardmarr/2017/08/24/disney-uses-big-data-iot-and-machine-

learning-to-boost-customer-experience/#3e1ce65c3387(archived at https://perma.cc/JM74-3QH8)

08 UK Data Service, https://www.ukdataservice.ac.uk/(archived at https://perma.cc/HZN3-UP9E)

09 Find open data; https://data.gov.uk/(archived at https://perma.cc/K36P-VQLZ)

10 Data.gov, https://www.data.gov/(archived at https://perma.cc/AD64-SERS)

11 EU Open Data Portal, https://data.europa.eu/euodp/en/data/(archived at https://perma.cc/QJ3L-6GTU)

12 World Bank Open Data, https://data.worldbank.org/(archived at https://perma.cc/M8LD-T4C5)

13 Kaggle datasets, https://www.kaggle.com/datasets(archived at https://perma.cc/4YNK-MY5R)

14 Microsoft Research Open Data, https://msropendata.com/(archived at https://perma.cc/525H-JKT5)

15 Open Data on AWS, https://aws.amazon.com/opendata/(archived at https://perma.cc/SNQ2-6TRK)

16 Google Dataset Search, https://datasetsearch.research.google.com(archived at https://perma.cc/K4AM-UKNX)

17 Google Trends, https://trends.google.com/trends/?geo=US(archived at https://perma.cc/BGA4-NA2J)

18 ImageNet, http://www.image-net.org/(archived at https://perma.cc/NKT8-MW8F)

19 Google Open Images Dataset, https://opensource.google/projects/open-images-dataset(archived at https://perma.cc/56YD-VCNJ)

20 YouTube 8M; https://research.google.com/youtube8m/(archived at https://perma.cc/YT7Q-Z8J7)

21 Koperniak, S.(2017) Artificial data give the same results as real data-without compromising privacy, *MIT News*, http://news.mit.edu/2017/artificial-data-give-same-results-as-real-data-0303(archived at https://

perma.cc/NJ3X-VUQL)

22 Marr, B.(nd) Artificial intelligence: the clever ways video games are used to train AIs, https://www.bernardmarr.com/default.asp?contentID=1513(archived at https://perma.cc/N5KW-J9XL)

23 Hawkins, A.(2018) Waymo's autonomous cars have driven 8 million miles on public roads, *The Verge*, https://www.theverge.com/2018/7/20/17595968/waymo-self-driving-cars-8-million-miles-testing(archived at https://perma.cc/EP6Y-8H2F)

CHAPTER 11

기술 혁신의 필요성

AI는 데이터를 저장하고 프로세스를 실행하는 기술을 필요로 한다. AI를 구현하는 데 있어 10년 전에 기술에 많은 투자를 한 기존 기업들은 큰 문제에 직면해 있다. 오늘날 기존 기업들은 이전의 산업혁명에 맞는 기술이 더 이상 인텔리전스 혁명 시대에 적합하지 않다는 것을 발견하고 있다. AI 기술은 계속 발전하고 있다. 그 결과 기존 기업들은 기존 기술에 방해받지 않는 신규 스타트업(디지털 혁신 조직)에게 추월당할 위험에 처해 있다. 예를 들면, 기존 은행에 도전하는 핀테크 스타트업(fintech startups)의 발전이 좋은 사례이다.

따라서 기업들이 AI 혁명을 완전히 수용하려면, 기업의 기술 인프라스트럭처를 재고해야 할 필요성이 있다. 다행히도 기업들은 AI 구현과 관련되어 선택할 수 있는 많은 해결책을 가지고 있다. 그러나 제11장에서는 AI 기술이 매우 빨리 발전되고 있기 때문에 개별 솔루션에 대해 자세히 설명하지 않을 것이다. 대신에 나는 당신 회사에서 AI 기술 도입을 검토할 때, 고려해야 할 요인에 초점을 맞출 것이고, 더불어 AI 인프라스트럭처 개발에 필요로 하는 스킬과 지식을 갖추지 못한 기업을 위한 솔루션에 대해 살펴볼 것이다.

데이터와 4개의 AI 기술 계층에 대한 연계 필요성

기계를 지능적으로 만드는 데 들어가는 이면 기술(behind-the-scenes technology)은 매우 많다. 이 책을 통해 살펴본 AI의 흥미진진한 사례 뒤에는 데이터 수집 시스템, 방대한 데이터 웨어하우스(data warehouses), 수많은 데이터를 통해 분석하는 컴퓨터 처리장치, 인간이 지능적인 기계와 협업할 수 있도록 돕는 혁신적인 리포팅 도구가 있다. 대체로 오늘날의 최첨단 AI에 들어가는 기술은 4개의 AI 기술 계층으로 세분화된다. 4개의 AI 기술 계층은 다음과 같다.

- 데이터 수집(data collection)
- 데이터 스토리지(data storage)
- 데이터 처리 및 분석(data processing and analytics)
- 데이터 출력 및 보고(data output and reporting)

각각의 AI 기술 계층을 차례대로 살펴보자.

데이터 수집

제10장에서 보았듯이 AI는 수집되는 데이터에 의존한다. 따라서 이 계층의 경우 데이터를 수집하는 데 필요한 기술을 고려해야

한다. 이 자료는 여러 곳에서 얻을 수 있다. 산업용 기계에서부터 우리가 휴대하는 스마트폰까지 우리가 어디를 가든지, 스마트 IoT 장치와 센서는 기업들에게 데이터를 수집할 수 있는 많은 흥미로운 새로운 방법을 제공했다. AI 스택의 데이터 수집 계층은 스마트 디바이스와 인터페이스하는 소프트웨어로 구성되지만, 마케팅 데이터베이스, 날씨, 소셜 미디어 API 등 제3자 데이터를 공급하는 웹 기반 서비스도 포함할 수 있다(제10장 참조). 당신이 기억할 것은 오늘날 AI에 활용되는 데이터는 자연어, 활동 데이터, 이미지 데이터 등을 포함하여 다양한 형태로 나타난다.

데이터 스토리지

일단 당신이 데이터를 수집하거나 타사 데이터 피드에 대한 접속을 설정하면, 당신은 해당 데이터를 저장할 수 있는 곳이 필요하다. AI 데이터는 통상 빅데이터(제2장 참조)이기 때문에 크고, 빠르고 쉽게 접근할 수 있는 스토리지가 필요하다.

컴퓨팅 역량의 발달로 인해 데이터 스토리지는 훨씬 더 저렴해지고 있으며, 이제 거의 무제한으로 데이터를 저장할 수 있게 되었다(2년마다 생성되는 데이터의 양을 두 배로 늘린다는 점을 고려할 때 좋은 일이다). 일부 기업은 하둡(Hadoop)이나 스파크(Spark) 같은 기술을 이용하여 생성되는 방대한 양의 정보에 대처하기 위해 자체 데이터 센터 또는 데이터 레이크(data lake)를 구축할 수 있는 능력과 자원을 가지고 있다. 하지만 많은 기업들에게 이것은 여전히 가능하지 않다. 이것이 바로 클라우드 스토리지(cloud storage)가 탄생한 이유이다. AWS(Amazon Web Services)

와 같은 타사 클라우드 인프라는 스토리지를 필요할 때 확장하거나 축소할 수 있기 때문에 많은 기업에 실행 가능한 솔루션을 제공한다. 이러한 플랫폼은 분석 및 출력 서비스와 쉽게 통합되는 경향이 있으며(다음 두 계층 참조), 데이터와 AI를 최대한 활용하고자 하는 기업에게 또 다른 장점이다.

이 계층에 대해 생각해야 할 것은 데이터 스토리지를 완전히 외부 클라우드 스토리지 솔루션(off-the-peg cloud storage solution)으로 아웃소싱할 것인지, 아니면 완전히 통제할 수 있는 자신만의 프라이빗 스토리지 인프라를 구축할지 여부이다. 또는 특정 데이터셋은 사내에 보관하고, 다른 데이터셋은 외부 클라우드 공급자에게 아웃소싱하는 하이브리드 솔루션(hybrid solution)을 선택할 수도 있다.

데이터 처리 및 분석

4개의 AI 기술 계층(데이터 수집, 데이터 스토리지, 데이터 처리 및 분석, 데이터 출력 및 보고)은 모두 가치 있는 통찰력을 창출하는 데 필수적이지만, AI에 대해 이야기할 때 데이터 처리 및 분석은 가장 중시되는 경향이 있다. AI 프로세싱은 본질적으로 알고리즘이 데이터를 이해하기 위해 작용하는 부분이다. 이 분석과정(analytics process)은 기계학습(machine learning), 딥러닝(deep learning), 이미지 인식(image recognition), 자연어처리(natural language processing), 감성분석(sentiment analysis), 추천 엔진(recommendation engines) 등 이 책에서 살펴본 다른 기술 용어를 포함한다.

이 책에서 이미 살펴본 바와 같이 AI 알고리즘의 자체 학습능력은 가용 데이터양의 증가와 함께 현재 AI의 흐름을 이전과 실제로 차별화하는 것이다. 하지만 이 모든 것은 많은 가공능력을 필요로 한다. 오늘날 이용 가능한 처리능력의 증가는 정교한 컴퓨터 시각화를 생성하는 매우 강력한 작업을 위해 원래 고안된 그래픽 처리 장치(GPU: Graphics Processing Units)의 도입에서 비롯된다. 그들의 수학적 능력은 데이터 수집가로서의 용도 변경에 이상적이다. 특히 양자 컴퓨팅(제2장 참조)과 같은 기술 발전이 도래할 경우 AI 관련 업무를 처리하기 위해 특별히 설계된 새로운 처리 장치는 향후 AI 성능을 한 단계 더 도약시켜 줄 것이다.

AI 알고리즘은 흔히 타사 API(third-party API)를 통해 액세스하거나 퍼블릭 클라우드(public cloud)에 구축되거나 프라이빗 데이터 센터(private data centre), 데이터 레이크(data lake) 또는 엣지 애널리틱스(edge analytics)의 경우 데이터 수집 시점 자체(예를 들면, 센서 또는 데이터 캡처 하드웨어 내)에서 실행되는 서비스 형태로 제공된다. AIaaS는 기업이 스스로 이 기술을 구축할 필요가 없다는 것을 알려준다. 즉 준비된 AI 도구를 활용하고 데이터를 '플러그인(plug in)'할 수 있다(단, 매우 복잡하거나 매우 전략적인 목표를 위해 자신만의 AI 알고리즘을 개발하기를 원하거나 개발해야 할 수도 있다.). 제11장 후반부에 AIaaS에 대해 충분히 설명할 것이다.

데이터 출력 및 보고

데이터 출력 계층에 대한 기술 요구사항은 달성하려는 목표에 따라 달라진다. 예를 들면, 당신의 AI 전략의 목적이(아마도 자원 이용 최소화를 위한 유지보수를 예측하거나 또는 비즈니스 프로세스가 잘 운영되고 자동화를 하는 것과 같이) 모든 부분에서 보다 효율적이고 효과적으로 기계가 작동하도록 하는 것이라면, 데이터 출력 계층은 당신 회사의 AI 프로세싱 시스템으로부터 커뮤니케이션을 강화하는 기술을 확보해야 할 것이다. 즉 데이터 출력 계층에는 통찰력을 필요로 하는 적절한 비즈니스 시스템 또는 기계를 위한 AI 시스템이 필요하다. 예를 들면, 만약 당신이 주택담보대출 신청자를 평가해 몇 분 안에 대출 결정을 내리는 자동화 AI 도구를 갖고 있다면, AI 애널리틱스 기술(AI analytics technology)은 고객 인터페이스로서 다양한 시스템과 상호 작용해야 할 것이다.

대안적으로 만약 당신의 목적이 비즈니스 내에서 보다 개선된 의사결정을 수행하는 것이라면, 당신은 팀 구성원들을 위해 특정 행동을 취할 수 있도록 통찰력을 전달할 수 있는 기술이 필요할 것이다. 예를 들면, 핸드헬드 단말기를 이용하는 판매지원 시스템은 고객과 관련된 통찰력을 제공해야 할 것이고, 고객들에게 판매 강화를 위한 추천 정보를 제공해야 할 것이다. 또한 판매지원 시스템의 출력물이 차트, 그래픽, 대시보드의 형태로 결과물을 보여줄 수도 있다. 예를 들면, 시리(Siri), 코타나(Cortana) 등과 같은 음성 인터페이스(voice interfaces) 기술은 판매지원 시스템에서 중요한 업무를 수행할 것이다. 내 경험상 시각화와 자연어처리 기술의 조합은 판매지원 시스템을 보다 쉽게 이해하고 이용할 수 있는 통찰력을 제공해 준다.

궁극적으로는 회사에서 AI 시스템을 활용해서 만들 수 있는 다양한 성과물이 있고, 준수해야 할 할 어려운 규칙은 없다. 당신 회사에서 AI를 이용해 성과를 창출하기 위해서는 당신 회사에 적합한 AI를 도입하고, AI를 통해 달성하고자 하는 목표를 명확히 하고, AI를 통해 적정한 특정 분야에 활용해야 할 것이다.

귀사의 산업별 요구사항 고려

4개의 AI 기술 계층이 유용한 출발점 역할을 하지만, 프레임워크일 뿐이라는 점을 명심하라. 당신의 산업에 특화된 요소들을 고려해야 한다는 것은 의심의 여지가 없다. 예를 들면, 데이터를 저장하거나 처리할 수 있는 방법을 제한하는 특정 규정이 있을 수 있으며, 이러한 규정은 4개의 AI 기술 계층과 함께 고려되어야 한다.

또한 기술 기반구조 의사결정에 영향을 미치는 경쟁우위 고려사항이 있다. 예를 들어, 최근에 출시된 아마존 포캐스트(Amazon Forecast) 도구는 기업이 독자적인 AI 기술을 개발하지 않고도 AI 기술을 이용할 수 있는 제3자 기계학습 도구의 좋은 사례이다.[01] 아마존 웹 서비스 플랫폼(Amazon Web Service platform)은 특정 영역에서 이용 가능하며, 아마존 자체 예측 엔진을 기반으로 유통 업체가 제품 수요를 예측하는 데 도움을 제공하는 도구이다. 과연 이것이 충분히 성능을 발휘할까? 물론이다. 그러나 아마존을 핵심 라이벌로 간주하는 소매업체들은 내부 실적을 올리기 위해 아마존 서비스를 이용하기를 원하지 않을 수도 있다. 하지만 이 도구는 사내 데이터 과학자를 활용할 수 없는 소규모 소매업체에게는 훌륭한 리소스가 될 수 있다.

궁극적으로는 AI 기술 요구사항을 고려할 때, 당신은 외부에서 이용할 수 있는 도구를 활용하는 것과 자체 데이터, 프로세스, 경쟁우위 원천에 대한 통제력을 유지하는 것 사이에서 좋은 점을 찾아야 할 필요성이 있다.

AI에 대한 하드웨어 요구사항 살펴보기

많은 사람들이 AI에 대한 소프트웨어 요구사항에 초점을 맞추고 있지만, 하드웨어 요구사항을 간과하지 않는 것이 중요하다. 요즘은 AI에 특별히 맞춤화된 하드웨어가 더 많이 출시되고 있는데, 그 한 사례로 스마트폰에 AI에 최적화된 칩이 있다.

무어의 법칙에 작별 인사

1965년, 인텔의 공동 설립자인 고든 무어(Gordon Moore)는 집적 회로의 1평방 인치의 트랜지스터 수가 매년 두 배씩 증가하여 컴퓨팅 성능이 두 배로 증가한다고 하였다. 1975년에 그는 1년을 2년마다 변화한다고 수정했다. 이 통찰력은 무어의 법칙(Moore's Law)으로 알려졌다. 실제로 이것은 트랜지스터(transistors)가 작아졌다는 것을 의미한다(컴퓨터 제조업체가 더 작은 공간에 더 많은 트랜지스터를 장착할 수 있고, 따라서 메모리 공간을 늘릴 수 있다는 것을 의미한다.). 컴퓨터 처리능력이 증가했고, 컴퓨터는 작아졌으며, 컴퓨팅 능력은 이제 훨씬 더 경제적이 되었다. 컴퓨팅 성능의 극적이고 기하급수적인 향상은 우리가 일하고 사는 방식을 영원히 바꾸어 놓았다.

무어의 예측은 결국 수십 년 동안 정확한 것으로 검증되었다. 2015년에야 인텔은 칩의 가속 속도가 약 2년 반마다 두 배씩 증가할 정도로 느려졌다고 발표했다.[02] 사실상 칩 제조에 있어 칩 사이즈가 매우 작은 규모에 도달했기 때문에 칩을 얼마나 더 소형화할 수 있는가에 한계가 있다. 인텔은 작은 트랜지스터를 만들기 위해 고군분투할 것이라고 하였다. 다시 말해서 무어의 법칙은 더 이상 유효하지 않고, 컴퓨팅 성능은 생각보다 천천히 개선되고 있다.

GPU 다음으로 할 일은?

무어의 법칙의 퇴장은 AI가 컴퓨팅 분야에서 가장 핵심으로 떠오르는 이슈라는 관점에서 흥미롭다. 하드웨어가 더 이상 이전과 같은 속도로 발전되지 않는 상황에서, AI 수요에 어떻게 보조를 맞출 것인가? 지금까지 GPU가 AI 하드웨어 분야에서 우위를 점하고 있다. 하지만 AI에 대한 수요가 늘면서 GPU 시스템이 따라가지 못할 수도 있다. 따라서 특별히 설계된 새로운 AI 하드웨어가 만들어져야 할 것이다.

이에 대해 연구진은 다양한 솔루션을 개발하기 위해 박차를 가하고 있다. 여기에는 뉴로모픽 컴퓨팅(neuromorphic computing; 전자회로를 이용해 신경계의 신경생물학적 아키텍처를 모방하는 기술), 광학 컴퓨팅(optical computing; 전자를 광자로 대체하는 기술), 맞춤형 AI 칩(customized AI chips; 예를 들면, 디바이스에서 애널리틱스 기능이 가능한 휴대전화 칩), 양자 컴퓨팅(quantum computing; 상상할 수 없을 정도로 빠른 컴퓨터) 및 생물 컴퓨팅(biological computing; DNA와 같은 생물학적으로 파생된 분자를 이용하여 데이터를 저장하고 처리함) 등이 있다.

인텔, 마이크로소프트, 엔비디아, 구글 등의 기업들이 미래의 AI 하드웨어 개발에 공을 들이고 있다. 궁극적으로 무어의 법칙의 소멸과 끊임없이 증가하는 AI의 수요 덕분에 미래의 슈퍼컴퓨팅 하드웨어는 오늘날 우리가 보는 전통적인 하드웨어와 매우 다를 수 있다.

AIaaS(AI as a Service) 활용

오늘날 모든 종류의 회사들은 특히 소프트웨어에 관한 한 서비스로서의 제품(as-a-service offerings)을 이용하는 데 익숙하다. 일회성 비용으로 소프트웨어를 구입하기보다는 요즘 많은 기업들이 클라우드 기반 플랫폼을 통해 원격으로 소프트웨어에 접속하기 위해 월별 또는 연별 회비를 지불하는 구독 모델 또는 플랫폼 모델의 소프트웨어에 접속할 것이다. AI 솔루션에도 이와 같은 유형의 서비스가 가능한데, 이를 AIaaS라고 명칭한다.

AIaaS(AI-as-a-Service)란?

제5장과 제8장에서 AIaaS에 대해 간단히 언급했지만, AIaaS가 AI 도입을 시작하는 많은 기업의 핵심 옵션이기 때문에 좀 더 자세히 살펴볼 것이다.

당신이 이미 짐작한 것처럼 AI는 많은 비용을 수반한다. 기계학습 알고리즘을 구축하고, 테스트하고 올바른 하드웨어를 구축하는 데 많은 비용이 들 수 있다. 그렇기 때문에 지금까지 AI가 구글이나 아마존과 같은 빅테크 기업들의 영역이었던 것이다. 처음부터 AI의 모든 것을 구축할 수 없거나 구축하기 싫은 기업에게 AIaaS는 훌륭한 솔루션이 될 것이다.

값비싼 인프라나 신규 채용에 투자할 필요 없이 타사에서 개발한 기성 AI 도구를 활용하는 AI 서비스로 AIaaS 도입을 고려해 보자(새로운 기술을 채용할 필요는 없지만, 전사적으로 데이터 활용도를 높이기 위해서는 여전히 팀을 위한 데이터 및 AI 교육에 투자할 가치가 있다. 제8장을 참조하라.). 이러한 AIaaS 솔루션은 AI에 대한 진입장벽을 낮춰 초소규모 기업을 포함한 광범위한 사업에서 AI 도입을 용이하게 해주었다. AIaaS 솔루션 덕분에 어느 기업이나 AI를 활용해 보다 스마트한 제품, 보다 지능적인 서비스, 강화된 비즈니스 프로세스를 만들 수 있게 되었다. 데이터가 있거나 다른 데이터 소스를 통해 필요한 데이터에 접속할 수 있는 경우, AIaaS를 참조하면 AI를 즉시 이용할 수 있다.

나중에 AIaaS 솔루션의 몇 가지 예를 살펴보겠지만, 일반적인 AIaaS 솔루션은 다음과 같다.

챗봇과 디지털 보조기 이는 현재 고객 서비스를 위해 가장 널리 이용되는 AIaaS 도구이다.

API(응용 프로그램 인터페이스) APT를 이용하는 개발자는 모든 AI 코드를 직접 작성할 필요 없이 기성 기술(off-the-peg technology)을 애플리케이션에 연결할 수 있다. 예를 들면, 대표적인 사례로 날씨 데이터 도구를 비즈니스 예측 애플리케이션에 연결하는 사례가 있다.

기계학습 프레임워크와 서비스 보다 복잡한 AI 과제에 적용할 수 있는 광범위하고 정교한 제공물이 있다. 이러한 솔루션은 이용자 정의가 가능한 사전 구축된 프레임워크, 모델 또는 완전히 관리되는 기계학습 서비스(machine learning services)로 다양하다.

AIaaS의 장점과 단점

AIaaS의 주요 이점과 긍정적인 시작

비용 절감(Lower costs) AIaaS를 이용하면 개발자와 데이터 과학자를 고용하는 비용은 말할 것도 없고 AI 소프트웨어와 하드웨어의 초기 투자와 지속적인 유지보수를 피할 수 있다. 게다가 AIaaS 비용은 투명하며 많은 제품에서 당신이 이용하는 것에 대해서만 지불한다.

유연성 및 확장성(Flexibility and scalability) 변화하는 비즈니스 요구사항에 맞게 AI 이용을 조정하여 쉽게 스케일업 및 스케일다운할 수 있다. 예를 들어, 당신은 비즈니스 한 영역에 AI를 적용하는 것부터 시작해서 거기서부터 확장할 수 있다.

이용자 친화성(User friendliness) 기성 인공지능(즉 AIaaS) 솔루션이 많으니 굳이 AI 전문가가 될 필요는 없다.

AIaaS의 단점

데이터 보안(Data security) 자체 데이터를 AI에 이용하는 경우

해당 데이터를 타사 AIaaS 공급업체와 공유해야 한다. 데이터 전송이 안전하고 공급업체에 강력한 데이터 보안 프로세스가 있는지 확인해야 한다. 또한 이용자의 AIaaS 이용능력을 제한할 수 있는 모든 데이터 보안 및 개인정보보호 규칙을 숙지해야 한다(제9장의 데이터 보안, 개인정보보호 및 윤리에 대한 자세한 내용을 참조하라.).

지속적인 비용(Ongoing costs) AIaaS 도입에 따라 지속적인 비용이 발생한다. 초기 투자금은 없겠지만 AIaaS 비용을 예산으로 책정할 수 있다. 이러한 솔루션을 비즈니스의 여러 영역에 신속하게 연결하는 것이 유혹적일 수 있으며, 이는 비용이 빠르게 상승할 수 있다는 것을 의미하므로 AI 이용을 목표화하고 전략적으로 유지하여 비용 및 결과를 그대로 유지하도록 해야 한다. AI 전략개발에 대해 자세히 알아보려면 제7장을 다시 살펴보기 바란다.

블랙박스 문제(The black box problem) 제9장에서 보았듯이 AI가 하는 일은 항상 과정 설명이 명확하지 않다. 귀사의 AIaaS 제공물은 어떻게 그 결과에 도달할 수 있는가를 설명할 수 있을까? 그 답을 찾는 것은 쉽지 않다.

제3자 의존(Dependence on a third party) 사내에서 AI 솔루션을 개발하면 통제력을 갖게 된다. AIaaS 오퍼링을 선택함으로써 AI 목표를 달성하기 위해 다른 회사에 의존하게 된다. 만약 당신의 AIaaS 공급업체가 당신을 차단한다면 어떻게 될까? 또한 비슷하게 AlaaS 서비스가 중단되면 어떻게 될까? 그 답은 통제력을 잃게 될 것이다.

당신은 AIaaS 솔루션의 장점과 단점을 따져보고, AIaaS 솔루션이 당신 회사에 적합한지를 결정해야 한다. 예를 들면, 만약 당신이 AI를 이용하는 것이 당신 회사의 일상 운영에 절대적으로 필수적이고 당신 회사의 경쟁우위의 핵심 부분이라면, 당신은 당신 회사에 AI 솔루션을 구축하는 것을 고려하는 것이 좋을 것이다. 또한 당신 회사에서 AI 활용이 증가함에 따라 AIaaS 솔루션을 사내에 도입하기로 결정하였다면, 당신은 AIaaS 솔루션이 제공하는 AI 기능을 가져다 활용해야 할 것이다. 아니면 당신은 당신 회사의 다운사이즈가 강화됨에 따라, AIaaS 솔루션의 편리함과 단순함을 활용하는 것을 결정할 수도 있을 것이다.

누가 AIaaS를 제공하는가?

현재 대형 AIaaS 제공업체로는 아마존, 구글, IBM, 마이크로소프트 등이 있다. 이들 기업들은 대부분 간단한 챗봇부터 완벽한 관리형 기계학습 서비스까지 광범위한 AIaaS 도구를 제공한다. 차례대로 각각에 대해 간략히 살펴보자.

아마존 웹 서비스(AWS: Amazon Web Services)

아마존의 클라우드 컴퓨팅 플랫폼에는 앞서 언급했던 Amazon Forecast 등 다수의 AI 도구가 탑재되어 있다. AWS의 또 다른 기계학습 기반 서비스는 아마존 퍼스널라이즈(Amazon Personalize)로 기업들은 고객 맞춤형 검색 결과나 고객 활동에 따른 제품 추천(페이지뷰, 구매, 클릭 등)을 제공하는 웹 사이트, 앱 및 기타 솔루션을 개발하는 데 활용할 수 있다.[03]

구글 클라우드(Google Cloud)

구글 플랫폼은 광범위한 '플러그 앤 플레이(plug-and-play)' 기계학습(machine learning)을 특징으로 한다. 이 제품은 실험을 장려하고 개발자들이 기계학습 프로젝트를 되살릴 수 있도록 돕기 위해 고안되었다. 구글에는 기계학습을 구현하는 오픈소스 소프트웨어 라이브러리인 텐서플로우(TensorFlow)가 있다.

IBM 왓슨 개발자 클라우드(IBM Watson Developer Cloud)

이 플랫폼을 통해 기업은 자사 애플리케이션에 IBM의 왓슨 인텔리전스를 도입하고, 조직 워크플로우에 AI를 원활하게 내장할 수 있다. 이용 가능한 옵션 제품군에는 왓슨 어시스턴트 챗봇과 가상 어시스턴트 기술이 포함되어 응용 프로그램과 장치에 대화 인터페이스를 구축할 수 있다.

마이크로소프트 애저(Microsoft Azure)

마이크로소프트는 애저(Azure)를 통해 광범위한 클라우드 서비스를 제공하여 기업들이 기성 도구와 프레임워크를 이용하여 다양한 애플리케이션을 구축, 관리, 도입할 수 있도록 지원한다. 이 도구는 의료, 은행, 소매, 제조와 같은 산업 전반에 걸쳐 도입되었다.

기타 공급자

아마존이나 마이크로소프트와 같은 유명 빅테크 기업 외에도 특정 분야의 AI를 전문으로 하는 공급업체가 있다. 예를 들어, 고객관계관리 소프트웨어로 유명한 세일즈포스(Salesforce)는 기업이 고객 데이터에 AI를 적용할 수 있는 AI 도구를 보유하고 있다.

중국과 인도의 기술 기업도 AI 선도 기업으로 발돋움하고 있으며, 중국과 인도 기술 기업의 인상적인 클라우드 컴퓨팅 플랫폼을 발견할 수 있다. 예를 들어, 중국 빅테크 기업 알리바바는 모델 훈련, 모델 예측, 데이터 처리 등 기계학습 서비스를 제공하는 알리바바 클라우드(Alibaba Cloud)를 제공한다. 그리고 중국의 거대 인터넷 기업 텐센트는 기업들로 하여금 텐센트의 AI 랩(Tencent's AI Lab)의 힘을 활용할 수 있는 AI 오픈 플랫폼을 보유하고 있다. 인도에서 위프로(Wipro)는 홈스 AI(HOLMES AI)와 자동화 플랫폼을 보유하고 있다.

실제 AIaaS: 두 회사가 비즈니스 문제를 해결하기 위해 AIaaS로 눈을 돌린 방식

AI를 통해 무엇이 가능한지를 보여주기 위해, 기업들이 AIaaS 플랫폼을 이용하는 몇 가지 실제 사례를 살펴보도록 한다.

6,500만 명의 고객을 보유한 브라질 최대 은행 중 하나인 브라데스코(Bradesco)는 IBM 왓슨으로 눈을 돌려 고객 문의에 보다 신속하게 응답하고, 고객들에게 보다 개인화된 서비스를 제공했다. 이전에는 지점 직원들이 서비스나 제품에 대해 문의가 있을 때 중앙은행 사무실에 전화를 해야 했다. 이 때문에 답변을 기다리는 고객들에게는 종종 긴 서비스 지연이 발생하곤 했다. 핀테크 스타트업이 고객, 특히 디지털 네이티브 고객을 위해 기존 조직에 도전하는 산업에서 이런 투박한 업무 방식은 오래가지 못했다.

그래서 브라데스코(Bradesco)는 더 빠른 답을 얻기 위해 IBM

왓슨에게 눈을 돌렸다. 그러나 먼저 IBM 왓슨은 포르투갈어를 배우고 회사의 금융상품과 프로세스를 학습했다. IBM 왓슨은 62개 금융상품에 걸쳐 1만 건의 질의에 대한 교육을 받은 후 제한된 수의 지점에서 테스트를 거친 후 브라질 전역의 5,200개 지점에서 모두 이용할 수 있게 되었다. 본사에 전화를 걸어 답변을 기다릴 필요 없이, 지점 직원들은 IBM 왓슨에게 서면 또는 구두 질의를 통해 간단히 질문하고 몇 초 안에 답변을 받는다. 현재 IBM 왓슨은 한 달에 283,000개의 제품 질문에 95%의 정확도로 답하고 있으며, 이는 5%의 질문만이 추가 지원이 필요하다는 것을 의미한다.[04] 직원들은 이제 사내에서 보다 빠르게 고객 질문에 대답할 수 있고, 고객들에게 보다 좋은 서비스를 제공하는 데 많은 시간을 할애할 수 있게 되었다.

다른 곳에서는 위프로(Wipro)의 AI 플랫폼인 홈스(HOLMES)가 선도적인 호주 보험사가 98%의 보험금 사기 청구를 탐지하는 데 도움을 주어, 이전의 사기탐지 시스템보다 40배 향상된 결과를 달성했다. 특히 허위-긍정 횟수는 사기가 아닌 사례를 조사하는 데 많은 시간이 소요되고 있다는 것을 의미한다. 이는 진실된 보험금 지급 대상 고객에 대한 보험금 지급을 지연시킨다.

홈스는 자체 학습 알고리즘과 패턴을 이해하는 능력 덕분에 회사의 부정행위 탐지규칙 기반 모델을 개선하고 보험금 청구 평가의 정확성을 향상시키며 부정행위 청구를 정확하게 예측할 수 있다.[05]

AIaaS를 최대한 활용하는 세 가지 방법

AIaaS는 모델과 인프라를 직접 개발하는 데 잠재적으로 막대한 비용을 들이지 않고도 AI를 비교적 신속하게 구축하고 실행할 수 있는 훌륭한 방법을 제공한다. 하지만 당신이 AI의 장점과 단점 목록에서 보았듯이 AIaaS 도입에 어려움이 없는 것은 아니다. 다음은 AIaaS를 최대한 활용할 수 있도록 지원하는 세 가지 팁을 설명한다.

팀원들에게 AI 및 데이터에 대해 가르쳐라 모든 사람이 데이터 과학자와 AI 전문가가 될 필요는 없지만, 사람들은 AI의 이점, 회사가 AIaaS로 눈을 돌리는 이유 그리고 AIaaS가 비즈니스 개선을 추진하는 데 어떤 도움을 줄 수 있는지에 대해 알아야 한다. 회사의 팀들은 AIaaS 시스템 이용 방법에 대한 구체적인 교육이 필요하겠지만, 나는 또한 데이터 이용능력 훈련 프로그래밍을 시행할 것을 추천한다(데이터 이용능력 및 기타 이용자 관련 문제에 대한 자세한 내용은 제8장을 살펴보기 바란다.).

작게 시작하여 점진적으로 구축하라 AI가 하루아침에 비즈니스를 혁신하지 않는다는 사실을 현실적으로 인식하는 것이 중요하다. 많은 비즈니스 분야에서 한 번에 AI를 도입하는 것은 성공적이지 않다. 따라서 주요 AI 활용 사례를 참고해 작게 시작해 점진적으로 확대해 나가는 것을 추천한다.

성공을 위해 성과를 측정하라 어떤 새로운 기술과 마찬가지로 그것이 당신에게 효과가 있고 당신이 필요로 하는 결과를 전달한다는 것을 알아야 한다. 회사의 전략적 목표(제7장 참조)에 근거해

AIaaS의 영향을 평가하는 데 도움이 되는 KPI의 보고 시스템을 구축할 것을 추천한다. 또한 AI가 비즈니스 성과를 향상시켰을 때 비즈니스 전체에 걸쳐 이에 대해 커뮤니케이션을 해야 한다. 이는 향후 AI 프로젝트를 촉진하는 데 도움이 될 것이다.

핵심사항

이 장에서는 다음의 내용을 설명하였다.

- 기술 수요를 고려할 때 데이터 수집, 데이터 스토리지, 데이터 처리와 분석, 데이터 출력 및 보고에 대한 4개의 AI 기술 계층을 고려하는 것이 도움이 된다. 또한 데이터 저장 방법을 제한하는 규정과 같이 산업 또는 지역에 특정한 다른 요소들도 고려할 필요가 있다.
- 하드웨어와 소프트웨어 요구사항을 모두 고려해야 한다. 오늘날 많은 하드웨어가 컴퓨팅 집약적인 AI 프로세스에 대처하기 위해 특별히 설계되고 있으며, 연구자들은 증가하는 AI 수요에 보다 잘 대처할 수 있는 슈퍼 컴퓨팅 하드웨어를 개발하기 위해 경쟁하고 있다.
- AIaaS는 보다 광범위한 기업에 AI 도입 기회를 제공하고 있다. 일반적으로 AIaaS는 도입 전에 고려해야 할 장점과 단점을 가지고 있지만, AIaaS는 처음부터 AI 솔루션을 구축하기를 싫어하거나 구축하지 못하는 기업들에게 좋은 선택이 될 것이다.

기업들은 기술 문제뿐만 아니라 AI를 도입하는 것부터 자동화 확대를 포함하는 조직의 변화관리에 이르기까지 다양한 리더십 문제에 직면하고 있다. 다음 제12장에서는 AI 구현과 관련된 리더십 고려사항에 대해 자세히 알아본다.

참고자료

01 ResearchLive(2019) Amazon forecast tool launched, https://www.research-live.com/article/news/amazon-forecast-tool-launched/id/5058012(archived at https://perma.cc/7HR5-JGPS)

02 Bradshaw, T.(2015) Intel chief raises doubts over Moore's Law, *Financial Times*, https://www.ft.com/content/36b722bc-2b49-11e5-8613-e7aedbb7bdb7(archived at https://perma.cc/4JWM-T59M)

03 Wiggers, K.(2019) Amazon launches Personalize, a fully managed AI-powered recommendation service, *VentureBeat*, https://venturebeat.com/2019/06/10/amazonlaunches-personalize-a-fully-managed-ai-powered-recommendation-service/(archived at https://perma.cc/S7EU-U4Q6)

04 Morris, E.(nd) How a Brazilian bank pays personal attention to each of their 65 million customers, *IBM Watson*, https://www.ibm.com/watson/stories/bradesco/(archived at https://perma.cc/QE2V-33HE)

05 Wipro(nd) Wipro HOLMES helps insurer detect 98% of fraud claims, https://www.wipro.com/holmes/holmes-helps-insurer-detect-98---of-fraud-claims-/(archived at https://perma.cc/BE7W-GEAS)

CHAPTER 12

인텔리전스 혁명의 리더십 과제

제8장에서 살펴보았던 것처럼 비즈니스 현장이 변화하고 있다. 미래의 조직들은 보다 수평적인 조직구조를 가질 것이고, 사업경계가 보다 복잡해지고, 끊임없는 혁신이 표준이 될 것이고, 일터가 분산되고, 파트너십이 더 중요해지고, 보다 많은 전문성을 발휘할 수 있는 긱 일자리(gig jobs)[01]가 생길 것이다. 그렇다면 이 인텔리전스 혁명의 비즈니스 리더들이 적응할 필요가 있다는 것은 일리가 있다. 우리가 기업을 경영하는 방식은 바뀔 것이고, 기업을 경영하는 사람들은 다른 기술을 필요로 할 것이다.

어떤 의미에서 이 책은 인텔리전스 혁명이 가져다준 변혁적 기업 환경에 대한 리더십 과제에 관한 책이다. 이 책에서는 AI의 이용 방법, 사람과 관련된 과제 대처 방법, AI의 윤리적 함정을 회피하고 올바른 기술을 갖추는 것 등을 설명하였다. 이 모든 것들이 오늘날의 비즈니스 리더들를 위한 핵심 고려사항이다. 이 장에서의 목표는 인텔리전스 혁명 시대에 기업의 리더가 AI와 관련된 문제를 해결하는 것이 아니라, AI와 관련 비즈니스를 위해 훌륭한 리더가 갖추어야 할 자질이 무엇인지를 살펴보는 것이다.

무엇보다도 훌륭한 리더는 인텔리전스 혁명을 무시하지 않거나 조직의 다른 리더들이 그것을 무시하는 것을 허락하지 않는다(따라서 이 책을 읽는 것은 인텔리전스 시대에 훌륭한 비즈니스 리더가 되기 위한 첫걸음이다!). 내 경험으로 보면 조직의 리더십 위원회가 극적인 변화가 오고 있다는 것을 예리하게 인식하고 있는 기업들과 데이터와 AI가 그들의 산업에 미치는 영향에 대해(때로는 의도적으로) 무지한 리더를 가진 기업들 사이에는 엄청난 격차가 벌어지고 있다. 현상에 집착하는 제2진영의 리더들은 아주 짧은 시간 안에 자신들이 앞서고 시대에 뒤떨어졌다는 것을 알게 될 것이다.

전략적으로 AI에 접근하는 것이 당신의 역할

나는 선임 리더십 팀과 대화하면서 AI 혁명을 이해하는 데 많은 시간을 할애하였다. 비즈니스 리더들의 공통적인 고민은 AI에 대한 상세한 기술적 세부사항에 대한 이해가 부족하다는 것이다. 이 문제에 대한 내 생각은 이렇다. 어느 정도 AI에 대한 이해의 정도가 필요하긴 하지만, 이보다는 AI가 미치는 영향과 인공지능을 어떻게 이용할 수 있는지에 관한 이해가 필요하다. 당신이 인텔리전스 혁명의 훌륭한 리더가 되기 위해 기술을 모두 알아야 할 필요는 없다. AI 기술이 전략적으로 적용되도록 하는 것이 비즈니스 리더의 업무이다.

AI의 전략적 관점 취하기

제7장에서 살펴본 본 바와 같이 비즈니스에서 AI를 가장 잘 활용하는 방법은 보다 스마트한 제품, 보다 스마트한 서비스, 보다 스마트한 비즈니스 프로세스 또는 세 가지를 조합하는 것이다. AI와 데이터로 해결할 수 있는 구체적인 비즈니스 과제는 무엇인가? 어떻게 AI와 데이터가 비즈니스 성공을 이끌 수 있을까? 이러한 질문을 하고 AI가 비즈니스에 가장 도움이 되는 방식으로 구현되도록 하는 것이 당신의 역할이다.

AI의 전략적 활용을 지속적으로 반영하고 검토하는 것도 당신의 역할이다. 여기에는 다음과 같은 내용이 포함된다.

- AI를 활용한 새로운 사업전략 모색
- AI의 새로운 응용 분야 탐색
- 인텔리전스 혁명의 전개에 따른 비즈니스 모델 재구상

기업에서의 이러한 비즈니스에 대한 재고찰과정은 연례 검토의 일환이 아니라 지속적으로 이루어져야 한다(이는 제7장에서 설명한 대로 AI 전략을 공식적으로 수정하고 업데이트하는 것을 추가해야 한다.). 다시 말해 비즈니스 리더로서 AI는 하고 나서 잊어버리라는 것이 아니다.

비즈니스에서의 AI의 전략적 후원자 확보

모든 비즈니스 리더는 인텔리전스 혁명을 제대로 이해해야 하며, 사내에 AI에 대한 전략적 후원자가 있는지를 확인하는 것이 필

요하다. 여기서 '최고 인텔리전스 임원(chief intelligence officer)'의 역할이 매우 중요할 수 있다. 이상적으로 최고 인텔리전스 임원의 역할이 특정 사업부로 격리되지 않아야 하며, 최고 데이터 임원(chief data officer)의 역할과 완전히 별개여야 한다.

최고 인텔리전스 임원(또는 최고 AI 임원)이 AI와 데이터 팀, 리더십 팀, 비즈니스 팀 간의 가교 역할을 하며 AI 전략과 구현을 지원해야 한다. 여기에는 다음과 같은 업무 내용이 포함될 가능성이 있다.

- AI 이용의 중요한 비전 설정 지원
- AI의 중요성에 대해 전사적으로 교육
- AI를 윤리적이고 책임감 있는 방식으로 이용하는 데 필요한 프레임워크 구축
- 올바른 기술, 역량 및 기술 인프라 구축
- 집행 및 배송 감독
- 프로세스 전반에 걸친 이해관계자 관리

우리는 이러한 역할이 향후 몇 년 동안 더 크게 부각될 것으로 예상할 수 있으며, 모든 업종의 조직들이 그들만의 CIO 역할을 하도록 촉구할 것이다.

변화를 통해 사람들을 이끌기

인텔리전스 혁명 시대의 성공적 리더는 AI에 전략적으로 접근하도록 하는 것 외에도 AI 실행과 변화관리에 능숙해야 한다.

조직 내에서 AI가 작동하도록 만드는 데는 개발이 아닌 도입에 중점을 두어야 한다

많은 기업들이 AI를 실제 규모에 맞게 도입하기 위해 고군분투하고 있다. 이것은 기업들이 AI 개발에 많은 시간을 소요하기 때문이다. 즉 AI 개발은 이전의 산업혁명에서는 완벽하게 잘 작동했지만, 빠르게 움직이는 인텔리전스 혁명 시대에는 더 이상 적합하지 않은 접근 방식이다. 예를 들면, 만약 당신 회사 제품의 AI 향상 버전을 개발하는 데 몇 년을 소요한다면, 그것은 AI 제품 또는 서비스가 출시될 무렵에는 구식이 될 것이다. 즉 AI는 비즈니스 속도를 계속해서 바꿔 놓고 있다. 즉 AI 개발이 아닌 AI 도입을 선택해야 한다. AI 도입은 AI를 전략적 방법으로 확산시키고, 작동하게 하고, 실질적인 비즈니스 혜택을 전달하고, 실패하면 빠르게 실패하고, 실수로부터 빠르게 학습하는 것을 의미한다.

따라서(한 번에 전체 사업체에 걸쳐 AI를 구현하려고 하는 것과는 달리) 사업체의 한 부분에 AI를 적용하기 시작할 수도 있지만, 그렇다고 해서 가만히 있을 수 있는 여력이 있는 것은 아니다. AI 구축을 확장하고, 다른 사업 분야에서 성공을 거두고, 아직 계획되지 않은 것들을 통해 학습할 방법을 찾아야 할 것이다. AI 활동을 성공적으로 확장하려면 이 과정을 지속적으로 수행해야 한다.

기억하라, 사람들은 가장 중요한 자산으로 남을 것이다

비즈니스 리더로서 가장 중요한 일은 조직 구성원들을 이끄는 것이다. 인텔리전스 혁명은 리더의 중요성을 바꾸지는 않는다. AI는 노동력에 지대한 영향을 미칠 것이며, 전 세계의 많은 사람들에게 업무의 본질을 변화시킬 것이다. 비즈니스 리더는 다음과 같은 문제를 정면으로 다루는 것이 필수적이다.

기술보다는 사람에 집중하라 인텔리전스 혁명 시대에도 리더들은 사람이 중요하고, 앞으로도 사람이 기업의 가장 중요한 자산이라는 것을 명심해야 한다. 좋은 리더는 인간이 창의성, 문제해결, 공감 등을 통해서 가치를 추가하는 방식을 놓치지 않아야 한다.

AI와 데이터의 중요성에 대해 조직 내 모든 직원들과 함께 참여하라 조직 내 모든 직원들은 AI가 비즈니스 우선 과제라는 것과 데이터가 AI의 원동력이라는 것을 이해해야 한다. 따라서 데이터는 전략적 비즈니스 자산이다. 데이터를 효과적이고 윤리적으로 보호하고 이용하는 것은 인텔리전스 혁명에 있어 모든 사람의 책임이다. 좋은 리더들은 매일 이 메시지를 본보기로 삼을 것이다.

AI가 직원 일에 미치는 영향에 대해 지속적으로 대화하라 훌륭한 리더들은 AI의 영향을 얼버무리거나 과소평가하려고 하지 않고, 다가올 변화에 대해 노동자들과 지능적이고 개방적인 대화를 나눌 것이다.

조직의 AI 여정에 적극 동행하라 좋은 리더들은 사업 전반에 걸쳐 AI를 도입하고, AI가 회사, 고객 그리고 직원들에게 어떤 혜택을 주는지 모두가 이해하도록 할 것이다.

인간-기계 협업을 강화하라 모든 기업은 인간에게 가장 적합한 역할, 기능과 기계에 가장 적합한 역할, 기능 사이의 단점을 찾아야 할 것이다. 인텔리전스 혁명의 훌륭한 리더들은 인간과 기계를 최대한 활용하기 위해 워크플로우를 어떻게 적응시켜야 하는지를 이해한다.

교육과 개발에 투자하라 훌륭한 리더들은 새로운 현실에 대비하여 사람이 인텔리전스 혁명에 필요한 기술을 갖추도록 할 것이다. 여기에는 직원들의 데이터 활용능력 향상, 새로운 테크니컬 스킬 습득 지원, 중요한 소프트 스킬 개발 촉진 등이 포함된다.

의사결정에서 인간 경시

하드 데이터와 증거에 의존하지 않고, 팀별로 의사결정 시 팀 안에서 가장 높은 급여를 받는 사람의 의견에 연연하는 HiPPO(Highest-Paid Person's Opinion; 최고의 급여를 받는 사람의 의견) 효과를 들어보았을 것이다. 그리고 일단 HiPPO가 말을 하면, 다른 사람들은 그들의 관점에 도전하거나 다른 방법을 제시하는 것을 두려워할 수도 있다.

빅데이터의 발전에도 불구하고 일부 조직에서는 여전히 HiPPO 효과가 매우 중요하다. 그러나 오늘날 이용할 수 있는 데이터의 방대한 양과 품질 그리고 기계의 예측 기능이 있는 이 인텔리전스 혁명에서 HiPPO에 연연하는 것은 단지 형편없는 사업 관행일 뿐이다. 감사하게도 데이터와 AI는 조직에서 의사결정을 민주화하는데 도움을 제공할 것이다. 비록 의사결정을 위한 본능, 직관, 경험이 항상 중요하겠지만, 인텔리전스 혁명에서 의사결정은 주로 데이터가 보여주는 근거에 기초할 것이다.

따라서 좋은 리더들은 의사결정을 지원하는 데이터를 찾을 것이다. 그러나 이는 비판적 사고를 희생하고 맹목적으로 데이터를 따르는 것을 의미하지는 않는다(자동화 편향성과 AI 블랙박스 문제, 제9장 참조). 리더들은 의견 차이를 유도하고, 사람들이 용인된 지혜에 도전하도록 격려하며, 의사결정의 기반이 되는 데이터에 의문을 제기하도록 촉구하고, AI 시스템이 의사결정에 어떻게 도달하는지에 대해 비판적으로 생각하는 인력을 구축해야 한다.

미래의 성공한 리더들은 어떤 모습일까?

나는 이 책을 통해 창의성과 같은 인간의 독특한 기술이 AI 시대에 얼마나 더 중요하게 될 것인가에 대해 여러 번 언급했다. 인간 리더십 기술의 역할도 마찬가지이다. 그러나 미래의 성공적인 리더들은 전통적인 리더십 기술과는 약간 다른 기술을 가질 가능성이 높다.

나는 인텔리전스 혁명 시대의 성공적인 리더들이 다음과 같은 기술을 배양할 필요가 있을 것이라고 믿는다.

민첩성(Agility) 리더들은 변화를 수용하고 축하할 수 있어야 하며, 변화를 부담이 아니라 성장과 혁신을 위한 기회로 보아야 할 것이다. 여기에는 신기술 수용이 포함된다.

감성지능(Emotional intelligence) 미래의 일터가 감성지능과 공감과 같은 인간의 기술을 우선시하기를 기대한다면, 리더들이 이러한 행동을 모델화해야 하는 것은 당연하다.

문화지능(Cultural intelligence) 미래의 일터는 지금보다 훨씬 더 다양하고 글로벌할 것이다. 따라서 리더들은 개개인의 차이점을 인식하고 활용해야 한다.

겸손(Humility)과 자신감(confidence)의 균형 인텔리전스 혁명 시대의 리더들은 그들 자신을 성공의 중요한 톱니바퀴가 아니라 촉진자, 협력자로 인식해야 한다. 다시 말해서 그들은 다른 사람들이 성공할 수 있도록 격려해야 한다.

책임감(Accountability) 직장이 보다 투명해지고 협력적이 될수록 (조직구조 개선, 파트너십 운영 등을 통해) 리더들은 더 투명해지고 책임감을 가질 필요가 있다. 그들의 행동은 회사의 목표와 분명히 일치해야 한다.

비전(Vision) 인텔리전스 혁명의 리더들은 AI가 비즈니스와 모든 이해당사자들에게 미치는 영향을 이해하기 위해서는 큰 비전이 필요할 것이다. 이 점을 염두에 두고 모든 이해당사자들의 요구를 효과적으로 충족시킬 방법을 결정하는 것은 리더들의 몫이다.

용기(Courage) 우리는 AI가 할 수 있는 일을 겨우 겉으로 드러냈다. 그렇기 때문에 비즈니스 리더들은 미지의 세계를 마주할 수 있는 용기, 빨리 실패할 용기, 새로운 전략을 수립할 용기, 진로를 바꿀 용기가 필요하다. 이를 위해 비즈니스 리더들은 자신의 약점을 확인하고 코칭과 학습을 할 용기가 필요하다.

직감(Intuition) 물론 데이터에 기반한 의사결정이 앞으로 나아갈 길이지만, 리더들은 여전히 미지의 세계를 예측할 수 있는 독특한 직관력을 필요로 한다.

진정성(Authenticity) 인텔리전스 혁명 시대의 리더들은 특히 불확실성, 변화, 실패의 시기에 신뢰를 쌓을 수 있어야 한다. 이러한 것들은 리더들이 진정성을 발휘하는 데 필요하다.

집중(Focus) 마지막으로 놀라운 변화의 속도와 지속적인 적응의 필요성으로 인해 미래의 비즈니스 리더들은 조직의 목표에 레이저를 쏘는 것과 같이 집중할 필요가 있다. 그들은 무엇이 정말 중요한지 알아내기 위해 혼돈과 과대광고를 뚫고 나갈 수 있어야 한다.

핵심사항

이 장에서는 다음의 내용을 설명하였다.

- 인텔리전스 혁명은 좋은 리더로 변화하기 위한 다양한 도전을 동반한다. 훌륭한 리더는 인텔리전스 혁명을 무시하거나 또는 조직의 다른 리더들이 인텔리전스 혁명을 무시하는 것을 허락하지 않을 것이다.
- 리더는 AI가 조직의 핵심 비즈니스 목표를 달성하는 데 도움이 되도록 전략적 방법으로 접근하는 것을 보장해야 한다. 이를 위해서는 리더들이 비즈니스에서의 AI 활용을 지속적으로 검토하고 반영해야 할 것이다.
- 기업 내의 AI 전략을 주도하는 역할을 할 최고 인텔리전스 책임자 제도 도입을 검토해야 한다.
- AI를 성공적으로 구현하려면 비즈니스 리더는 다음을 수행해야 한다.
  - 개발이 아닌 도입에 집중하라.
  - 사람이 특정 비즈니스에서 가장 중요한 자산이라는 것을 기억하도록 하라.
  - HiPPO 효과를 주의하라. 의사결정은 반드시 데이터에 기초해야 한다.
- 인간의 리더십 기술은 인텔리전스 혁명에 있어서 더 중요할 것이다. 그러나 앞으로 우리가 핵심 리더십 기술로 내세우는 것은 전통적인 리더십 기술과는 매우 다를 것이다. 리더십에 있어 겸손, 진정성, 감성지능과 같은 더 부드러운 인간적인 기술이 보다 중요해질 것이다.

다음 제13장은 이 책의 마지막 장으로 비즈니스 리더들에게 비즈니스 미래 방향을 제시하고, AI가 인류의 가장 큰 도전을 극복하는 데 도움을 줄 방안을 살펴본다.

참고
자료

01 [역주] 긱 일자리(gig jobs)는 전문성을 발휘할 수 있는 전문가들의 임시 일자리를 의미한다.

CHAPTER 13

미래 인텔리전스 혁명에 대한 조망

우리에게 인텔리전스 혁명은 시작에 불과하다. 인텔리전스의 발전은 매년 놀라울 정도로 빠르게 이루어지고 있다. 평생 보지 못했던 일들이 지난 몇 년 동안 이루어졌다. 나는 정보기술 분야에서 일하는 사람으로서 그렇게 느꼈다. 물론 이러한 발전은 AI만이 제공한 결과가 아니다.[01] AI는 인텔리전스 혁명을 이끄는 다양한 기술 중 하나로 디지털 혁신을 주도하고 그에 영향을 받고 있다. 예를 들면, AI와 IoT 사이의 연결이 우리 삶을 급속도로 변화시키고 있다. 우리는 아직까지 AI가 우리 삶에 영향을 미칠 변화를 상상할 수 없다.

우리가 알고 있는 사실은 인터넷과 모바일 디바이스와 같은 발전이 일상생활에서 자연스럽게 다양한 사람들과 관계를 엮어 놓은 것처럼, 시간이 흐르면 AI가 우리 모두에게 익숙한 것이 될 것이다. 젊은 세대가 사람들이 지능형 기계 없이 자란 것을 믿을 수 없을 때가 올 것이다. 그 시대를 내다보면서 우리는 어떤 미래를 보아야 할까? 인텔리전스 혁명이 우리 세계를 긍정적으로 변화시킨 곳, 아니면 AI가 소름 끼치는 방식으로 끝없이 이용되는 곳일까? 미래를 내다보면 우리가 살고 싶은 세상을 만들기 위해 인텔리전스 혁명을 잘 이용하는 것은 우리의 책무이다. 나는 기업들이 여기에서 중요한 역할을 할 것이라고 믿는다.

AI가 우리가 가진 가장 큰 기회일까?

인텔리전스 혁명은 우리의 삶을 보다 개선된 것으로 만들고 가장 시급한 문제를 해결할 수 있는 큰 기회를 제공할 것이다. 이는 우리가 가진 가장 큰 기회일 수도 있다. 하지만 반대로 이 기술을 악용하고 오용할 여지 또한 많다.

기업들은 AI의 이용 범위를 넓히고 있기 때문에 책임감을 가지고 AI를 이용하는 것은 기업의 몫이다. 조직의 리더는 AI 기술을 활용하는 데 자신의 양심을 살펴보아야 한다. 이 놀라운 기술을 이용하여 보다 많은 물건을 팔고 더 많은 돈을 벌고 싶은가? 이해관계자에게 정말로 중요한 문제를 해결하기 위해 AI를 이용하는 것은 어떨까? AI는 고객의 삶에 진정한 가치를 더하고, 직원의 업무 환경을 개선하고, 업무 문제를 해결하고, 긍정적인 결과를 제공하는 등의 일을 할 것이다. 이러한 AI 활용은 다행히도 모두의 비즈니스의 가치를 높이는 데 도움이 되는 요소이다.

비즈니스 현장에서 나는 정부가 기업들이 하는 일을 지원해 주길 희망한다. 왜냐하면 그 이유는 AI가 점점 더 정치적으로 변할 수밖에 없기 때문이다. 기업과 마찬가지로 정부는 AI를 이용하여 서비스를 제공하는 사람들의 삶을 개선하거나 통제할 수 있다.

AI가 사회 전반에 걸쳐 도입되면서 사람들은 이 기술을 믿을 수 있게 되었다. 부분적으로 AI에 대한 신뢰는 강한 규제, 데이터 보호, 그리고 AI 시스템이 어떻게 의사결정에 도달하는지에 대한 투명성을 증가시킴으로써 구현되었다. 하지만 AI를 신뢰하는 데 있어서 중요한 것은 우리가 매일 교류하는 정부 조직과 민간 조직이 어떻게 AI를 이용하는가에 달려 있다. 여기에는 수집되는 데이터, 데이터의 사용 방법, 데이터가 편향되는지 등에 대한 투명성이 포함된다. 우리는 AI가 어둡고 사악한 그림자와 같은 힘으로 비춰지는 미래를 만들고 싶지 않다면, 지금 당장 AI로 하는 모든 일을 살피는 것이 중요하다.

선을 위한 추진력으로서의 AI

아마도 AI는 인류가 직면한 일부의 중요한 문제를 해결하는 데 도움을 제공할 것이다. 실제로 AI가 일류의 선(good)을 위한 추진력으로 이용된 다양한 사례가 있다.

기후변화 해결

보다 지능적이고 에너지 효율적으로 건물을 만드는 것에서부터 삼림벌채와 같은 환경 문제 모니터링에 이르기까지 AI는 기후변화 문제를 해결하는 데 다양한 방법을 제공한다. 실제 사례로 마이크로소프트(Microsoft)와 콘사이언트 AI(Conscient AI)와 협력하는 몬트리올 학습 알고리즘 연구소(Montreal Institute for Learning

Algorithms)의 연구원들은 해수면 상승과 강력한 폭풍이 사람들의 집에 미치는 영향력을 시뮬레이션하는 AI 도구를 만들었다. 그들은 다양한 기후변화 결과에 따라 사람들에게 미래의 가정과 지역사회가 어떻게 변화할지를 알려주는 앱을 출시할 계획이다.[02]

굶주림 극복

인구가 계속 증가함에 따라 보다 스마트하고, 보다 많은 식량 생산 필요성을 확인하였다. 블루리버 테크놀로지(Blue River Technology)의 레터스봇(LettuceBot)은 농작물 재배자들이 제초제를 보다 효율적으로 뿌리는 것을 도와준다. 레터스봇을 이용한 제초 작업으로 잡초만 죽이고 농작물은 죽이지 않을 수 있었다. 레터스봇은 5,000여 그루의 어린 식물을 사진 데이터로부터 학습해서 잡초와 어린 식물의 차이를 구별할 수 있다. 이 시스템은 잡초를 식별하면 주변의 다른 식물을 오염시키지 않고, 잡초에 제초제를 직접 분사해 식물 손실을 최대 90%까지 줄이는 데 도움을 주었다.[03]

불평등과 차별 근절

AI는 동등한 기회를 증가시키기 위해 많은 혁신적인 방법으로 이용되고 있다. 예를 들면, 구글의 룩아웃 앱(Google's Lookout app)은 시각 장애인들이 주변 사물들을 식별하는 데 도움을 제공한다. 또 다른 사례에서 텍스티오(Textio) AI 도구는 채용 담당자가 보다 포괄적인 직무명세 서류를 작성하는 데 도움을 제공한다. 소프트웨어 회사인 아틀라시안(Atlassian)은 이 도구를 이용했고,

1년차 여성 대졸 기술자 비율을 2년 만에 10%에서 57%로 늘릴 수 있었다.[04]

문맹 극복

빈곤과 문맹의 분명한 연결고리가 있는 상황에서 문맹을 극복하는 것은 사회에 큰 도전이다. IBM은 왓슨(Watson)의 자연어처리 기능을 이용하여 텍스트를 단순한 구두 메시지로 바꾸는 심플리 보이스(Simply Voice)라는 앱을 개발했다.[05] 공공 표지판부터 교과서까지, 이 앱은 읽고 쓰는 능력이 낮은 성인들과 어린이들이 정보에 접근하고 이해할 수 있도록 돕고 있다. 또 다른 좋은 사례로 화웨이(Huawei)는 청각장애 아동들이 책에서 나온 텍스트를 수화로 번역해 읽는 법을 배울 수 있도록 돕는 스토리사인 앱(StorySign app)을 개발했다. 이 휴대전화 앱은 무료로 이용할 수 있다.

허위사실 유포 차단

제9장에서 가짜 콘텐츠에 대해 많은 이야기를 했는데, AI가 사람들을 걱정스럽게 할 정도로 설득력 있는 가짜를 만들어내긴 했지만, 또한 AI가 가짜 콘텐츠 문제와 싸워야 할 최고의 무기라는 것도 분명하다. 한 사례로 페이크 뉴스 챌린지(Fake News Challenge)는 AI가 어떻게 뉴스를 진짜인지 가짜인지 자동으로 판별할 수 있는지 탐구한다.[06]

복원력 구축

재난 상황에서 AI가 기반시설과 지역사회를 보다 탄력적으로 만드는 데 어떻게 활용될 수 있는지를 모색하는 몇 가지 프로젝트들이 있다. 예를 들면, 서던캘리포니아 대학교(Southern California University)의 AI 연구센터는 LA시 공무원들과 협력하여 노후화되어 취약한 수도관 문제 해결책을 찾았다. 그들의 목표는 AI 기술을 이용해 전략적 보수가 필요한 수도관 파이프라인을 찾아서 개선하는 것이며, 지진이 발생할 경우에도 수도관에 물이 잘 흐르도록 하는 것이다.[07]

큰 변화가 필요하다

내가 관심을 가지고 있는 분야는 모든 사람들이 AI를 이용해 잠재적 성과를 최대한 발휘할 수 있는 미래를 만드는 것이다. 내 아이들, 당신의 아이들, 우리 모두의 아이들을 위하여….

그러나 그러한 세상을 만드는 일은 쉽지 않을 것이다. 희생과 도전이 있어야 하며 몇 가지 중대한 변화가 일어나야 할 것이다. 인간 작업의 자동화를 예로 들어 보겠다. 물론 이것은 문제에 관한 감정적인 접근이다. 하지만 우리가 정말로 솔직하다면 쉽게 자동화된 작업이 정말 인간에게 할당해야 하는 일종의 작업일까? 우리가 보다 공정하고 지속 가능한 미래를 만들려면, 우리는 분명히 일부 인간이 반복적이고 평범하며 위험한 작업을 하는 세상을 원하지 않을 것이다. 반복적인 일을 AI를 가지고 있는 기계에게 부여할 수 있을까? 반복적인 인간의 일을 AI를 이용해 대체한다면 AI는 보다 밝은 미래를 구축할 것이다. 그것은 우리가 추구해야 할 미래

직무 변화 방향 중 하나이다.

AI는 우리가 직장에서 하는 일 중 매력적이지 못한 일에서 우리를 자유롭게 만들어, 우리가 보다 중요한 일을 많이 할 수 있도록 귀중한 시간을 확보해 줄 것이다. AI는 당신이 자녀들과 함께 보내고, 나이가 연로한 부모를 돌보고, 예술과 취미생활을 즐기고, 지역사회에 참여하는 많은 시간을 할애할 수 있게 해줄 것이다.

아마도 우리는 이와 같은 일의 발생을 위해 일의 본질을 재고해야 할 것이다. 예를 들면, 많은 회사들이 직원들이 같은 돈을 받으면서 적게 일하는 주 4일 근무 개념을 받아들이기 시작했다. 이런 정책은 AI를 활용해 빠른 일처리를 통해 보다 인간적이고 창의적이며 가치 있는 미래의 표준이 될 것이다.

우리는 사회에서 중요한 것과 자랑스러워하는 것을 재평가해야 할 수도 있다. AI 발전으로 직장의 근무 환경이 변화함에 따라 우리는 사람들이 일주일 동안 일하는 시간과 그로 인해 획득하는 가치가 증가하길 바라고 있다. AI가 부모를 돌보는 것이 유급 노동만큼 가치 있는 미래를 만드는 데 도움이 될까? 나는 AI가 우리를 보다 인간적으로 만들기를 희망한다.

물론 AI 활용 방향은 우리의 기대와 다른 방향으로 갈 수도 있다. AI는 경제적 격차를 크게 하고, 기후변화를 가속화하고, 사회 일부 계층을 보다 큰 빈곤으로 몰아넣고, 우리가 결코 감당하기 어려운 빈부 격차를 만들고 있다. 이러한 AI의 잘못된 활용을 피하려면 지금 올바른 방향으로 AI가 발전되도록 조치를 취해야 한다. 나는 시작점으로 UN의 지속 가능한 개발 목표(UN SDGs: United Nations Sustainable Development Goals)를 살펴볼 것을 권장한다.[08] 이 목표는 불평등, 빈곤, 기후변화를 포함하여 이미 언급한 일부 문제를 해결하고, 더 나은 지속 가능한 미래를 만드는 데 도움을 줄 것이다.

인텔리전스 혁명은 밝은 미래를 구축하기 위해 인간과 우리 사회에 긍정적인 도움을 주는 방향으로 발전하고 있다.

- 조직은 사람들의 기여도를 인식하고 가치를 부여하며 기업이 가진 가장 중요한 자산이 사람이라는 것을 명심해야 할 것이다.
- 또한 조직들은 AI를 윤리적이고 책임감 있고 안전한 방법으로 이용하도록 보장해야 한다. 우리는 이것을 강화하는 데 도움이 되는 보다 많은 규제를 경험할 것이다.
- AI 자체적으로 데이터 보안, 블랙박스 문제, 개인 사생활 위협 등과 같은 AI의 특정 문제에 대한 해결책을 제공하도록 준비해야 한다. 동형 암호화(homomorphic encryption)와 같은 새로운 보안도구는 이러한 문제해결에 도움이 될 것이다.
- 사회적 차원에서 우리는 무엇이 중요하고, 우리의 가치는 무엇이며, 그 가치를 어떻게 보상하는가에 대해 진지하게 재고할 필요가 있다. 소득을 재분배하거나 보편적인 기본소득을 창출하기 위한 몇 가지 해결책이 있다. 예를 들면, 빌 게이츠(Bill Gates)는 흥미롭게도 로봇에게 소득세를 부과하는 것을 제안했고, 이 소득세는 자동화로 인해 일자리가 없어진 사람들을 재교육시키는 데 도움을 줄 수 있다고 하였다.[09]
- 우리 모두는 스스로에게 "무엇이 우리를 섬기고, 우리의 삶을 보다 좋게 하는가?"라고 자문해 볼 필요가 있다. 만약 AI 이용

이 우리에게 도움이 되지 않거나 우리의 삶을 보다 좋게 만들지 못한다면, 우리는 정말로 AI를 이용해서는 안 될 것이다.

궁극적으로 우리 앞에는 엄청난 기회가 있다. 지금 우리는 가장 강력한 AI를 이용하여 진정한 변화를 추구할 기회에 있다. 이것이 우리의 선택이자 책임이며 특권이다.

저자에게 연락

당신이 인텔리전스 혁명에 대해 배우거나 대화에 참여하고 싶다면 나에게 연락해 주길 바란다. 나는 다양한 IT 미디어 플랫폼에서 활발히 활동하고 있고, 다양한 방식으로 인텔리전스 혁명에 대한 콘텐츠를 공유하며 흥미로운 주제를 논의하고 있다.

- 링크드인(LinkedIn): Bernard Marr
- 트위터(Twitter): @bernardmarr
- 유튜브(YouTube): Bernard Marr
- 인스타그램(Instagram): @bernardmarr
- 페이스북(Facebook): facebook.com/BernardWMarr

당신이 내가 개설한 웹 사이트(http://www.bernardmarr.com)를 방문한다면, 보다 많은 인텔리전스 혁명에 대한 자료를 확인할 수 있고 최신 정보를 공유할 수 있으며, 더불어 주간 뉴스레터(weekly newsletter)에 가입할 수 있다.

나는 정기적으로 〈포브스(*Forbes*)〉에 인텔리전스 혁명과 관련된 글을 기고하고 있다. 나는 늘 기고문의 주제, 새로운 성공 사례를 찾고 있다. 당신이 공유하거나 알고 싶은 주제가 있으면 나에게 알려주길 바란다. 마지막으로 나는 인텔리전스 혁명 시대에 당신의 비즈니스에서 AI 활용 방법을 돕기를 희망한다.

참고
자료

01 Marr, B.(2020) *Technology Trends in Practice: How AI, blockchains, augmented reality and other digital innovations are transforming businesses*, John Wiley & Sons

02 Snow, J.(2019) How artificial intelligence can tackle climate change, *National Geographic*, https://www.nationalgeographic.co.uk/science-and-technology/2019/07/how-artificial-intelligence-can-tackle-climate-change (archived at https://perma.cc/4S4M-EKAC)

03 Marr, B.(2018) How artificial intelligence can help fight world hunger, *SAP insider*, https://sapinsider.wispubs.com/Assets/Articles/2018/January/How-Artificial-Intelligence-Can-Help-Fight-World-Hunger(archived at https://perma.cc/W954-5UKW)

04 Hallotan, T.(2017) How Atlassian went from 10% female technical graduates to 57% in two years, *Textio*, https://textio.com/blog/how-atlassian-went-from-10-female-technical-graduates-to-57-in-two-years/13035166507(archived at https://perma.cc/2ANM-D2NL)

05 Kashyap, S. and Gattiker, A.(2017) Clarifying the complex with a 'simpler voice', *IBM*, https://www.ibm.com/blogs/think/2017/07/simpler-voice/ (archived at https://perma.cc/7V8G-SLDM)

06 Fake News Challenge, http://www.fakenewschallenge.org/ (archived at https://perma.cc/ RW7P-DJ4T)

07 Polakovic, G.(2019) The next big effort in AI: keeping LA's water flowing post-earthquake, *USC News*, https://news.usc.edu/160680/ai-la-water-supply-earthquake-usc-research/(archived at https://perma.cc/69E2-KYYY)

08 Sustainable Development Goals, United Nations, https://www.un.org/sustainabledevelopment/sustainable-development-goals/(archived at

https://perma.cc/4MDN-TEA3)

09 Waters, R.(2017) Bill Gates calls for income tax on robots, *Financial Times*, https://www. ft.com/content/d04a89c2-f6c8-11e6-9516-2d969e0d3b65 (archived at https://perma.cc/DE4L-3ZJ4)

템플릿

이 책에서 내가 전달하고자 하는 핵심 메시지는 기업이 자신의 조직에서 인텔리전스 혁명에 전략적으로 접근해야 한다는 것이다. 나는 기업이 AI 활용 사례와 AI 전략을 파악하는 데 도움을 주기 위해 제7장에서 설명한 두 가지 템플릿을 다음과 같이 제시하고자 한다. 이 템플릿의 전자문서 버전은 다음 웹사이트 http://www.bernardmarr.com에서 다운로드할 수 있다.

| AI 이용 사례 템플릿 |

1. 전략목표 연계 이번 AI 활용 사례가 뒷받침할 전략적 사업 목표는 무엇인가?	
2. 목표 이번 AI 활용 사례의 목적은 무엇인가?	
3. 성과측정(KPI) 성공은 어떻게 측정될 것인가? 이 이니셔티브가 영향을 미칠 비즈니스 지표 주요 결과는 어떻게 될까?	
4. 활용 사례 소유자 이번 AI 활용 사례의 소유자 또는 후원자는 누구일까?	
5. AI 접근법 및 필수 데이터 어떤 AI 접근 방식을 이용할 계획이며, 어떤 데이터가 필요한가?	

6. 윤리적 · 법적 문제
이 이용 사례와 관련하여 윤리적 또는 법적 문제가 있는가? (개인정보보호, GDPR, 편향성)

7. 기술 및 인프라
기술 및 인프라 과제와 요구사항은 무엇인가?

8. 실력과 역량
기술, 역량, 용량 및 리소스 소싱과 관련된 당면 과제는 무엇인가?

9. 구현
구현 당면 과제는 무엇인가? 누가 그 프로젝트를 전달할 것인가? (사내, 아웃소싱, 하이브리드, 파트너십)

10. 변경관리
이 사업의 영향을 받게 될 직원은 누구이며, 그 변화는 어떻게 관리될 것인가?

메모

| AI 전략 템플릿 |

	주요 이용 사례(1–5)			빠른 성과 창출(1–3)	
전략적 활용 사례(고객가치 제안, 새로운 제품 또는 서비스, 프로세스 자동화)	이용 사례 1	이용 사례 2	이용 사례 3	이용 사례 4	이용 사례 5
다양한 목표	▲	▲	▲	▲	▲
데이터 전략	견고한 데이터 전략은 인공지능 전략에 지원해야 한다.				
윤리적이고 합법적(AI 편견, 개인정보보호, 윤리적 접근 방식)	예: 다양한 윤리적 · 법적 이슈 1			예: 다양한 윤리적 · 법적 이슈 2	
기술 및 인프라(클라우드, 분산 컴퓨팅, 데이터 계층)	예: 다양한 기술과 인프라스트럭처 이슈 1				
기술 및 역량(기술 격차, 교육 요구사항, 아웃소싱, 파트너링)	예: 다양한 스킬과 역량 이슈 1			예: 다양한 스킬과 역량 이슈 2	
구현(기술 격차, 교육 요구사항, 아웃소싱, 파트너링)	예: 다양한 구현 이슈 1				
변화관리(이용자 및 직원 영향, 의사소통, 몰입)	예: 다양한 스킬과 변화관리 이슈 1			예: 다양한 스킬과 변화관리 이슈 2	

찾아보기

| 저자 소개 |

버나드 마(Bernard Marr)

국제적인 베스트셀러 작가, 인기 있는 기조 연설가, 미래학자, 정부와 기업에 전략적 비즈니스와 기술을 자문해 주고 있는 전문가이다. 그는 다양한 조직의 경영진들이 AI, 빅데이터, 블록체인, IoT와 같은 변혁적 기술에 의해 추진되는 새로운 산업혁명에 준비할 수 있도록 도움을 주고 있다.
버나드 마는 세계경제포럼(WEF: World Economic Forum)에 정기적으로 원고를 기고하고, 포브스에서 주간 칼럼을 쓰고 있으며, 링크드인 순위는 세계 5위, 영국에서 중요 소셜 미디어 인플루언서이다. 그는 링크드인에 150만 명의 팔로워를 보유하고, 페이스북, 트위터, 유튜브, 인스타그램에 강한 존재감을 드러내고 있다. 이러한 SNS 플랫폼을 통해 그는 매일 수백만 명의 사람들과 활발하게 교류하고 있다.
버나드 마는 17권의 서적, 수백 권의 저명한 보고서 그리고 다양한 기사를 집필하였다. 대표적인 서적으로는 국제적 베스트셀러인 〈실무에 있어 기술 동향: 4차 산업혁명을 견인하고 있는 25가지 기술(*Tech Trends in Practice: The 25 technologies that are driving the 4th industrial revolution*)〉, 〈실무에서의 인공지능(*Artficial Intelligence in Practice*)〉, 〈실무에서의 빅데이터(*Big Data in Practice*)〉, 〈지능형 기업(*The Intelligent Company*)〉, 〈데이터 전략(*Data Strategy*)〉 등이 있다.
버나드 마는 IBM, 마이크로소프트, 구글, 월마트, 쉘, 시스코, HSBC, 도요타, 보다폰, T-모바일, NHS, 월그린스 부츠 얼라이언스, 내무부, 국방부, NATO, 유엔 등 세계 최고의 조직에서 일을 하고 컨설팅 업무를 수행하였다.
저자(Bernard)와 연락을 원하는 사람은 링크드인, 트위터(@bernardmarr), 페이스북, 인스타그램, 유튜브를 이용하면 된다. 저자가 운영하는 웹사이트(http://www.bernardmarr.com)에서 수백 개의 무료 기사, 백서, 전자자료를 확인할 수 있다.
만약 당신이 저자에게 컨설팅, 강연 또는 그 밖의 서비스에 대하여 문의하기를 원한다면, 전자메일(hello@bernardmarr.com)로 연락하기 바란다.

인텔리전스 혁명: AI를 이용한 비즈니스 전환

2021년 5월 5일 1판 1쇄 인쇄
2021년 5월 10일 1판 1쇄 발행

저 자 | 버나드 마(Bernard Marr)
역 자 | 임세헌
발행인 | 이수영
발행처 | 도서출판 청람
서울시 마포구 독막로 288(대흥동, 세양상가 109호)
전 화 | 02)3272-2601(대)~2
팩 스 | 02)3272~2603
이메일 | crbooks@daum.net
홈페이지 | http://www.crbooks.co.kr
등 록 | 2000년 8월 26일 제6-0509호

ISBN 978-89-5972-815-2 93320 [정가 20,000원]